中國 巫文化 人類學

神靈之間

神話圖騰 × 神鬼與靈 × 巫術禁忌 × 心靈感應，
從傳說到考古，追尋原巫文化的現象

巫文化不是一個簡單的迷信與醜陋之類的問題，
它是人類也是中華文化悠遠而奇異的「怪夢」，
既灰暗又輝煌，既可怕又可愛，既迷茫又清醒，

王振復 著

這個「夢」源遠流長，至今綿綿不絕，
看來似乎永遠不會有徹底消亡的一天。

目錄

目錄

導言

本書試圖以文化人類學關於巫學的理念，研究中國所特有的原始巫術文化的種種現象、特質、功能、價值及其文化哲學，且與宗教、科學、道德、審美與風水等人文諸問題相連結，意在闡析中國巫文化人類學這一學術課題的內在學理機制與人文特性。

德國哲學家康德（Kant）有三大「批判」，為《純粹理性批判》（*Kritik der reinen Vernunft*）、《實踐理性批判》（*Kritik der praktischen Vernunft*）與《判斷力批判》（*Kritik der Urteilskraft*）。「批判」的意思，如果我們僅從學術研究的角度來看，大概可以用八個字來加以概括，便是：澄清前提，劃定場域。科學的學術研究總得有一個前提預設，否則其真正的研究便沒法展開。康德的三大「批判」，依次以「純粹理性」、「實踐理性」與「判斷力」為邏輯預設。在這三大預設中，又以「純粹理性」為原設。三大預設之上，還有一個公設，便是上帝。因此可以說，康德的「批判」，為信仰留下了地盤。所有這一切，都是進入學術研究的一個前提。前提和場域是相輔相成的。

本書以「中國巫文化人類學」為題。其研究的前提究竟是什麼，這是首先要思考的問題。筆者以為，這一預設是「巫性」，或者說是「中國巫性」。巫性介於神性與人性之際，它是文化人類學及其文化哲學意義上的一個主題性範疇。由於學術研究的前提與場域是相輔相成的，因此我們可以認為，這裡將巫性、中國巫性作為前提，實際也同時規定了本書研究的場域。在這一研究場域中，巫性和中國巫性的人文特質與「史」文化的關係，巫術與宗教、科學、藝術審美和堪輿等的關係，以及中國巫文化的禁忌、

思考方式與中國巫術的文化哲學等，都是本書試圖解讀的題中應有之義。

以巫性與中國巫性為研究的前提兼場域的合法性，可以從「人的本質對象化」與「人的本質異化」的關係加以簡析。

馬克思（Marx）《1844年經濟學哲學手稿》（*Ökonomisch-philosophische Manuskripte aus dem Jahre 1844*）一書指出，「人的本質對象化」，作為人的本質的積極性實現，總是與人的本質的「異化」即人的本質的消極性實現相關聯的。「異化勞動」導致了勞動方式、過程、成果、工具尤其是作為勞動主體的人的本質的「異化」，使人成為非人。但是人的本質的「對象化」與「異化」，並非井水不犯河水，兩者是同時發生、同時發展、同時消亡的，它是關於人的本質的互相結合的兩個方面。「對象化」是人的本質的積極性實現；「異化」是人的本質的消極性實現。正因如此，在「異化勞動」的社會裡，儘管勞動「異化」了人的本質，卻由於在一定程度上也同時「對象化」了人的本質，因而能夠創造一定的真善美的事物；在整體上屬於非「異化勞動」的社會裡，由於一定程度上，也還存在著「異化」的社會現象，因而也有假惡醜事物的發生。

由此審視巫性兼中國巫性問題，我們可以看到，其實巫性與中國巫性的文化本質，是同時「異化」與「對象化」了人的本質。可以概括為：充滿了文化迷信的巫性兼中國巫性，既拜神又降神，既媚神又瀆神。迷信與理智交互，糊塗和清醒兼具，卑下同尊嚴相依，崇拜攜審美偕行，且以前者為主。它是一種畏天與知命、靈力與人力之互相結合與妥協的文化現象。

一

人類學的學科意識，肇始於古希臘。西人所謂 Anthropology（人類學）這一希臘詞源，是 Anthropos 與 Logic。

西方人類學奠基於 17 世紀中葉，學界一般以成書於西元 1655 年、迄今尚未知作者為何人的《人類學概要》（*Anthropology Abstracted*）為重要代表。Anthropology 一詞，曾於西元 1822 年寫入《大英百科全書》（*Encyclopedia Britannica*），可證學科意義的人類學，已為當時學界所接受。

　　一般而言，作為「人的研究」的西方人類學，包含體質、考古、語言與文化四大分支。

　　體質人類學的研究對象為「自然的人」。以一定人群的人種基因、人種體質、特徵與品性的形成、嬗變的發展規律為研究主題，探究人類的「體質」特性以及人類在自然界的崇高地位，從體質角度，研究人類的起源及與其他靈長類動物的血緣關聯、進化與差異；研究人種之間不盡相同的血緣遺傳密碼與變異規律；研究同一人種、種族與民族，因所處自然與社會環境的不同，與漫長的歷史分野所造成的血型、體格、長相等的關聯與差別。英國學者達爾文（Darwin）的《物種起源》（*On the Origin of Species*）與赫胥黎（Huxley）的《天演論》（*Evolution and Ethics*），成為西方體質人類學的早期重要著述。赫胥黎的《天演論》與達爾文的《物種起源》中譯本，先後出版於西元 1897 年、1903 年，對中國學人的研究具有啟蒙意義。顧壽白《人類學大意》（1924 年）與黃新民《世界人種問題》（1927 年）等，是中國學人開始介入體質人類學研究的初創性學術成果。

　　在學理上，考古人類學是考古學與人類學的結合。以考古的理念與方法，透過田野調查及其研究，探索、解決人類學所面臨的一系列學術課題，可稱為考古人類學。作為人類學的重要分支，歷代有學人將其歸於歷史學或考古民族學，從而引起爭議。考古人類學作為文化人類學的重要一翼，實際又是體質、語言與文化三大人類學學科的一個基礎，這是因為其學科主題，尤其不能離開田野作業及其成果的緣故。考古人類學，是關於

史前蠻野與文明人類的考古之學。史前考古的對象，主要指舊石器時期、新石器時期的「自然的人」與「社會的人」及其歷史與人文關聯；文明時代的人類學考古對象，是人類體質、文化與語言的民族、社會與歷史的演替、嬗變、規律、模式、結構與機制及其相互關聯。無疑，考古人類學的學術生命，基於田野實踐，側重於考辨人類體質、文化與語言的原始遺存與原始經驗。追溯人類之始，是考古人類學研究的題中應有之義。西方考古人類學，奠基在強調實證的歷史學與民族學基礎之上，是隨著西方近代自然科學的發展而興起的。中國考古人類學的研究起步較早。中山大學、廈門大學等一批學者，曾經成為考古人類學的先行者之一。顧頡剛、林惠祥與鄭德坤等，曾於西元 1920、1930 年代，以講授考古人類學等課程，任教於廈門大學，有「考古人類學實驗室」、「古物陳列室」與「文學院中國文化陳列所」等學術機構的設立。「廈門市人類學博物館籌備處」，由林惠祥設立於 1934 年。而早在 1921 年，復旦大學曾經創設人類學課程，是中國最早具有人類學教學的大學；2018 年 1 月，復旦大學重新設立人類遺傳學與人類學系。

西方語言人類學，肇始於鮑亞士（Boas）的語言人類學研究。作為人類學與語言學之間的交叉學科，語言人類學學理結構中的所謂語言學，不僅為人類學研究提供了研究方法，而且直接引入了語言哲學。作為觀察、研究人類自身的窗口與學術領域，語言是人類文化、社會、歷史、種族、民族尤其是精神、思想與情感等的「第二面貌」與人文符號系統。有鑑於世界各種族、民族、國家、時代、地域的語言及其語言學模式的千差萬別，始於 19 世紀的語言人類學，被廣泛運用於研究人類無比紛繁、複雜與深邃的文化起源、文化行為及其心理結構與思考方式等。

西方結構人類學與認知人類學，以語言人類學為其堅強友軍。各種

族、民族、時代、地域之間的語言譯介、傳播與交往，是語言與語言之間所發生的「格義」、「誤讀」及其融合。英國功能主義人類學家馬凌諾斯基（Malinowski）《珊瑚花園和它們的巫術》（*Coral gardens and their magic*），論析特羅布里恩島人巫術用語的譯介，較早涉及語言與語言之間的人類文化的關係問題。

中國的語言學研究發蒙於經學。文字、訓詁、音韻與語法、邏輯、修辭研究的歷史相當古遠。古文經學，尚「無一字無來歷」；今文經學，宗「無一字無精義」。其研究旨趣，皆大致閾限於傳統經學及其人文思維，近代曾受到西方語言人類學理念方法的影響。羅常培作為中國語言人類學的首倡者之一，早在 1930 年代，曾經對山東臨川與江西的方言語音系統及語言行為進行調查研究，撰〈從客家遷徙的蹤跡論客贛方言之關係〉，研究不同地域方言的流變這一課題。

語言人類學屬於文化人類學的重要一支。諸如關於大致發生於兩漢之際印度佛教東漸的偉大「中國事件」，上千年大量印度佛教典籍的漢譯與傳播，以及始於明代徐光啟在傳教士配合下所譯介的《幾何讀本》等，到 19、20 世紀無數西洋文化、哲學、宗教、科學與藝術等著作的翻譯與傳播，都是語言人類學研究的用武之地。

文化人類學的研究對象，為「社會的人」，指「自然人化」兼「人化自然」的過程、方式、成果、工具尤其是作為主體的人自身。英國莎士比亞（Shakespeare）悲劇作品《哈姆雷特》（*Hamlet*）說，人是「宇宙的精華，萬物的靈長」，是自然進化最偉大的文化成果。人不斷創造一切尤其創造與完善人自身。荀子說：「水火有氣而無生，草木有生而無知，禽獸有知而無義，人有氣有生有知亦且有義，故最為天下貴也。」[001] 荀卿的所謂

[001]　《荀子·王制篇第九》，王先謙《荀子集解》卷五，第 104 頁，上海書店，《諸子集成》第二冊，

「人」，為禮義之人，自當不等於文化人類學所說的「人」，然而，荀子肯定了人「最為天下貴」的崇高地位。人作為文化主體、成果與歷史過程，是最廣深、最煩難也是最值得的文化人類學研究的一個課題。

考古人類學、語言人類學與文化人類學這三大人類學分支，都以體質人類學為學科基礎和自然基因。其中文化人類學，對於關於人的自然本質與本性的研究及其成果，必有所汲取。人類體質，既基於自然人種，又在一定自然環境、社會、文化與漫長歷史進程之中有所發展，因而，無論體質、考古與語言人類學，都與文化人類學具有密切的關聯。

文化人類學，是目前所有人類學中最繁盛的一門人類學。它與其他人類學的區別在於「文化」是其關鍵性的一詞。對於文化理解的差異，必然出現許多不同的文化人類學的具體研究及其學術成果。近百年前，梁漱溟曾對「文化」做過人類學意義上的思考與表述：

你且看文化是什麼東西呢？不過是那一民族生活的樣法罷了。生活又是什麼呢？生活就是沒盡的意欲（will —— 原注）—— 此所謂「意欲」與叔本華（Schopenhauer）所謂「意欲」略相近，—— 和那不斷的滿足與不滿足罷了。通是個民族通是個生活，何以他那表現出來的生活樣法成了兩異的彩色？不過是他那為生活樣法最初本因的意欲分出兩異的方向，所以發揮出來的便兩樣罷了。然則你要去求一家文化的根本或源泉，你只要去看文化的根源的意欲，這家的方向如何與他家的不同。[002]

關於什麼是人類文化，學者們見仁見智，歧義問難者多矣。有西方學者廣為搜求，稱「文化」的「定義」竟有 164 種之多 [003]，可見文化意義的

　　　　　　1986 年版。
[002]　　梁漱溟《東西文化及其哲學》，《梁漱溟全集》第一卷，第 352 頁，山東人民出版社，1989 年版。按：這一引文，每一字下方原有著重號，已略。
[003]　　按：參見許國璋〈文明與文化〉，《釋中國》第一卷，第 617 ～ 641 頁，王元化名譽主編，上海

複雜與深邃。

　　本書將文化人類學的所謂「文化」，看作「自然的人化」兼「人化的自然」的天人、物我、主客及其時空動態的關聯、過程、方式、成果與心靈的一個總和。凡是人類所創造的一切，都屬於人類文化範疇，包括物質、精神、結構、傳播、意義、價值、語言與人體等動態八維及其無限的動態關聯。人們往往習慣性的稱文化僅僅具有「物質」、「精神」二種，其實文化的內涵遠非如此。文化根因，即所謂文化根源，梁漱溟曾將其歸結為人的「意欲」，而又遠非僅僅能夠歸之於此的。

　　文化人類學研究，往往不可迴避的與「文明」與「文脈」這兩大範疇相系。

　　有學人習慣於將文明理解為人類出現文字與階級、國家以後的一種社會現象，其實這是歷史學的理解。從文化人類學角度看，所謂文明，是指文化發展的過程和程度。歷史學把文明理解為階級、國家以及文字誕生之後才有的，稱這是人類文明時代的開始，在此之前的許多個世紀是「野蠻時代」。文化人類學則以為，文明既然是文化發展的過程和程度，那麼它一定是與文化相伴相生的，因此，即使在人類漫長的「野蠻時代」，人類社會也是具有一定的文明的，它便是「野蠻的文明」、「文明的野蠻」。

　　「文明」一詞，原於《易傳‧象辭》釋賁卦卦辭之義，與「天文」這一範疇相對應。《易傳》說：「柔來而文剛，分剛上而文柔，故小利有攸往，天文也。文明以止，人文也。觀乎天文，以察時變。觀乎人文，以化成天下。」[004] 這裡所說的「天文」，類於自然這一概念；所謂「人文」，類於文化概念。這裡的文明一詞，實際指道德文明，這是因為《易傳》大致是先

　　文藝出版社，1998 年版。

[004]　《易傳‧象辭》，拙著《周易精讀》（修訂本），第 143 頁，復旦大學出版社，2016 年版。

011

秦儒家著述的緣故。《易傳》同時指出，所謂「人文」，是人「觀乎天文」的過程與程度。

與文化、文明概念相連的「文脈」一詞，是英文 Context 的首譯[005]，指文化的「上下文關聯」即文化的「來龍去脈」及其傳播歷程，本指文化大化流行的時間歷程。然而，離開時間的空間性與離開空間的時間性，都是不可思議的，因此所謂文脈，是指存在於空間的人文時間的一個過程，又是作為時間流變的空間存在。這裡，包含了對於文化人類學意義的文化、文明的整體理解。

在人類學研究領域，關於文化人類學的學術著述，可能要比體質人類學、考古人類學與語言人類學更為豐富、繁榮且影響更大。夏建中《文化人類學理論學派 —— 文化研究的歷史》一書，曾根據日本築波大學教授、文化人類學家綾部恆雄主編《文化人類學の名著 50》（日本平凡社，1994 年），列出影響當今國際人類學界的學術名著凡五十種（按：這些名著，出版於西元 1871 ～ 1983 年間），包括英國十四，美國十六，法國九，荷蘭三，德國與比利時各一，亞洲僅日本所著六。[006] 其中，以英國泰勒（Tylor）《原始文化》（*Primitive culture*）（西元 1871 年）、美國摩爾根（Morgan）《古代社會》（*Ancient Society*）（西元 1877 年）、英國弗雷澤（Frazer）《金枝》（*The Golden Bough*）（西元 1890 年）、法國列維 - 布留爾（Lévy-Bruhl）《原始思維》（*How Natives Think*）（1910 年）與涂爾幹（Durkheim）《宗教生活的基本形式》（*Les formes élémentaires de la vie religieuse*）（1912 年）、英國馬凌諾斯基《南海舡人》（*Argonauts of the*

---

[005]　按：請參見拙著《中國美學的文脈歷程·前言》，四川人民出版社，2002 年版。
[006]　夏建中《文化人類學理論學派 —— 文化研究的歷史》，附錄一，第 344 頁，中國人民大學出版社，1997 年版。

Western Pacific）（1922 年）、法國莫斯（Mauss）《禮物》（*Essai sur le don*）（1923 ～ 1924 年）、美國潘乃德（Ruth Benedict）《文化模式》（*Patterns of Culture*）（1934 年）和《菊與刀》（*The Chrysanthemum and the Sword*）（1946 年）、法國李維史陀（Lévi-Strauss）《野性的思維》（*Savage Mind*）（1962 年）等文化人類學著作為主要，凡此，一般為中國學者所熟知。

學科意義上西方人類學的起始、形成與發展，曾經走過長期而頗為艱難的人文與學術歷程。作為以「人」為研究對象的西方人類學，曾經幾乎長期潭沒無聞，往往不為學界所重視，是因為人們誤以為，此「學」既然以「人」為研究對象，是過於「籠統」的，似乎其學科的內涵與界限模糊不清。有人頗為疑惑的發問：世間學問，還有哪一門哪一類，並非直接、間接的研究「人」或與「人的研究」無關呢？既然人類學是研究人的學科，那麼關於人的一切，難道都要研究嗎？如果都要研究，豈非包羅萬象，沒有邊界？其實這是對於人類學的一種誤解。大凡人類學，前文將其歸為體質、文化、語言與考古人類學等四類。實際上，我們還可以根據「自然」與「文化」的二層理念，試將語言人類學和考古人類學併入大文化人類學的範疇。這樣可以將基本的人類學範疇，歸併為體質人類學與文化人類學兩大類，或者可以歸結為關於人的自然人類學和人文人類學。這裡應當指出，考古人類學與體質人類學是具有尤為親緣的關聯的。

人類學學科的意識、理念與方法的發蒙、牛起、成熟與轉嬗，是與人類自身關於「人」這一問題意識的逐漸覺醒、反思以及新研究方法的發現與運用，緊密相連在一起的。

西方人類學起始於古希臘，奠基在 17 世紀中葉，繁榮於 19 ～ 20 世紀，是並非偶然的。

導言

　　從學科意識的萌生、學科的生成、認同與多元發展看，西方人類學實際與西方古代所經歷的兩次「人的解放」，與科學主義、實證主義研究方法的影響和運用有關。

　　在生活、活動於西元前 9 世紀至西元前 8 世紀的古希臘盲詩人荷馬（Homer）的時代，人們首先所感知的，一般是屬神而非屬人的世界（按：雖然屬神的感知實際上是屬人的另一種感知）。在古希臘神話中，主神宙斯及其諸神，構成了一個「神聖家族」，成為多少年間深受人們頂禮膜拜的對象。關於主神宙斯與諸神的神話傳說，實際是從神話角度，來理解人的本質，神就是被神化的人。這和對於人自身的直接理解，是不太一樣的，一定程度上，遮蔽了人類對於人自身的感知與認識，從而否棄人應有的文化地位與人格。那時，即使是才華橫溢的詩人與思想深邃的哲學家，也被認為其詩性與思性的智慧，由「詩神憑附」與神靈賜予而來。無論古希臘的悲劇或喜劇作品，所崇尚和描述的，都是關於神的崇高、靜穆及其故事傳說。約西元前 6 世紀至西元前 5 世紀，畢達哥拉斯學派首先發現與肯定的世界，是神性兼巫性的「數」而不是人自身，以為唯有「數」，才是真正而且更高一級的「實在」。約西元前 5 世紀至西元前 4 世紀，早於蘇格拉底（Socrates）的恩培多克勒（Empedocles）說，萬物原於希臘神話的神性之「根」，以宙斯、希拉、埃多涅烏與涅司蒂等的神奇本質作為事物生滅的本源。

　　隨著古希臘經濟、文化的進一步發展與奴隸城邦制的深入推衍，「人」的文化意識有所覺醒。西方原始人本意識對於神本意識的第一個「宣言」，便是普羅達哥拉斯（Protagóras）的著名哲學命題：人是萬物的尺度。這意味著，西方文化開始由肯定神的聖諭、神的意志，轉而有所肯定屬於人自身的知識、理性與力量。「人的問題」，成為蘇格拉底、柏拉圖（Plato）與亞里斯多德（Aristotle）哲學不爭的主題，雖則希臘哲學智者在宣說其屬人的哲學智慧的同時，依然時時難忘與回眸奧林匹斯山神聖的靈光。這是人類在理念上關於「人」的第一次發現與解放，一定程度上覺醒與肯定了人自己，由此引起西方人類學意識的啟蒙，也就不足為奇了。

爾後西方經過中世紀宗教文化的漫漫長夜，「人的問題」，基本隸屬於宗教神學的理念與思維閾限，而重新被有所遮蔽。在中世紀的神學時代，儘管人不斷的創造無數真善美的事物與成果，人卻「謙卑」的將此歸之於神與上帝。馮‧巴爾塔薩（von Balthasar）曾經指出，在接受希伯來文化與基督教神性文化傳統的希臘人看來，比如，「所謂美，就是上帝的在場」，「只有在宗教裡才存在真正的美」[007]。

時至 14 ～ 16 世紀的文藝復興時期，得益於提倡人性反對神性、提倡科學反對迷信、提倡民主反對專制的偉大精神的感召，關於「人的問題」，終於在新的時代條件下再度被發現。學科意義上的人類學研究，奠基於 17 世紀，是順理成章的事情。這是關於「人」的第二次「解放」。時至 17 世紀的英國培根（Bacon）、18 世紀蘇格蘭休謨（Hume）的經驗論哲學與 19 世紀法國孔德（Comte）的實證主義哲學所提供的方法論，進一步促成了西方人類學的成長。自 19 世紀下半葉，便有英國古典主義人類學家泰勒、弗雷澤等及其人類學的諸多著述相繼湧現，繁榮達一個多世紀之久。從整體上看，早期西方人類學著作，側重於原樸的田野調查及其研究，重視原始種族、氏族、原始部落的原始生活經驗、方式及其精神生態的考古與實證研究等，尤其集中於有關原始巫術、神話與圖騰的研究，奠定了一個扎實的學術基礎與傳統。

---

[007]　［瑞士］馮‧巴爾塔薩《神學美學導論》，第 79、11 ～ 12 頁，曹衛東、刁承俊譯，三聯書店，2002 年版。

● 二

本書試圖以文化人類學關於巫學的理念與方法，來研究中國文化的「巫問題」。其中心論題在於，巫性是中國文化基本而主導的原始人文根性之一，作為文化迷信，巫性處於中國式的神性與人性、神格與人格之際，巫性是既媚神又瀆神、既拜神又降神、既畏天又知命、既信靈力又尚人智的一種文化屬性。巫術，是這二者之間的一種「對話」和結構的文化形態與方式。概而言之，人類學意義上中國巫文化的文化屬性與特質，迷信與理智交互，糊塗同清醒兼具，卑下和尊嚴相依，崇拜攜審美偕行，且以前者為主。

巫學及其巫性，作為中國巫文化人類學研究的學術範疇的提出，經過了較長一段時間的醞釀，開始於筆者 1980 年代關於《周易》文化的研究。易學是典型的象數之學，傳統易學以箋注、文字訓詁音韻為基本的解讀方法，從而揭櫫易理的文化、道德意義，本歸於經學範疇。大致五四以來，西學東漸促成傳統易學的時代革新，於是便有所謂「哲學易」、「科學易」、「考古易」、「歷史易」、「思維易」與「文化易」等的開新。

其中，「哲學易」聲勢浩大，影響深遠。「哲學易」的提倡者與實踐者多為哲學研究者，蘊含於五四以來活躍在國際、中國國內所謂「第三代儒學」[008] 之中，在象數學基礎上從事「哲學易」的研究，是對傳統易學的一

---

[008] 按：中國儒學史，將儒學的歷史發展分為三期。牟宗三〈儒家學術之發展及其使命〉一文指出，第一期儒學以孔、孟、荀的思想學說為代表，先秦是原始儒學「典型之鑄造時期」；第二期儒學，以（宋明）濂學（周敦頤）、關學（張橫渠）、洛學（程顥、程頤）、閩學（朱熹）與心學（陸九淵、王陽明）為代表，宋明為理學「彰顯絕對主體性時期」。現代新儒學（按：即第三期儒學）起於 1920 年代初，在五四運動爆發未久一片「打倒孔家店」的時代吶喊中，梁漱溟站在文化守成主義立場，打出「新孔學」即現代新儒學的旗幟，在傳統的儒學及其價值體系不斷解構的人文語境中，試圖接納宋明理學的文化之血脈，以梁漱溟、牟宗三、張君勱、徐復觀、馮友蘭、賀麟與杜維明等為代表。

種學術推進。然而，「哲學易」在發掘與研究易學與哲學的關係以及易學的哲學意義問題的同時，有的學者可能會不自覺的將易理等同於哲理，把易學等同於哲學，從而有可能在一定程度上，造成對於「易之原始」的遮蔽。原始易學是巫學而不是什麼哲學（按：當然，在原始巫學中蘊含著哲學等文化胚素），這是對於原始易學學科屬性的一個基本估衡。

僅就通行本《周易》而言，《周易》本經是巫占之書，這是沒有疑問的。全書上經三十，從乾坤到坎離；下經三十四，從咸恆到既濟未濟，書中可能由「文王演易」而排列的六十四卦序，具有錯卦、綜卦與錯綜卦的「二二相耦，非覆即變」的對應關係，以及以既濟為第六十三卦、未濟為第六十四卦的排序等，顯然是具有一定的哲學思辨的。同時，易的哲學思想因素，還主要展現在《易傳》的〈彖辭〉、〈象辭〉、〈文言〉與〈繫辭〉之中。

可是，哲學並非易之源而為易源之衍。易之源，是中國哲學等人文意識的根因但不是哲學本身，它有待於提升為哲學與倫理學、美學等。原本之易，應歸於巫學範疇。人們盡可以對《周易》本經進行哲學研究，這不等於說，整部通行本《周易》尤其本經的人文意識、理念與思想等本來就是哲學。

「易以道陰陽」這一命題，是哲人莊子對於《周易》的哲學判斷，這是凡是讀過《莊子》的學人都知道的。莊周稱「易以道陰陽」，並不等於說凡是講「陰陽」的，都是什麼哲學。誰都知道，通行本《周易》分本經（按：一般以為成於殷周之際）和《易傳》（按：一般以為成於戰國中後期），兩者大約相距七、八百年，這是一個常識。《周易》本經沒有哲學意義的「陰」、「陽」二字。《周易》中孚卦九二爻辭所謂「鳴鶴在陰，其子和之」的「陰」，本指陽光照射不到的地方；《周易》夬卦卦辭有「揚於王庭」之辭。

《說文解字》云，揚，「飛舉也，從手，易聲」。因為陽和揚兩字都從易（陽的本字），字根同一，所以「揚於王庭」之「揚」，可以看作「陽」（易）的派生字。即使如此，這裡也不是哲學意義上的「陽」[009]。

《周易》本經六十四卦序，確實具有「二二相耦」的某些哲學思維的特點。但這不等於說，凡是「二二相耦」的都是哲學。《周易》本經的所有卦爻辭，大凡都是筮辭，筮辭的文化主題，在於趨吉避凶。吉、凶及其兩者的對應，構成了「二二相耦」的人文態勢，吉、凶二義，原本屬於巫學而不是哲學，這是顯而易見的。

易學家尚秉和氏曾經指出，「易者占卜（按：實指占筮）之名」，「說者以簡易、不易、變易（按：此指易之哲學）釋之，皆非」。「簡易、不易、變易，皆易之用，非易之本詁。本詁固占卜也。」[010] 學者陸侃如、馮沅君也說：「我們知道《易經》並不是古聖王說教的著作，而是民間迷信的結晶，從起源到寫定，當然需要幾個世紀。這些迷信的作品，與近代之『觀音籤』、『牙牌訣』極相近，既談不到哲理，更談不到文藝。」[011] 話說得有些絕對。實際上，《周易》是上層社會與下層民間共同創制而用於預測命運的文本，富於迷信而不僅僅是「民間迷信的結晶」。正如前述，通行本《周易》的本經部分，主要是六十四卦序的排列，具有一定的哲學思維因素，稱其絕對「談不到哲理」是不妥的。然而，作為中華原始「信文化」的典型文本之一，在本源上，《周易》本經是以「吉凶」為其人文主題、屬於巫學範疇的。

---

[009] 按：所謂「揚於王庭」的「揚」，有正大光明的公布、宣揚的意思。1970 年代湖南馬王堆出土的《帛書周易》中，《周易》通行本「揚於王庭」語，寫作「陽於王庭」，意思是陽光照射於王庭。

[010] 尚秉和《周易尚氏學總論·第一論周易二字本詁》，《周易尚氏學》，第 1 頁，中華書局，1980 年版。

[011] 陸侃如、馮沅君《中國文學史簡編》，開明書店，1939 年版。

以《周易》象數學為治易的基礎，糅用由歐西入漸的文化人類學關於巫學的理念與方法治易，是關於易學的中國巫文化人類學。

本書所做的工作，是在筆者早年關於通行本《周易》巫文化研究的基礎上，試圖再推進一步。運用文化人類學關於巫學的理念與方法，對中國傳統文化中的甲骨巫卜、《周易》巫筮與祭祀、望氣、暑景（影字初文）、夢占、咒語、驅鬼與堪輿等古文化進行解析，力求建構真正屬於「中國」的巫文化人類學。

中國巫文化人類學的學理機制，唯有努力剔除某些學術理念的遮蔽，才可能有所呈現。

其一，學界從單純的哲學等角度研究中國原始文化現象，曾經獲得豐碩的學術成果，其主要表現在，從中國原始文化尤其是原始巫文化中，發掘其哲學元素等。正如前述，這不等於說在史前時代，中國文化的原始品格，從一開始就是哲學的。哲學俯瞰一切，可是哲學並非萬能。對於文化人類學的研究而言，值得推崇的是其文化哲學，而不是一般的哲學方法。它是一種關於文化的哲學，或者說是一種哲學人類學。

其二，關於原始文化，長期以來，學界往往以「原始宗教」一言以蔽之，籠統的稱原始文化就是「原始宗教」的文化，似乎「原始宗教」這一學術概念，是不證而自明的，可以隨取隨用的。其實，「原始宗教」這一概念與學術內涵濘界並不清晰。人們不免會問，既然「原始宗教」也是宗教且僅僅是「原始」而已，那麼，宗教所應具的基本屬性與特徵，「原始宗教」也應當具備才是。大凡宗教，具有教主、教義、教團、教律、踐行與終極信仰等六大要素，否則便難以稱之為宗教。

然而，被稱為「原始宗教」的上古文化，實際上是一種原始意義的

「信文化」。史前有所謂天命、鬼神、精靈附身而通神的酋長，他們往往是神話講說者、圖騰崇拜者與巫師等身分集於一身的，然而他們並非宗教意義的教主；巫術、神話與圖騰文化，具有豐富而虛靈的人文意識、理念甚或思想信仰，可是還不具有宗教教義一般的理論系統；巫術等擁有大批信眾，甚至遍及朝野，卻並未構成具有組織系統的教團；有種種禁忌（按：即使在進行神話與圖騰活動時，也有許多禁忌），可是凡此禁忌，還不等於是嚴格、嚴厲的宗教教律；有屬神、屬巫的神話言說、圖騰崇拜與巫術施行等實踐活動，而且幾乎滲透在人的一切生活、生產與生命領域，可是，那些都不是什麼正式的宗教踐行；巫術等作為「信文化」，當然是具有一定的信仰的，然而它們沒有終極信仰。

可以說，將人類原始文化等同於所謂「原始宗教」的合法性，是值得重新思考與討論的。

文化學者丁山曾經說過，如「『自然崇拜』，是宗教的發軔，任何原始民族都有此共同的俗尚。按照宗教發展過程說，崇拜自然界的動植物是比較原始的，由『地母』崇拜到『天父』、到祖先的鬼魂也成為神靈之時，宗教的思想便告完全」。[012] 宗教的確「發軔」於「自然崇拜」與祖神、鬼魂崇拜等，然而，要說「地母」、「天父」與「祖先的鬼魂」崇拜，便是「宗教的思想便告完全」即「完全」成熟，這一表述是有些缺乏說服力的。「地母」、「天父」（天命）與「祖先的鬼魂」崇拜等，在智慧品格與歷史、人文水準上，基本與「自然崇拜」同列，它們是宗教的「發軔」處，而並非宗教本身。「自然崇拜」也罷，「祖先的鬼神」崇拜等也好，其實都是人類宗教文化正式誕生之前作為「宗教的發軔」而存有的。

中國學界，究竟何時何人首倡「原始宗教」這一概念，迄今難以考

---

[012] 丁山《中國古代宗教與神話考》，第 3 頁，上海書店出版社，2011 年版。

定。想來可能因為有「宗教」的立說和宗教研究，便推論在人類宗教文化真正誕生之前，似乎必有一種「原始宗教」的存在，於是便將這種所謂的「原始宗教」看成是宗教的發生。它的邏輯，好比人既然有青、壯、晚年而必然具有童年一樣，這當然沒有錯。可是我們難道能夠說，人的童年就是其青、壯、晚年的「原始」嗎？稱青、壯、晚年的人，「原始」於人自身的孩提時代，而並非「原始」於父母，這一推理既不合邏輯，又不符歷史實際。

那麼，宗教的文化「父母」究竟是「誰」？答案只有一個，就是原始巫術、原始神話與原始圖騰，它們既是三位一體的，又是相對獨立而自成系統的。

其三，長期以來，學界往往將人類史前稱為「神話時代」，以「神話思維」這一概念，概括、等同於人類史前的一切文化思維。其實就其形態而言，人類史前文化是一個由原始巫術、神話與圖騰三層動態所構成的多元集合，遠非僅僅神話一層。迄今，學界尚未考定這三者的起始究竟孰先孰後，就其滿足於初民生存、發展的基本需求來說，巫術文化因初民企圖解決生命、生存與生活的無數難題而誕生，巫術的所謂「實用性」功能，無疑占有「歷史優先」的地位。在史前，巫術幾乎可以貫穿於知識、理性所難以達到的一切生活領域，它是先民的一種生活常式。比較而言，原始神話是先民想像、描述、解釋世界與人自己的「話語」系統，並且往往將神話言說及其語言、歌詩的魔力，看作兼有巫能的一種文化方式。巫術、圖騰的種種想像、故事與人物等，又往往構成神話傳說、歌唱的題材與對象；至於圖騰及其崇拜，只有當初民在尋找「他的親族」即「生身父母」時，才被推到初民歷史、生活的前端。圖騰將山河大地、動物植物等許多神性兼巫性的自然對象，錯認作氏族的「父親」甚而是「母親」，樹立起準

祖神的崇高偶像，具有無可替代的群團氏族、部落的強大精神力量，而真正的血緣氏族的老祖宗，其實是並不「在場」的。

　　將巫術、神話與圖騰三者相比較，與勞動生產一起，三者共同構成人類宗教誕生之前初民生命、生存與生活的基本內容、方式、制度及其精神訴求，從三者的文化功能來看，原始巫術，可能是初民日常而基本的一種文化方式與生活方式，與初民「兩種生產」（按：衣食住行的勞動生產和人自身的生殖繁衍）的實踐行為相結合。相比之下，初民只有在能夠吃飽肚子的情況下，才能有時間有精力從事其他，不能想像在飢寒交迫、居無定所以及人種難以繁衍的艱難處境中，初民還有餘暇與興趣，一天到晚的在那裡宣講神話故事和進行圖騰崇拜的活動，因而可以說，從事與人的「兩種生產」實踐相結合的原始巫術活動，才是初民最基本的生活需求。當然，這裡應當補充一句，有些時候，初民相信，正是因為自己在進行神話講說、圖騰崇拜時對於神靈不夠虔誠和莊重，才導致自己食不果腹、流離失所，因此即使正值飢腸轆轆、苦不堪言之時，也要更加誠心誠意的演說神話、進行圖騰崇拜活動，以求得自然神靈尤其祖神的寬恕和佑助。

　　其四，中國原巫文化，在中國文化結構與文化模式中，不僅是基本的，而且是主導的。近一個世紀之前，魯迅先生曾經提出和論析「中國本信巫」這一著名而重要的學術命題。他說，「秦漢以來，神仙之說盛行，漢末又大暢巫風，而鬼道愈熾」，此「皆張惶鬼神，稱道靈異，故自晉迄隋，特多見鬼神志怪之書」[013]。其實，從文化的根源來說，「中國本信巫」，原於初民的原巫文化，而不僅僅是「秦漢以來」、「自晉迄隋」的特殊文化現象。「中國本信巫」這一文化命題，適用於古代中華的一切時代與地域，只是其表現的方式與程度不一罷了。

---

[013]　魯迅《中國小說史略》，《魯迅全集》，第九卷，第 43 頁，人民文學出版社，1981 年版。

本書將巫性與中國巫性問題，作為論析的重點。從相關文字學資料、神話傳說、古籍記載與考古發現等方面，論述「中國本信巫」及其巫性何以可能。

　　本書整理了巫術與宗教、科學、審美等的人文關聯，論析中國文化由「巫」向「史」之路何以必然等課題。

　　本書認為，所謂「天人合一」與「氣」、「象」、「道」及其相互結合，構成中國文化的基本結構與基本模式。這四者，除了源於神話與圖騰，主要都本源於巫。巫，也是哺育中國文化哲學意識的歷史與人文溫床。

　　「天人合一」的原始經驗，首先發生於原巫文化以及與巫相繫的原古神話與圖騰文化之中。氣是原巫之靈異的「感應」，由於長期的歷史與人文的陶冶，成長為中國巫文化人類學意義的一大文化哲學範疇。象，與氣、數（按：本具命運與原始數學理性的品格及其呈現）一起，既是藝術審美的濫觴，又係知識理性的本源。本書論證了從象的巫性到審美詩性、從數到知識理性的種種可能性。道，本義指介於人與神、人性與神性之際所選擇的人生道路。道主要啟蒙於巫文化的「實用理性」。李澤厚先生曾說，「實用理性便是中國傳統思想在自身性格上所具有的特色。先秦各家為尋求當時社會大變動的前景出路而授徒立說，使得自商周巫史文化中解放出來的理性，沒有走向閒暇從容的抽象思辨之路（如希臘 —— 原注），也沒有沉入厭棄人世的追求解脫之途（如印度 —— 原注），而是執著（於）人間世道的實用探求」，「中國哲學正是這樣在感性世界、日常生活和人際關係中去尋求道德的本體、理性的掌握和精神的超越。體用不二，天人合一，情理交融，主客同構，這就是中國的傳統精神，它即是所謂中國的智慧」[014]。此言是。應當補充的是，這一道德倫理意義的「實用

[014]　〈試談中國的智慧〉，李澤厚《中國思想史論》，第307、314頁，安徽文藝出版社，1999年版。

理性」，是源於巫性的。正如李澤厚所說，所謂「精神的超越」，應該稱為精神的「超脫」才是。對於這一點，李澤厚新著《由巫到禮、釋禮歸仁》已經做了有理、有益的論述與修正。[015]

本書是文化人類學關於巫學理念的文化基因或曰根因、根性與特質的研究，將追溯、探究以原巫文化為基本而主導、伴隨以神話、圖騰的中國早期「信文化」的人文實相為研究重心。

這裡所謂早期，指德國學者雅斯佩斯（Jaspers）所說「軸心時代」亦即春秋末期老孔時期所謂「理性化」即「哲學的突破」之前，從而試圖證明中國文化的歷史與現實生態何以如此這一問題。

值得強調的是，中國人類學家李安宅曾經指出：「使我們習而不察的事實，使我們有了因襲的評價的制度與思想系統，都可藉著人類學給我們的比較研究，而立刻分出遠近布景，立刻使我們添上一種新的眼光，養成一種透視力。這是人類學應該給我們的貢獻。」[016] 本書所研究的對象，是中國巫文化人類學學科、學理的特殊性，雖然以往中國學界早已有諸如涉巫的甲骨學與易學等研究，而且人才輩出、成果豐碩，但是試圖自覺的運用文化人類學關於巫學的理念與方法進行研究，從而「添上一種新的眼光，養成一種透視力」，努力遵循歷史與邏輯、實證與理念相結合的治學原則，正是本書試圖達到的學術目的。從牟宗三所謂治學「通孔」說來觀察、研究中國文化的「開端」[017] 即原巫文化，是本書努力的學術方向。一切研究理

---

[015]　按：參見李澤厚〈釋禮歸仁〉（2014 年），《由巫到禮、釋禮歸仁》，第 117 ～ 143 頁。李澤厚指出：「沒有上帝信仰的中國學人大講『內在超越』，又能『超越』到哪裡去呢？這種所謂『內在超越』，平實說來，大多是一種離棄世俗的心境超脫，少數是某種神祕經驗。」（該書第 126 頁，三聯書店，2015 年版）

[016]　李安宅「譯者序」，〔英〕布朗尼斯勞・馬凌諾斯基（B. Malinowski）《巫術科學宗教與神話》，第 2 頁，李安宅譯，上海社會科學院出版社，2016 年版。按：這裡所言「人類學」，指文化人類學，而非體質人類學、宗教人類學或藝術人類學等。

[017]　按：牟宗三云：「我們說，每個文化的開端，不管是從哪個地方開始，它一定是透過一通孔

念與方法都具有一定的局限性，中國原巫文化的人類學及其文化哲學的研究，也是有局限的。期待人類學關於巫學的研究或曰巫文化人類學，揭示中國巫文化的起因、內在文化機制、特性與功能等，是本書努力的目標。人類學的立學之基在於田野調查。就中國巫文化研究而言，感謝先哲與時賢做了大量艱苦卓絕、富於成效的工作，本書期望能夠向前推進一下。

關於原始巫術、神話與圖騰三者的歷史問題，這裡試再作簡析。人們盡可以分別從神話學、圖騰學或巫學角度進入，去研究、掌握人類原始文化的神祕、複雜而深邃的文化成因、內涵、功能與歷史走向等，而就其研究的歷史與現狀來看，更值得注意的，是對神話、圖騰與巫術三者在學理上的混淆。列維-布留爾《原始思維》這一西方學術名著這樣認識神話、圖騰與巫術三者的關係：

在一切人類社會中都發現了一些與作為圖騰崇拜之基礎的東西（如信神靈、信離開軀體和身外存在的靈魂、信感應巫術）相類似的神話和集體表象，——這個事實被認為是「人類思維」本身結構的必然結果。[018]

如果並非譯文不夠準確的緣故，那麼這應當是布留爾個人有所偏頗的看法。將「信神靈、信離開軀體和身外存在的靈魂、信感應巫術」，看作「圖騰崇拜之基礎的東西」，是缺乏說服力的。所謂「基礎的東西」，是明顯的錯把「感應巫術」與「圖騰崇拜」混為一談了。

正如前述，神話是初民的一種「話語」系統，其間充滿了「萬物有靈」意識支配下關於世界與人自身的想像、幻想與虛構，主要是情感因素的

來表現，這有形而上的必然性。但是為什麼單單是這個孔，而不是那個孔？這就完全沒有形而上的必然性，也沒有邏輯的必然性，只有歷史的必然性。」（牟宗三《中國哲學十九講》，第13頁，上海古籍出版社，1997年版）

[018] ［法］列維－布留爾《原始思維·作者給俄文版的序》，第12頁，丁由譯，商務印書館，1981年版。

充沛淋漓。神話世界，是初民想像中的「世界」，也可能是對於世界與人之原始發生等問題的描繪與認知；圖騰起於人類「尋找生父」的原始覺悟、衝動與需求。錯將山川、動植甚而蒼穹之類，認作人自身的「生身父親」，作為準生命、準生父意識的發蒙，原始圖騰是自然崇拜與祖神崇拜的結合。至於巫術文化，因為初民意識到所遭遇的生活難題多多且有自信其能夠克服、戰勝一切艱難困苦與生老病死而誕生。與神話、圖騰相比較，在同樣富於神靈意識、感應、虛構、想像與情感的同時，巫術尤其倚重神性及其巫性的意志，即對於蠻野自然力和社會力的控制。巫術具有明確、普遍而執拗的實用性目的。巫術是人類「實用理性」意識的濫觴之一。如果說，神話與圖騰文化富於原始思性與原始浪漫的話，那麼，巫術則要「實際」得多。儘管巫術在實際上是一無所用的，然而它是一種執著的追求「實際」、講究「實效」的文化形態。原巫文化，在人類與中國早期，確是初民的一種生活常態、常式。

筆者將巫性這一學術範疇，用來概括春秋戰國前即中國早期文化基本而主導的人文根性之一，可能會遭到一些質疑。長期以來，巫術尤其中國原巫文化，往往為人所不齒。有人以為，巫術麼，不就是巫婆神漢、裝神弄鬼、巫風鬼氣那一套嗎？認為巫文化純粹是「文化的垃圾」、「宗教之孑遺」、「粗鄙的思維」（按：或如李維史陀那樣，稱之為「野性的思維」），根本不值得加以研究。在今日文明昌盛的社會裡，巫師、術士尤其下層俗巫給人的印象如此醜陋不堪，是理所當然的，不過，所有這一切都並非不必對其加以認識、研究的正當理由。巫在人類早期尤其中國早期文化中的文化地位甚至政治地位，曾經是神祕、有力、崇高而神聖的。中國人所謂「奉如神明」的「神明」一詞，首先是就巫而言的。巫，曾經是中國早期文化的一個主角。

關於「神」的理解。中國文化中的神，並非西方基督教那樣的上帝（God）。西方的上帝，是後代哲學本源本體的宗教表述，中國文化的神，是氏族酋長、爾後封建帝王及其大巫的史前表述。巫性意義的神，與鬼雄、人智混雜在一起，精氣、精神與精靈等詞，本為原巫文化所專用。《莊子‧內篇‧人間世》有云：「鼓筴播精，足以食十人。」[019] 筴者，筮策之謂。「鼓筴」就是以筴算卦。算卦的所謂「靈驗」，是「播精」的緣故。精者，氣也。《易傳》云：「精氣為物，遊魂為變，是故知鬼神之情狀。」[020] 精氣、精靈，本來都是巫性的氣魅、靈魅。靈，從巫。巫性神靈、精靈之所以具有「無比」靈力，可以「呼風喚雨」、「改天換地」，是因為巫師通神「作法」的緣故。如果沒有巫師的「作法」以及人對於巫術的迷信，所謂神靈、精靈便一無所用、無能為力；如果沒有神靈、精靈，巫師也一籌莫展、一事無成。人的生老病死、家國興衰以至於天下治亂等的吉凶休咎，似乎都在巫尤其大巫的掌握之中。然而這一掌握，確是神靈與人智、神性與人性雙兼且以前者為主的。因此《論語》所謂「死生有命，富貴在天」[021] 的命定論，實際上僅僅說對了巫術文化問題的一個方面。

[019]　《莊子‧內篇‧人間世第四》，第 29 頁，王先謙《莊子集解》卷一，《諸子集成》第三冊，上海書店，1986 年版。

[020]　《易傳‧繫辭上》，朱熹《周易本義》，第 291 ～ 292 頁，怡府藏版影印本，天津市古籍書店，1986 年版。

[021]　《論語‧顏淵第十二》，第 264 頁，劉寶楠《論語正義》，《諸子集成》第一冊，上海書店，1986 年版。

第一章
原始神話、原始圖騰文化的人類學

在進入關於中國巫文化人類學的研究之前，有必要對原始神話與原始圖騰文化人類學的研究路向，做一簡略的回顧、評說與檢討。在學科意義上，神話人類學與圖騰人類學，是巫文化人類學的兩支學術友軍，三者都隸屬於原始「信文化」的人類學研究範疇。

中國文化的原始人文根因與根性究竟是什麼？

學界曾給出諸多答案。筆者主「神話」、「圖騰」與「巫術」三維綜合說，認為中國原始文化具有一個「動態三維結構」。

從相對成熟的文化形態分析，中國文化的主要原始形態和品類，的確具有以原始神話、原始圖騰和原始巫術為主的系統的三維結構，並且以原巫文化為其基本和主導。在這原始三維文化形態誕生以前，還有漫長而古遠的人類文化，對此我們幾乎是一無所知的。這裡，且讓我們先就中國文化的基本人文根因、根性的神話人類學與圖騰人類學的研究路向，加以簡略的探討。

第一節　原始神話文化的人類學特徵

神話、圖騰與巫術，都是中國原始文化「三維結構」的重要一維，都屬於原始「信文化」範疇。

信這一漢字的本義指什麼？西漢揚雄《太玄經·應》稱：「陽氣極於上，陰信萌乎下。」這裡所說的「信」字之義，是說有陽氣上揚而陰氣必然與其感應。世界萬類的感應，有陽必有陰、有陰必有陽，陰陽的互為感應是天然而本然的，這便是所謂「信」。換言之，客觀事物的存在與發展，有果必有因、有因必有果，我們可以從因果互應的現象中理解「信」的含義，它不是人力所可以左右的。此其一。

其二，《太玄經》注云：「信，猶聲兆也。」這是將信字本義加以引申，比如巫術詛咒（咒語），作為一種有靈感的「聲兆」，便是一種「信」。此「兆」有靈，一旦詛咒便「應驗」，「信」有如期而至的意義。信字從人從言。這裡的人與言，原指巫師咒語，不是一般人的任何口語。在初民看來，巫師、薩滿師與術士等的「作法」，往往是以「聲」為「兆」的，言語有一種魔力，可以控制環境與他人，原始的言語崇拜，首先發生在原始巫術文化之中。

其三，巫性的「聲」（言語）作為一種有靈性的「兆」，廣泛的存在於原始巫文化的實踐中，而且原始神話，也是專以「聲」（言語）為言說、傳播方式的；原始圖騰也是一樣，初民在進行圖騰崇拜活動的時候，也免不了口中念念有詞或者歌唱。這不啻是說，原始巫術、神話與圖騰文化，都有一個「聲兆」的問題，不過其方式與程度不同罷了。尤其是神話，一旦離開以「聲」為「兆」的種種儀式，便沒有口頭神話的實際存在。「聲兆」首先是原始神話的神性、靈性與巫性的所在。因此原始神話的言說，與原始巫文化中的咒語，尤其具有巫性與靈性的親緣關聯。

原始神話是原始「信文化」的重要分支。它本是人的言說及其宏大敘事，卻堅信這是「神」所說的「話」，「說」的又是「神」的「話」，否則神話就會失去神性、靈性與巫性的人文魅力。猶如人的臉本來是一張張普通的臉，一旦戴上面具，便與庸常、普通有了奇妙的時空距離，這時就會發生「奇蹟」，變得神祕、神聖起來。神話是初民特地拉開了時空距離，而既遮蔽又開顯的初民的自身與世界。它極度的誇大了人自身的智慧、力量、情感與意志的力度，以及所遭遇的喜劇與悲劇等，是人帶著驚訝的目光來審視、反觀自身的一種言說方式，是初民虔誠、甜蜜而不易警省的一個「童年的夢」（理想）。誇大其詞，充滿虔誠之情，來幻想、虛構與嚮往與現實

世界不同的另一個世界與自我，是借神話這一文化方式，實現初民的自我宣洩與自我肯定。

在原始神話中，初民重新虛構、塑造了人自己及其所處的世界。原始神話是人與世界的「第二面貌」。極度的幻想、想像與虛構，藉助似乎是神靈附身的意志與情感等，以口語的方式，對人自己與世界「說話」。許多個世紀過去，原始神話的無比魅力，強烈的向人與世界訴說人自己的理想、力量、苦難甚至毀滅的命運。原始神話天生的成為宏大敘事與後世文學敘事的人文搖籃。作為初民的一種存在方式，神話在遠古是不可能不存在的存在。

原始神話是文字誕生之前的人文歷史，它不是歷史本身，是被神化、靈化、巫化與詩化了的人類原古歷史的文化方式。作為透過「言說」的一種文化符號系統，在想像與虛構中，蘊含著文化的真實與密碼。原始初民的精神，一定程度上是被神話所育成、鍛鍊與成長的，並且影響其物質生活及其生命的過程與結果。在神話中，對於神靈，初民的「心」是無比虔誠、真誠、真切與真實的。神話是人類燦爛之晨的一抹美麗的「陰影」。這一切，都源於初民心中與口頭的那個「信」，出自崇拜天地山川、崇拜祖先之靈等的人文意識與灼熱情感。它直接便是後世文學敘事之詩性的人文溫床。試想，印度上古神話中的梵天、濕婆之類和古希臘的宙斯神話等，是何等滋養了那些民族文化及其哲學、文學審美的未來，那些神話「英雄」，是何等上天入地、改天換地、無所不能或是悲患苦厲、萬劫不復，你就不能不為神話而深深感動。可以說，從原始神話的神性、巫性與靈性而走向文學敘事的詩性境界，比圖騰尤其巫術文化要直接得多。

中國的原始神話文化，按照丁山《中國古代宗教與神話考》（上海書店出版社，2011 年版）的研究，有一個龐大而繁複的諸神譜系。從天帝、

四方神、日神、月神、風神到「三皇五帝」等，作為古老東方的「神聖家族」，有一個逐漸建構、累積與完善的漫長歷史過程。中國原始文化中的主要神祇，當推天帝。丁山說，「今文尚書說以為『皇天』是天神的總稱，其別則因四時而異其名，唯『春日昊天』，異於爾雅所聞。古尚書（按：古文尚書）說申述之日：『天有五號，各用所宜稱之，尊而君之則日皇天，元氣廣大則日昊天。』」又引《說文》稱：「皇，大也；天道至大，故稱皇天。合而言之，昊天上帝，或言皇天上帝；分而言之，日昊天，日上帝，或日皇天，或單言天，單言帝，一也（按：自所引「昊天上帝」至「一也」句，原有著重號，已略），要不可以星象為天。」[022]22 天帝的別稱很多，是因為中國自古幅員廣大、歷史悠久的緣故。

　　僅從黃帝這一「人文初祖」而言，其塑造過程相當漫長，直至西漢初期才大功告成。大史筆司馬遷《史記·五帝本紀》有云，「黃帝者，少典之子，姓公孫，名日軒轅。生而神靈，弱而能言，幼而徇齊，長而敦敏，成而聰明。軒轅之時，神農氏世衰。諸侯相侵伐，暴虐百姓，而神農氏弗能征。於是軒轅乃慣用干戈，以征不享，諸侯咸來賓從。而蚩尤最為暴，莫能伐。炎帝欲侵陵諸侯，諸侯咸歸軒轅。」[023] 這是將神話傳說作為歷史來敘寫，神話固然不等於歷史，然而作為先是以口頭言說方式醞釀、塑造的黃帝形象，在口頭流布之中，一定經過漫長歷史的無數次重構，才成為《史記》中的黃帝，其中一定具有某些真實的歷史因素，也就是說，神話可能是有某些「事實」依據的，只是我們今天已經無從了解這一點了。黃帝具有這樣的出身及其偉大事蹟，是神話兼歷史因素的共同塑造。也許，黃帝是在許多氏族酋長、大巫師、大英雄的基礎上，經過無數的想像、虛

[022]　丁山《中國古代宗教與神話考》，第 188、189 頁，上海書店出版社，2011 年版。
[023]　司馬遷《史記》卷一〈五帝本紀第一〉，《史記》，第 1 頁，中華書局，2006 年版。

構、誇張而塑造成功的，是一個偉大而崇高的中華人文符號，與人文「共名」。因而，稱其為「人文初祖」是最為適當的。黃帝形象，集中了無數上古時代那些智慧過人、仁德敦厚與體魄強健的酋長、英雄的智慧與品格。黃帝是華夏族、繼而是整個中華民族的「人文初祖」與精神領袖，但不是歷史真實意義上的血緣初祖。

　　丁山說，「黃帝之即『昊天上帝』的別名」，「但是，周人為什麼要用黃帝代替『昊天上帝』呢」？「我們知道，殷周王朝只有『上帝』，不稱『皇天』；上帝之外，尚有四方大神，——東析（按：句芒，此段下同）、南黎（祝融）、西彝（蓐收）、北飲（玄冥）；決（絕）無所謂青、白、赤、玄諸色之帝」[024]。此言是。由此可證黃帝的塑造，是相對後起的，儘管黃帝是中華古神譜上最重要的神話偉人。這裡所謂相對後起，是指文字文本中的黃帝，至於口頭即神話傳說中的黃帝形象，則不知要比文字文本的黃帝古遠多少個世紀。張光直先生說，「首先，任何的神話都有極大的『時間深度』，在其付諸記載以前，總先經歷很久時間的口傳」，「同時，就因為神話的這種歷史經歷，它一方面極尖銳的表現與反映心靈的活動，另一方面又受到社會文化環境的極嚴格的規範與淘汰選擇」[025]。所言是。當下每年在陝西橋山對於軒轅黃帝所進行的隆重祭典，發揮了祭祖認宗、慎本追遠、群團吾皇皇中華人心的重要作用。

　　盤古是中國神話的另一個偉大形象，創世是其主要功績。關於盤古的神話故事，始於三國吳徐整所撰《三五曆紀》[026]，成於南朝梁任昉的《述異記》。在先秦與秦漢文獻中，迄今尚未發現關於盤古的其他文字紀錄，

---

[024]　丁山《中國古代宗教與神話考》，第 439 頁，上海書店出版社，2011 年版。

[025]　張光直《中國青銅時代》，第 363、363 ～ 364 頁，三聯書店，1999 年版。

[026]　按：「三五」，指三皇五帝。《三五曆紀》所記盤古，見唐歐陽詢等編撰《藝文類聚》。

《周易》、《尚書》、《春秋》、《周禮》、《詩經》、《老子》與《莊子》以及《山海經》、《淮南子》與《史記》等典籍，都沒有提到盤古。這不等於說，在三國之前千萬年的中國原始神話的口頭傳布中，一定沒有盤古的神話故事存在，只是可能沒有相應的文字記載而已。《述異記》說：「天地混沌如雞子，盤古生其中。」原始混沌天地未分，盤古即生其中，說明盤古幾與天地的開闢同時。作為創世神，盤古之功莫大矣。

精衛，一個了不起的中國神話女英雄。精衛填海的故事，見於《山海經》。其文云：「又北二百里，曰發鳩之山，其上多柘木。有鳥焉，其狀如烏，文首、白喙、赤足，名曰精衛，其鳴自詨。是炎帝之少女，名曰女娃，女娃游於東海，溺而不返，故為精衛，常銜西山之木石以湮於東海。漳水出焉，東流注於河。」[027] 這位據說是炎帝的小女兒，不幸溺於浩浩東海，卻神奇的幻化為一隻神鳥，名字叫精衛。精衛極富靈力，常常從西山口銜柘樹枝條和石塊來填海，以平水患。這表達的，是一種在自然災害面前從不低頭的大無畏的抗爭精神。在原始中華初民的生活環境中，天災比如海浪滔天淹沒沿海田畝、奪取人的生命的悲劇，可能是經常發生的。但是洪水對人的生命所造成的強大威脅，卻一點也不令精衛感到畏懼。小小精衛，居然靠小枝木小石塊填於東海而要逼走滔滔海水。這並非什麼異想天開，而是人在蠻野的自然力量面前，堅信與肯定人定勝天的偉大力量。這是對理想，對那種非凡的神力、靈力與巫力的歌頌。透過精衛填海這一神話，表達了人的無比的韌勁和毅力，它與女媧補天、愚公移山等神話，頗有異曲同工之妙，都是有理想、有擔當、有氣度的戰勝自然、建設共同家園的人文主題。不同之處在於，比如愚公移山這一神話，是堅信子子孫孫無有窮盡而挖山不止，最後感動了老天爺，將太行與王屋兩座大山搬走

[027] 《山海經·北次三經》，陳成《山海經譯注》，第 110 頁，上海古籍出版社，2014 年版。

了；精衛填海的神話，卻讓我們看到了《易傳》所言「天行健，君子以自強不息」的陽剛與奮勵的精神旨趣。其實在中國原始神話庫中，如精衛填海這樣的神話，並不是罕見的個例，比如夸父追日、后羿射日和大禹治水等神話故事裡的主角，在面對具有強大破壞力的自然力量時，都是富於不畏艱險、迎難而上的英雄氣概的。這也雄辯的證明，面對強大而幾乎不可戰勝的自然災害，中華民族所表現出來的偉大的人文精神，在於堅信而且能夠自我拯救，從來不靠西方基督教那樣的上帝（God），也無法依靠上帝的「他救」，因為自古中華就沒有這樣的上帝。

伏羲創卦這一則中國神話，在中國神話文化史和世界神話史上，具有尤為重要的特殊地位與文化價值，堪與西方古代普羅米修斯竊天火給人類相比肩。西方人說「上帝創造世界」，中國人則稱盤古開天闢地或女媧摶土造人。伏羲的豐功偉績，相傳除了教人植農桑、製兵器、營宮室、造車船、「垂衣裳而天下治」[028] 等外，還同時創始了陰爻陽爻這樣用於預測命運的卦爻符號，這是一種比普通文字還要神奇而概括力極強的文化符號。直接便是文化意義上「中國思想」、「中國模式」的創造，是最值得推崇的。西方在上帝創造世界之後，人堅信只有信奉上帝才能得救，所強調的是對於上帝的絕對信仰，所肯定的，歸根結蒂是上帝之無上的智慧和力量。中國的伏羲創卦神話，雖然不乏對於伏羲的信仰，然而伏羲本身卻並非「God」。重要的是，強調伏羲創造易卦這種東方特殊文化的理念與模式，可以用來預測人自身的命運和道路，而試圖讓人自己「走路」。朱熹曾說：

《易》之為書，卦爻象象之義備，而天地萬物之情（按：此「情」，指萬物的情情實實）見。聖人之憂天下來世，其至矣。先天下而開其物，後天

---

[028] 《易傳・繫辭下》，朱熹《周易本義》，第 324 頁，怡府藏版影印本，天津市古籍書店，1986 年版。

下而成其務。是故極其數以定天下之象，著其象以定天下之吉凶。[029]

《周易》八卦、六十四卦與三百八十四爻（按：加上「乾用九」、「坤用六」）這一巫筮體系的符號原型，是神話傳說為伏羲所創造的陰爻 --、陽爻 ━，因為其極簡而所以極繁。說其極簡，世界萬類，濃縮在如此簡單的陰陽爻及其關聯之中，此之所謂「而天地萬物之情見（現）」；說其極繁，如此簡單的這兩個符號，爾後發展為六十四卦以及「先天」、「後天」與六十四卦方位等一整套易符體系，「極其數，以定天下之象」[030]，執其象以定天下之吉凶。其創設，為世界及古代的東方中華，提供了認知、感悟與試圖掌握世界與人類命運之獨特的理念與方法，這在世界上是獨一無二的。「開其物」而「成其務」，成為易學這一「中國第一國學」的偉大啟蒙。就伏羲創卦本身看，它屬於一個獨特的神話傳說，從這一神話傳說的內容看，它所肯定的，是偉大中華的創造精神。

在中國學界，關於中國原始神話的研究發軔較早。張光直指出，有資料可證，中國原始神話的研究，始於「顧頡剛〈與錢玄同先生論古書〉（《努力》雜誌增刊《讀書雜誌》第 9 期，收入第 1 冊 —— 原注）」。「接著出現的早期論著，有沈雁冰〈中國神話研究〉（《小說月報》第 16 卷第 1 號，第 1 ～ 26 頁，1925 年 —— 原注）」，以及「玄珠《中國神話研究 ABC》（兩卷，上海世界書局，1928 年 —— 原注）及馮承鈞〈中國古代神話之研究〉（《國聞周報》第 6 卷，第 9 ～ 17 期，天津，1929 年 —— 原注）」，可以說，「中國現代古神話史研究的基礎是奠立於 1923 年到 1929 年這 7 年之間 —— 原注」[031]。這方面的早期學者，無疑做了篳路藍縷的

---

[029]　朱熹《周易本義·周易序》，怡府藏版影印本，第 5 頁，天津市古籍書店，1986 年版。

[030]　《易傳·繫辭上》，朱熹《周易本義》，第 309 頁，怡府藏版影印本，天津市古籍書店，1986 年版。

[031]　張光直《中國青銅時代》，第 358、359 頁，三聯書店，1999 年版。

工作。因為是開山與早期研究，其資料的搜求尤為困難，有待於進一步齊備，研究理念與方法，受舶來之西方神話學的影響較大。雖然如此，早期中國學界的神話研究，是值得大為肯定的。

王國維先生曾經主張「學無中西」。其〈國學叢刊序〉一文稱：「學之義不明於天下久矣。今之言學者，有新舊之爭，有中西之爭，有有用之學與無用之學之爭。余正告天下曰：學無新舊也，無中西也，無無用有用也。」[032] 他山之石，可以攻玉。早期神話研究，運用關於西方神話學的理念方法來研治中國文化尤其原始神話時，已經努力注意西學入漸中土所必然引起的「隔」與「不隔」的問題。早期中國神話文化學的研究，從文化人類學角度所進行的神話研究初獲成果，是對中華傳統舊學（按：主要是經學）禁錮的一個突破，雖然在理論系統上，尚未來得及建構真正的中國神話人類學。

有一點值得注意。無論是早期還是當下某些中國神話研究的著述，往往將中國原始文化的主導與基本形態、品類，通常歸之於「原始神話」，認為中華上古只存在一個被稱為「神話」的時代，稱中華上古唯一存在的文化形態只有神話，所提及、研究的「神話思維」，又往往被等同於原始思維。這是一種廣義的大神話觀。殷周、秦漢甚或魏晉南北朝一些古籍所記載的諸如伏羲創卦、女媧補天、后羿射日、神農嘗草、精衛填海、倉頡造字、大禹治水、盤古開天闢地與關於黃帝這一華夏「人文初祖」等神話傳說，都是這一「神話」說的立論依據。這種神話研究，基於其廣義的大神話觀，是將神話、圖騰與巫術等統稱為「神話」。其依據，在於看到了神話與圖騰、巫術三者的文化共性，強調了圖騰與巫術對於神話文化的滲透。

---

[032]　王國維〈國學叢刊序〉，《觀堂別集》卷四，《王國維遺書》第四冊，上海古籍書店，1983 年版。

狹義的神話觀，則把神話與圖騰、巫術三者分開，認為這三者的相互滲透與分立，構成一個動態的中國原始文化的「三維結構」。也便是在看到這三者文化共性的同時，注意神話與圖騰、巫術特殊的文化成因、方式、功能與目的的不同。

就神話本身而言，早年沈雁冰〈中國神話研究〉、玄珠《中國神話研究ABC》和鄭德坤〈山海經及其神話〉（按：載於《史學年報》第 1 卷第 4 期，1932 年）等著述，都曾經對中國原始神話進行了初步的分類。張光直將其歸納為「自然神話、神仙世界的神話與神仙世界之與人間世界分裂的神話、天災的神話與救世的神話及祖先英雄事蹟系裔的神話」[033] 等四類。

其一，所謂自然神話，「商代卜辭中有對自然天象的儀式與祭祀的紀錄，因此我們知道在商人的觀念中自然天象具有超自然的神靈，這些神靈直接對自然現象，間接對人事現象具有影響乃至控制的力量。諸神之中，有帝與上帝（按：中國式的，並非西方基督教的上帝）；此外有日神、月神、雲神、風神、雨神、雪神、社祇、四方之神、山神與河神 —— 此地所稱之神，不必是具人格的；更適當的說法，也許是說日月風雨都有靈（spirit —— 原注）。」

其二，所謂神仙世界的神話與神仙世界之與人間世界分裂的神話，指殷周兩代關於神仙世界的神話傳說，與祖神信仰糾纏在一起。張光直說，這種神話「人神之交流或說神仙世界與人間世界之間的交通關係，是假借教士或巫覡的力量而實現的。在商人的觀念中，去世的祖先可以直接到達神界；生王對死去的祖先舉行儀式，死去的祖先再去賓神，因此在商人的觀念中，祖先的世界與神的世界是直接打通的，但生人的世界與祖先的世界之間，或生人的世界與神的世界之間，則靠巫覡的儀式來傳達消息」。

其三，所謂天災與救世的神話，比如《山海經》所載夸父追日的故事、《史記》裡的「射天」即后羿射日與《淮南子》所載「共工怒觸不周山」的故事等都是。「人神之爭以外，東周的神話又有很多天災地變而英雄救世的故事」，「而解救世界災難人間痛苦的，不是神帝，而是祖先世界裡的英雄人物」。

其四，所謂祖先英雄事蹟系裔的神話，張光直說，《商頌》與《楚辭》雖然都是東周的文學，其玄鳥的神話則頗可能為商代子族起源神話的原型，是「即商的子姓與周的姬姓的始祖誕生神話」[034]。

將自古中國的神話傳說分為四大類，並非沒有立論的依據。可以把張光直的這一神話四類說，看作關於中國原始神話的大致分類。但是其中尚未明確標示如盤古那樣的創世神話。其原因，大概以為中國盤古這一創世神話始於三國而成於南朝梁代的緣故吧。其實正如前述，中國盤古神話的口頭創作及其傳播，必然是遠早於三國時期的。

在張光直神話分類說的基礎上，本書把中國原始神話分為以下四大類：（一）自然神的神話。（二）以巫覡為中介的巫性神話。（三）英雄救世神話。（四）創世神話。

這樣的神話分類，強調了中國神話的兩個特點，一是肯定了創世神話的地位。雖然創世神話的文字文本在中國神話史上出現較晚，這不等於說其口頭傳說也是晚近的。在盤古「開天闢地」這一則文字文本出現於三國而成於南朝梁之前不知多少個世紀，我們很難斷言，中華絕對沒有關於盤古的口頭神話的創造與傳播；二是從這四大類的神話可以看出，中國原始神話的誕生，並非「一枝獨秀」，而是往往與其友軍即圖騰和巫術一起出

---

[034]　張光直《中國青銅時代》，第 371、379、381、385 頁，三聯書店，1999 年版。

現一起傳播的。比如關於自然神的神話中的「自然神」，實際也可能是圖騰崇拜的對象。原始神話與巫術的相互融滲是顯然的。英雄救世神話的所謂「英雄」，指的是那些原始氏族、部落的酋長與大祭司等（按：也指精衛等虛構的英雄），他們實際上多為聲稱能夠預知未來、掌握氏族、部落命運的大巫。至於創世神話的盤古，也是本具神性兼巫性的偉大人物，如果盤古沒有這一異能，又憑什麼創世呢？

當代尤其當下一些神話文化學研究，開始頗為自覺的站在文化人類學關於神話學的學術立場，推進中國神話人類學、神話哲學的理論建構。葉舒憲《中國神話哲學》云：

為了實現與國際學術相溝通、對話的初衷，筆者特別注意引用當代文化人類學研究中的原型神話哲學的「元語言」，以期超越目前中國國內神話研究和文化研究無規範、無系統的狀態。[035]

什麼是「元語言」？「所謂『元語言』（metalanguage —— 原注）又稱『後設語言』或『普遍語言』，按照英國學者哈特曼（R. R. K. Hart-mann —— 原注）和史托克（F. C. Stork —— 原注）的定義，元語言『指用來分析和描寫另一種語言（被觀察的語言或對象語言 —— 原注）的語言或一套符號，如用來解釋一個詞的詞或外來教學中的本族語。』他們還強調說，在語言分析中，把被語言學家觀察的語言（對象語言 —— 原注）與語言學家用來進行觀察的語言（元語言 —— 原注）區分開，是十分重要的。借鑑語言學家分析的這一原則，我們可以說，在整個人文科學的研究領域中，尋找和確立一種與所研究對象的語言相區別的『元語言』，是使研究趨向於規範化、系統化的重要前提。」[036]

---

[035]　葉舒憲《中國神話哲學・導言》，第 5 頁，中國社會科學出版社，1992 年版。

[036]　葉舒憲《中國神話哲學》，第 5 頁，中國社會科學出版社，1992 年版。

　　這一神話哲學研究，注意引用「原型神話哲學的『元語言』」，以期重構屬於「中國」自己的神話哲學的「原型模式」，是值得肯定的。

　　當前的中國神話人類學、神話哲學研究的重要一翼，受啟於由西土入漸的榮格等「原型」說，用以探討中國文化的原始根因、根性與特質這一學術課題，進而解讀中華原始審美意識 —— 其中主要以文學的敘事性審美為主的原始詩性意識何以發生等學術課題。

　　榮格假定人類本具一定而先在的原始精神原型，即指由批判、繼承、發展佛洛伊德（Freud）關於「力比多」（按：性本能，「個人無意識」）的所謂「集體無意識」。榮格（Jung）說，「這種個人無意識有賴於更深的一層，它並非來源於個人經驗，並非從後天獲得，而是先天存在的。我把這更深的一層定名為『集體無意識』。選擇『集體』一詞是因為這部分無意識不是個別的，而是普遍的」[037]。這便是所謂「種族記憶」。榮格以為，「集體無意識不能被認為是一種自在的實體，它僅僅是一種潛能，這種潛能以特殊形式記憶表象，從原始時代一直傳遞給我們」[038]。所謂「集體表象」，就是文化「記憶」與「原型」。在原始神話中，它攜帶了諸多文化「資訊」，如誕生、歷險、死滅、再生，如上帝、巨人、大地之母，又如人格的阿尼瑪（按：Anima，指人格面具 Persona 遮蔽下的男性人格中的女性原型因素）、阿尼瑪斯（按：Animas，指女性人格中的男性原型因素）、陰影（按：Shadow，指人格心靈中最隱祕、最黑暗的那部分）與自身（按：The self，指人格結構的協調因素）等等。因而一切原始神話，成了「原型」的一種顯現方式。榮格說：

　　原始意象或者原型是一種形象（無論這形象是魔鬼，是一個人還是一個

---

[037]　［瑞士］榮格《心理學與文學》，第 52 頁，三聯書店，1987 年版。
[038]　［瑞士］榮格《心理學與文學》，第 120 頁，三聯書店，1987 年版。

過程 —— 原注）它在歷史進程中不斷發生並且顯現於創造性幻想得到自由表現的任何地方。因此它在本質上是一種神話形象（按：或可稱為意象）。[039]

　　榮格的話令人想起加拿大諾思洛普・弗萊（Northrop Frye）的「文學原型」說。弗萊在其《批評的解剖》（*Anatomy of Criticism*）第三編〈原型批評：神話理論〉（1957 年）與〈同一性的寓言：詩的神話研究〉（1963 年）等著述中，稱「原型」是「典型的即反覆出現的原始意象」。該「原始意象」系統的呈現即原始神話。神話是「文學的結構因素」，「文學整體說來是『移位的』神話」。弗萊的這一「移位」說，期待以「神話原型」這一「結構」模式論，揭示一切文學文本（按：實際僅為敘事類文學）的原型結構。弗萊說，一個「原型」，就是「一個象徵，通常是一個意象，它常常在文學中出現」[040]。弗萊以為，原始神話中神之誕生、歷險、勝利、受難、死亡與復活這一系統結構的「原型」，實際便是文學敘事文本的原型。它總是反覆呈現為四時交替的「原始意象」：「喜劇」，對應於歡愉的春天；「傳奇」（按：愛情故事），對應於神奇夢幻的夏季；「悲劇」，對應於崇高悲壯的秋時；「諷刺」，對應於在危滅中再次孕育生機的冬日。春象徵神的誕生，夏象徵神的歷險，秋象徵神的受難，冬象徵神的復起。在弗萊看來，探求神話的「原型」，實際是一種文學人類學。

　　在治學理念與方法上，當下中國的神話研究，有的已與榮格、弗萊的「原型」說建立起了某種學理上的信任連結。試圖普遍的揚棄西方「原型」之見可能的先驗性與神祕性，作為文化人類學關於神話學的一種預設與實踐，提供了解讀一般神話的原始根因、根性及其文學的原始審美意識何以

[039]　[瑞士] 榮格《心理學與文學》，第 120 頁，三聯書店，1987 年版。
[040]　[加] 弗萊《批評的解剖》，第 365 頁，普林斯頓，1957 年版。朱立元、張德興《二十世紀美學》（下），第 19 頁，見蔣孔陽、朱立元主編《西方美學史》第七卷，上海文藝出版社，1999 年版。

發生的一個思路。有學者堅信，既然原始神話作為「原始意象」蘊含了一定的文化「原型」即「種族記憶」，那麼，中國敘事文學原始審美意識的萌生、發展及其文化根因、根性，則一定可以在諸多中國原始神話中被發現、被證明。

然而，這一關於原始神話的「元語言」即「原型」說，其實僅僅是關於人類一切神話原型的一個文化哲學的邏輯預設，它在原型上給予了一切神話根因、根性一個邏輯性的解釋，或者可以說，它抓住了一切神話在原型問題上的一般共性，沒有揭示中國神話文化的個性與特質。

從狹義「神話」說的角度，試圖研究中國原始神話的人文根因、根性與特質，是一個煩難的學術課題，關於這一點，恕在此暫勿贅述。我們所注意的，是與此密切相關的另一個問題，便是原始神話究竟是不是中華原始文化的主導而基本的一種文化形態及其最早的原始意象。

正如前述，問題的關鍵在於，文化人類學、文化哲學究竟在何種意義上使用「神話」這一範疇，這種「神話」觀究竟是廣義還是狹義的？正如諸多學者所認可的那樣，如為廣義，則似乎可將人類一切原始文化，都稱之為「原始神話」，進而將「神話思維」等同於原始思維。從狹義角度看，則人類原始文化的構成，除原始神話以外，一定還有與神話之文化地位相當的原始圖騰和原始巫術等文化形態的存在。

習慣性的從廣義角度看待神話，可能正是西方一些文化人類學、文化哲學或美學著作通常所持的一般治學理念。西方從英國泰勒的《原始文化》到法國列維-布留爾的《原始思維》等，儘管其書中有許多關於巫術或圖騰文化實例的描述和論證，但是大凡都取廣義「神話」說，故而有意無意間將圖騰、巫術等原始文化形態，納入其廣義的原始神話範疇之中。西方一些堪稱經典的文化人類學與文化哲學著述，神話、圖騰與巫術文化

三者往往不分，往往將圖騰、巫術及其原始思維，統統歸之於他們所說的「原始神話」及其「神話思維」。

　　實例甚多，因而反而不必在此贅列。列維-布留爾《原始思維》所說的「互滲律」，作為原始思維的根本法則，為神話、圖騰與巫術文化三者的共同之「律」，自然是不無道理的。然而，作為都屬於原始「信文化」範疇的原始神話、圖騰與巫術三者的起因、功能與價值，是有所區別的，因而對三者不加以區分的理由，是頗難成立的。就「互滲律」而言，在三者共同之際，各具不同的文化特性。所謂「互滲」，猶如中國《周易》咸卦之「咸」（按：感的本字，感應義），是指相互滲透、相互感應。在文化屬性、地位和功能等方面，原始神話、圖騰與巫術，顯然各自具有不同的人文特性。「互滲律」本身，主要還是原始巫文化最典型的思維特徵。這也便是英國詹姆斯·喬治·弗雷澤《金枝》所說作為「巫術原理」之「交感巫術」的「交感律」[041]。

　　究竟什麼是神話，「稍微瀏覽一下神話學文獻的人，很快的就會發現：研究神話的學者對『什麼是神話』這個問題，提不出一個使大家都滿意接受的回答。」[042] 誠然不能「使大家都滿意」，這不妨礙我們對神話包括中國原始神話有一個基本的看法。顧名思義，所謂神話，即「神」所說的「話」，或者可以說，是人假借「神」所說的「話」。這個「人」，在其原始意義上，一般指原始氏族的酋長、祭司與巫覡之類，不是一般的草民百姓。一般草民，可以是神話的接受者兼崇拜者與傳布者。神話的「話」的內容，總是富於神性、靈性或兼有巫性的，因而與原始詩性具有不解之緣。神話是人類童年文化的遙遠之夢，是對原始初民生活的以往、當下與

---

[041]　按：參見［英］詹姆斯·喬治·弗雷澤《金枝》（上）第三章「交感巫術」，第16頁，陝西師範大學出版總社有限公司，2010年版。

[042]　張光直《中國青銅時代》，第361頁，三聯書店，1999年版。

未來的想像與虛構、描述與解讀、追憶與嚮往。神話是文化之重要的傳布方式，人類文化傳統的延續，相當重要的意義上靠神話傳說。神話源於口頭創作，口頭文本的神話歷史，比文字文本神話的歷史，不知要悠久與漫長多少個世紀。在此意義上可以說，作為言語的神話，是原始初民意識形態的「存在之家」。

有趣的是，歷史學意義上的人類文明的太陽冉冉升起之後，就意味著文字文本的神話來到了人間，於是，神話同時有了兩種創作和傳布方式。一旦使得神話見諸文字記載，口頭神話的發展，一方面相對穩定於相應的文字文本之中，另一方面，作為文明方式的文字，有可能成為原始口頭神話的一種消解之力。這是什麼緣故呢？

文字文本的神話，拓寬了神話創作與傳布的管道，初民除了崇拜氏族、祭司和大巫的言語神性兼巫性的魔力以外，又進一步崇拜其文字的神性兼巫性的魔力。由於文字初起，它只能掌握在極少數的氏族酋長等「社會菁英」的手中，於是整個社會的神話的言語尤其文字系統，成為雙重的偶像與權威。文字神話只能在當時那些能夠「識文斷字」的極少數人群中進行創作和流傳，偏偏那時所發明的文字數量偏少，簡古是其基本特點，因而在一定程度上，它改變了原先口頭神話的社會交流面。中國文字神話一般都是簡短而精鍊的，顯然與古漢字的簡古攸關。文字神話往往成為新的口頭神話「講故事」的底本，加強了神話之相對的故事人物與情節的穩定性，也可能在某種程度上，抑制了神話的「奇思異想」。文字系統具有整理思想和情感方式的作用，可以對想像和虛構施加一定的影響，由於依賴於文字，使得神話的繼承者和傳布者的驚人的記憶力逐漸退化，文字的誕生和使用，又同時影響到思維與思想如馬克斯・韋伯（Max Weber）所說的「理性化」。

更重要的是，隨著社會生產力的發展、文明的進步與理性思維的成長，關於神話的神靈意識及其神性與巫性，也在演變之中，社會實踐的廣度與深度以及文化視野的擴大，讓先民對於神話等文化形態的專注與熱情漸漸消退，以至於終於告別了原始神話的時代。這便是為什麼自從文字誕生、文明進步至今的時代，基本上再也不會有原汁原味的口頭神話的誕生而只有童話的緣故。

長期以來，中國原始神話所遭遇的責難，是嫌其篇幅短、成文晚。有人說，「中國古代對於自然及對於神的神話，比起別的文明來，顯得非常貧乏。」又說，「有幾位很知名的學者曾經主張，中國古代神話之『不發達』是因為中國先天不厚，古人必須勤於度日，沒有工夫躺在棕櫚樹下白日做夢見鬼」。張光直說，這種看法「自然是很可笑的」[043]。

稱「中國先天不厚」，大概是指中國後世的文化特性在於「淡於宗教」。中國文化的確具有「淡於宗教」這一特性，這是由於上古中國原始巫文化過於強大的緣故。強大的原巫文化，對於中國原始神話而言，有一定影響甚至具有一定的推助作用，但這只是問題的一個方面。另一方面，正因為原巫文化唯求「實用」的文化特質，可以在一定條件下，影響原始神話的思維、情感和想像的「翅膀」向不務「實際」的神話的「形上」飛升。中國巫術的強盛之與神話的影響，是正反而雙重的。因而中國原始神話並非是絕對的「非常貧乏」，只是與原巫文化相比較顯得相對「貧乏」而已。給人造成中國原始神話「不發達」印象的原因，看來有兩個。一是僅就文字文本的神話來說，與古印度、古希臘相比較，也許有相對「貧乏」的一面，這不等於說整個中國原始神話是「非常貧乏」的，在中國文字文本的神話出現之前，一定有許多口頭神話遺落在歷史的塵埃裡；二是可能出於

---

[043]　張光直《中國青銅時代》，第 383、391 頁，三聯書店，1999 年版。

我們對中國原始神話的發掘和研究尚為不夠的緣故，進一步的發掘和研究是完全必要的。

不能將中國原始神話的所謂「貧乏」，歸結為「古人必須勤於度日」這一原因。人類先得解決「吃飯問題」即「必須勤於度日」，一般而言，才有餘暇和精力去從事神話等的創作和傳布，人類總不能在食不果腹、在飢餓的死亡線上苦苦掙扎之時，還有時間、精力與興趣整天坐在那裡很愜意的「講故事」。這對於所有原始氏族來說都是一樣，不獨中華氏族是如此的。用西方的標準來衡量，所謂古希臘、古印度的原始神話是發達的，難道那是因為希臘、印度的「古人」不「勤於度日」的緣故嗎？

中國原始神話所以給人不甚「發達」甚而「貧乏」印象的原因，正如前述，文字發明與運用之後，大量的口頭神話，遺落在歷史的長河裡，而未能及時的將這一文化碩果「收割」、「儲藏」在文字的「倉庫」之中。在這一點上，中國的情況可能比希臘、印度顯得更甚些；如果真要說「中國先天不厚」，那也只能是相對而言的。中國文化的天性，比較而言，早先似乎確實有一個比較「口訥」而拙於「講故事」的特點，就敘事和抒情來說，前者確實要比後者開蒙稍晚。如果要問為什麼是這樣的「先天」而不是那樣的「先天」，這好比在哲學上窮究為什麼是這樣的本源本體而不得其解一樣，是難於求其究竟的。經過春秋戰國的「軸心時代」所發生的「理性化」與「哲學的突破」之後，中國儒家文化的「實用理性」普遍的占有主流地位，但是這種「實用理性」精神，不是突然莫名其妙的從地下冒出來的，它有一個來源處，有一個文化根因的所在，它其實就是講究實用功利的原始巫文化發蒙很早而且很是興盛的緣故。再說，從孔子沿襲而來的「不語怪力亂神」的傳統過於強盛，也可能導致崇尚純粹精神性意義的原始神話的部分遺落。

僅就中國原始神話的歷史和人文定位來說，以往學界多持廣義「原始

神話」說並非全無道理。李澤厚《美的歷程》一書曾經認為，在中國「原始神話」時代，「審美或藝術這時並未獨立或分化，它們只是潛藏在這種原始巫術禮儀等圖騰活動之中」[044]。這裡，一是頗為明顯的將「原始巫術禮儀」歸於「圖騰活動」範疇之內，看到了巫術文化與圖騰文化相通的一面，卻將巫術等同於圖騰；二則再將圖騰、巫術二者，隸屬於「原始神話」這一大範疇之中，這在學理上是取廣義神話說的緣故。有的學者在論述古希臘美學起始問題時，也取廣義的「原始神話」說。如稱「美學和哲學一樣是從神話中發展產生出來的。可以說，美學產生以前有一個史前階段，即神話階段，它的美學，也是美學史的史前史」[045]。這是將美學產生前的「史前階段」等同於「神話階段」，將圖騰和巫術這兩種原始文化形態，包含在廣義神話說的範疇之內。

在學理上，我們不宜用原始神話這一廣義的學術概念，在無意中去遮蔽、取代其餘的原始文化形態。在西方人類學界，有些著作將「神話」進一步神化、詩化，或者在治學理念上，有一種「唯神話是尊」的傾向。英國人類學家馬凌諾斯基曾經指出，「對於神話學的文字，即使膚淺的涉獵一下，也足知道五花八門，議論分歧」。以德國「自然神話學派」為例，「這一派的作家所主張的是，原始人十分關心自然現象，而他的關心法又主要是理論的、冥想的、詩意的」，「有的作家為月所迷而成太陰神話派，以為除了月以外旁的自然現象絕不會使野蠻人有詩意的解釋」，「又有所謂氣象學派，以風、氣候、大氣的顏色等為神話的實質」，「這些分門別類的神話學家之中，有的是自己所採取的某種天體或原則的戰士，以為自己的是唯一的真理」[046]。

[044]　李澤厚《美的歷程》，第 5 頁，文物出版社，1981 年版。
[045]　范明生《古希臘羅馬美學》，第 11 ～ 12 頁，見蔣孔陽、朱立元主編《西方美學通史》，第一卷，上海文藝出版社，1999 年版。
[046]　〔英〕布朗尼斯勞・馬凌諾斯基《巫術科學宗教與神話》，第 118、119 頁，李安宅譯，上海社會

從不同的角度和路徑研究神話固然值得提倡，而唯「神話」說從而遮蔽其他原始文化的類型及其文化意義，導致遮蔽了其他許多東西，是值得我們加以注意的。

原始神話是一個理想與遙遠的夢，今天我們研究神話，分明可以聽到來自遙遠時代之文化心靈的跳動，與美麗而充滿詩意的歷史的回聲。對中國原始神話的肯定是必須的。人類文化的史前史包括中華史前史，是何等漫長、豐富而深邃，在那裡的確是一個神話、圖騰與巫術所共同建構的歷史與人文舞臺。

張光直說，「周神話中說黃帝是先殷人物」，看來十分古遠。「但我們研究周代史料與神話的結果，知道黃帝乃『上帝』的觀念在東周轉化為人的許多化身之一」[047]。而起於戰國黃老之思而成於西漢初的「五德終始」說，是與五行生克說相關聯的。所謂「五德終始」，主要以五行「相剋」說即「水剋火、火剋金、金剋木、木剋土、土剋水」，且配以與五行相應的五色，來建構黃帝這一「人文初祖」的崇高形象。戰國末年的陰陽家、齊人鄒衍（約西元前 305 年～西元前 240 年）「深觀陰陽消息」，首倡「五德終始」說，以為朝代的更迭，依憑於五行相剋律，為天命所定而非人力所為。《呂氏春秋》有云：

凡帝王者之將興也，天必先見祥乎下民。黃帝之時，天先見大螾大螻。黃帝曰：土氣勝。土氣勝，故其尚黃，其事則土。及禹之時，天先見草木，秋冬不殺。禹曰：木氣勝。木氣勝，故其色尚青，其事則木。及湯之時，天先見金刃生於水。湯曰：金氣勝。金氣勝，故其色尚白，其事則金。及文王之時，天先見火，赤烏銜丹書，集於周社。文王曰：火氣勝。

科學院出版社，2016 年版。

[047]　張光直《中國青銅時代》，第 361 頁，三聯書店，1999 年版。

火氣勝，故其色尚赤，其事則火。代火者必將水。天且先見水氣勝。水氣勝，故其色尚黑，其事則水。水氣至而不知數，備將徙於土。[048]

這是說，自黃帝時代至漢代的朝代更替，所遵依的，是五行相剋且配以五色之理。

按「五德終始」律，傳說中的黃帝時代，為土德（尚黃）；黃帝之所以為夏（大禹）所代替，是因為夏為木德（尚青）、木剋土的緣故；夏之所以為商所代替，是因為商湯為金德（尚白）、金剋木的緣故；商之所以為周所代替，是因為周為火德（尚赤）、火剋金的緣故；周之所以為秦所替代，是因為秦為水德（尚黑）、水剋火的緣故；秦之所以為漢所替代，是因為漢為土德（尚黃）、土剋水的緣故。

《呂氏春秋》這一段關於原始神、巫文化理念、「五德終始」與朝代更迭相應的論述，確實為漢人最後完成黃帝這一中華「人文初祖」偉大形象的塑造，奠定了人文邏輯的依據，目的在於證明漢王朝與黃帝同屬於土德，進而證明漢王朝天命所歸的正統性與合法性。

其實這只能說明，相關文字記載中的黃帝形象的創立相對較晚，不能證明以世代口頭傳播所塑造的黃帝，僅僅始於秦漢之際。

又如伏羲神話，直至「人文初祖」黃帝形象被塑鑄完成之前，伏羲一直是中國原始神話譜系中一位尤為古悠與偉大的人物，所謂「帝出於震」（按：指《周易》文王八卦方位居於東方的震卦，象徵伏羲）、「為百王先」。而伏羲的赫赫「奇蹟」，如創始八卦云云，主要見於大致成篇於戰國中後期的《易傳》。看來其文化成型的年代並非十分古遠。從考古發掘來說，戰國楚竹書所謂「日故（按：古）大能（熊）雹（庖）戲（羲）」，「夢夢墨

---

[048]　《呂氏春秋·有始覽》，高誘注《呂氏春秋·有始覽第一》，第 126 ～ 127 頁，《諸子集成》第六冊，上海書店，1986 年版。

墨」，「乃取（娶）」「女皇（女媧），是生四子，是襄天地」云者，時間約在
「戰國中晚期之交」[049]。

　　盤古「開天闢地」的口頭神話到底起於何時，難以確考。從文字文本
看，當始於三國徐整《三五曆紀》[050]，隨後是南朝梁任昉《述異記》的最
後完成，兩者成書年代相對較為晚近，這是前文曾經說過的。然而這裡值
得再次強調，我們不能以此匆忙的得出結論說，關於伏羲、黃帝與盤古等
神話傳說誕生的年代竟然是如此的晚近。

　　類似的情況是，有學者說，中國神話史上那些「先殷神話」，其實大
抵為殷周時代的神話。除伏羲、黃帝與盤古等之外，如女媧補天和祝龍之
類神話，記錄於《山海經》。《山海經》凡十八篇，十四篇為戰國時撰作，
《海內經》等四篇是西漢之初的作品。且不說這些大致為殷周甚或漢初的
神話文本的文字記載，尚有一個應予甄別的年代真偽問題，我們又怎麼能
夠斷言，這些文字文本的神話，僅僅是殷周時代的產物呢？學術史上「疑
古」思潮曾經蜂起於一時，在當時對於學術思想的解放具有一定意義，但
是這裡值得提倡的是，我們既不要盲目「疑古」，也不必盲目「信古」，正
確的態度，始終是科學的「釋古」，提倡歷史與邏輯、實證與理念的統一。

第二節　原始圖騰文化的人類學特徵

　　在中國原始文化形態即巫術、神話與圖騰這「三維動態結構」中，圖
騰作為與巫術、神話文化血緣相繫的一支友軍，千百年間一直顯示了活躍
和頑強的文化生命力。在關於中國文化原始人文根因、根性與特質問題的

---

[049]　參見馮時《中國天文考古學》第 13 ～ 18 頁，社會科學文獻出版社，2001 年版。

[050]　按：《三五曆紀》，全書已佚，《太平御覽》卷三引《三五曆紀》云，「天地混沌如雞子，盤古生
　　　　其中，萬八千歲，天地開闢」。

研究中，與神話人類學、巫術人類學不同而並列的，是圖騰人類學的研究。其立論的重要依據之一，建立在關於中國「原始圖騰文化是中華最古老的主導文化形態」這一學術認知與信仰之上。有些學者堅信，從原始圖騰文化進入，便可以掌握原始、煩難而複雜的中國文化的人文命脈。

圖騰一詞，是印第安語 Totem 一詞的譯音，意思是「他的親族」。18世紀末年（西元 1791 年），約翰·朗格（John Langrehr）的著述《一個印第安譯員兼商人的航海與旅行》曾稱，「野蠻人的宗教性迷信之一，就是他們每個人都有自己的 totem」。1903 年，嚴復譯英國學者甄克斯（Jenks）《社會通詮》（*A History of Politics*）一書，首次將 Totem 這個詞，中譯為「圖騰」，由此成為通用的譯名。

圖騰文化，是原始初民意識到人自身的生命來由並不得不加以「誤讀」的文化產物。圖騰是關於人生命起始於誰、又何以起始的一種古遠的文化、行為與心理現象，它是人類原始信仰的重要文化方式之一。無論就世界和中國文化而言，圖騰的歷史古遠。有學者以為，「圖騰是意識到人類集團成員們的共同性的一切已知形式中最古老的形式」，「意識到人類集體統一性的最初形式是圖騰」[051]。這一論斷所指出的人類學特徵有三個：

其一，圖騰文化表現了「人類集團」的「共同性」即「集體統一性」。一定意義上，原始人類的精神、理念，是靠圖騰崇拜的意緒及其儀式來加以維繫的。血族藉此將自己的群團（氏族）與別的群團區別開來，從而團結、保護自己，初民所依賴的就是圖騰。圖騰作為氏族、部落的保護神，將一個族群的原始初民，團結在自己「祖神」的旗幟之下。它是原始人類的一種文化心靈的圍城。

---

[051]　[蘇] 蘇聯科學院民族研究院《原始社會 —— 一般問題、人類社會起源問題》，浙江人民出版社，第 436、437 頁，1990 年版。

其二，圖騰作為人類文化「一切已知形式中最古老的形式」這一點，是否已為考古學所證明並獲得學界的普遍公認，是一個問題。用「一切已知形式」來限定「最古老的形式」這一斷語，是顯得比較謹慎的。圖騰是否是人類文化的「最古老的形式」，還須新的考古來加以證實。

其三，儘管圖騰是原始初民關於自身起始於誰且何以起始這一重大課題的「誤讀」與「誤判」，實際上初民在圖騰崇拜活動中所認可的先祖，並非是其真正的先祖，它僅僅是一種主觀的「意識到」的關於「認祖」的文化精神與行為。初民「意識到」而且有一種主觀的心靈衝動，便努力尋找與相信「他的親族」、他自己所篤信的「先父」甚或「先母」究竟是誰，並對其深表感激與絕對崇拜，以便在圖騰保護神的庇護與禁忌中，共同面對無情世界的殘酷挑戰。圖騰的基本文化特質和功能，在於喚起氏族迷信「祖神」而向心的群體生命意識。

初民為什麼要進行圖騰崇拜活動，為什麼一定要追問和確信自身的祖先究竟是誰呢？

這是出於初民的生存需求。正如嚮往未來那樣，追根究柢、慎終追遠，是原始初民較早意識到的一種人文意識、情感與意志。它與人的主體意識相連，希望確認人自己究竟來自誰，並堅信那是其生命、生存存在的唯一依據。假如在精神上無力尋找、找不到並確認自己部落、氏族的祖先，人便深感自己孤立莫名，好比自己是一個在茫茫荒原上總是找不到故鄉的「野孩子」。圖騰現象是初民生命血親意識的初步蒙起。雖然實際上表現在圖騰崇拜中的血親意識，是一種「偽血緣」的認祖意識，然而初民對此一直深信不疑，痴迷執著，這是一種文化迷信、稚淺而可愛的精神現象和原始行為。

在崇拜意義上，原始圖騰與爾後的宗教文化相連結，一些宗教主神，可能已在原始圖騰之中孕育。圖騰是宗教的「前史」文化形態。圖騰又是宗教史前文化的「倒錯」的心靈與實踐行為。它虔誠的將動物、植物、日月、山川、蒼穹甚而「踐巨人跡」之類，錯認為部落、氏族血親的「先祖」甚或「先母」。在圖騰崇拜中，初民對自身生命先祖的崇拜和敬畏，是真誠、真切和真實的，而且伴隨以充滿神祕、神奇、神性的迷氛與崇拜熱情的古樸詩意。

在人類文化史上，原始圖騰究竟起於何時？這是一個煩難而有待於解決的學術課題。關於圖騰的考古，總是不斷的展開而無休無止。有人說過，正如藝術起源問題那樣，要在考古學意義上，真正找到原始圖騰文化起始即發生的「第一時」、「第一地」、「第一人」，是困難的。

長期以來，圖騰學、圖騰文化學的研究已然獲得豐碩成果，學者們對於中國原始圖騰的關注與研治，也有一些新的發展。可是，可能由於這一學術課題本身的煩難，尤其當人們將圖騰文化的研究與中國文化和美學原始人文根因、根性和特質問題連結起來加以探討時，那種學術上的分歧和爭辯便不可避免。

關於人類原始圖騰文化發生的「第一時」問題，可謂見仁見智，歧見多出。大致有距今約 8,000 年、距今約 2.5 萬年或 13 萬年、16 萬年、25 ～ 20 萬年甚至 40 萬年的不同看法，分歧實在太大。一般而言，其中有些看法是有所依據的。有的值得做進一步的探討。比如，支持圖騰始於23 萬年之前這一看法的，是在敘利亞戈蘭高地貝雷克哈特 - 拉姆遺址，發現了屬於「阿舍利文化」的女性卵石小雕像，被認為既是圖騰也是藝術起源的證據。

這裡有一個問題值得提出。凡是圖騰，一般總是將神性、神祕化了的某種動物、植物或山川等種種自然現象、偶爾也以某種人文現象（如中華所謂「踐巨人足跡」）等作為圖騰對象，或者這種對象起碼是「半人半獸」的，比如《山海經》中所描繪的「人面蛇身」與古埃及「獅身人面」等那樣。而 23 萬年之前的女性小雕像，是純粹以人、人體為對象的人造之物，是否能夠作為原始圖騰發生的依據，看來有待於做進一步的討論。這小雕像或許可以證明，迄今考古所發現的人類的原始生命意識與藝術的起源，始於 23 萬年之前。尋找、發現人類藝術起源與原始圖騰起源的「第一時」的努力，是值得尊重與肯定的，然而，如果要證明原始藝術與原始圖騰的起源是同步的這一點，就將人類藝術考古史上迄今所發現的「最早」的這一藝術遺存，同時說成是原始圖騰文化最早的實例，從而證明人類藝術與圖騰的發生同步，看來值得商榷。

同樣，從「經驗材料」出發進行研究，期望找到人類歷史上「『第一件』藝術品和第一個『藝術家』」的學術努力，固然值得尊重，但是問題在於，當預設人類史前藝術發生的原始根因為圖騰時，可能會遇到的一個理論困難是，人們究竟在什麼意義上設定、理解「藝術」這一概念。與此相關的問題是，我們所說的「藝術起源」，究竟是美學（審美學）的還是真正屬於文化人類學意義上的。

假如是前者，那麼史前時期作為成熟形態的純粹的審美性藝術尚未誕生。史前人類尚未擁有獨立形態與品格的純粹審美性的藝術。原始初民，面對自然景象或粗拙、樸素而蠻野的人文，感到某些欣喜、愉悅與感激之情，在原始巫舞等文化行為中，在新石器甚或一些舊石器工具上，透過一定的形體動作和符號的刻畫而有所表達，創造一些原樸而幼稚的具有一定審美因素的情節場景甚至是人物動物等形象，是可能而必然的。從一些原

始石雕之作、史前洞穴壁畫與岩畫等創作的出現可以證明，其原始審美意識的人文因素，早已伴隨以原樸的求善、求真與求神等人文因素的蒙生而蒙生。可是，史前初民的審美器官遠未真正發育成熟，文化形態學成熟意義上的審美還沒有發生。格羅塞（Grosse）曾經說過，原始狩獵者可以對其居處四近的遍地鮮花熟視無睹沒有美感，是因為他們的生產方式是狩獵而不是農耕的緣故，所以他們的審美器官和心情，在當時當地還沒有被真正喚醒。其實在那時，即使因為狩獵而對於動物的成熟的審美，也還沒有開始。原始狩獵活動作為一種原始勞動方式，絕不是現代意義上的勞動，而是包含著原始巫術因素、神話因素甚至圖騰因素的勞動，在勞動中所可能蒙生的原始審美感覺，不會是完全成熟的。因此史前藝術，僅僅孕育、蘊含有一定的原始審美胚素，這是毋庸置疑的。

假如是後者，那麼這樣的藝術及其起源，其實便是人類文化及其起源的一個學術課題。

朱光潛先生《談美書簡》一書曾經指出，「Art（藝術 —— 原注）這個詞在西文裡本義是『人為』或『人工造作』」[052]。從其「本義」看，凡是「人為」、「人工造作」的行為、主體及其意識、思維、思想、情感、意志和過程、方式、工具、傳播、價值等屬人的一切，都可以歸之於「藝術」實即「文化」這一範疇。這一藝術的概念與理念，實際指以人為主體的整個人類文化，便是「自然的人化」兼「人化的自然」。羅賓·喬治·柯林武德（Robin George Collingwood）說，「中古拉丁文中的 Ars，很像早期英語中的 Art」，「中古拉丁語中的 Ars，類似希臘語中的『技藝』」[053]。在詞源學上，Art 與 Ars 與「技藝」相連，而本義的「技藝」實際指整個人類文化。

[052]　朱光潛《談美書簡》，第 10 頁，上海文藝出版社，1980 年版。
[053]　﹝英﹞羅賓·喬治·柯林武德《藝術原理》，第 6、7 頁，中國社會科學出版社，1985 年版。

　　這說明，史前本來意義的所謂「藝術」這一範疇，是包羅萬象的一個人文概念，它與今人所說的「文化」一詞，是異名而同實的。在原始時代，不僅「技藝」即文化被稱為「藝術」，就連我們這裡正在討論的「圖騰」以及「神話」與「巫術」等，在那時都是可以統稱為「藝術」即文化的。「英語 art 這個詞，源自古代拉丁語 ars，指的是『技術』、『技巧』、『技藝』，又指『法術』、『魔術』、『巫術』，這可以說明藝術審美與巫學智慧的文脈關係。直到晚至文藝復興時代，art 這個詞的詞義依然是雙重的；在莎翁一齣歷史劇《暴風雨》（The Tempest）中，普洛斯彼羅脫下自己的法衣時有這麼一句臺詞：『Lie there, my art.』（「躺在這裡吧，我的法衣。」—— 原注）這是說，他的法衣是具有巫術意味的，這也同時就是藝術。中華古代，也有將陰陽占候卜筮幻化之術稱為『藝術』的，如《晉書》所言：『藝術之興，由來尚矣。先王以是決猶豫、定吉凶、審存亡、省禍福。』（《晉書・藝術傳序》—— 原注）」[054] 無疑，這裡所說的「藝術」，指巫術。

　　原始圖騰本身，也無疑包蘊在史前「藝術」這一範疇之中，或者說原始圖騰是史前藝術（文化）的相互構成。如果在概念上將兩者分開，那麼這裡所說的「藝術發生」的「藝術」，應當指純粹性審美藝術。但是這又不等於說，這一藝術發生的文化母體，僅僅是原始圖騰，當然也不等於說原始圖騰的發生就是藝術的發生。

　　文化人類學意義的所謂原始「藝術」與原始圖騰二者，實際是前者包容後者的關係。作為人類原始「藝術」（文化）的一個歷史和人文特例，原始圖騰的發生及其文化機制、品格，也是一個饒有意味的問題。

　　圖騰文化的起始問題，首先有賴於考古發現，又不是考古可以徹底解決的。要確切的找到人類原始圖騰文化發生的「第一因」、「第一時」、「第

---

[054] 拙著《周易的美學智慧》，第 99 頁，湖南出版社，1991 年版。

一地」、「第一人」，即使以實證見長、受到學術界尊重的考古學，有時也會顯得無能為力。考古，只能愈來愈接近於「第一因」等文化終極，卻永遠不能達到這一終極。這一缺失與不完美，其實是人類一切學科與科學的「通病」。在最終意義上，一切都是具有盲點的，僅僅其層次、品格、歷史及其科學與人文水準不同罷了。

從文化機制看，原始圖騰的發生及其人文動因，關係到那種被「意識到」的人類「共同性」、「集體統一性」的生命意識。對於原始初民來說，其生命意識，主要包括自知個體「活著」（按：即能自己知道生與死的不同）以及與群體意識、人死後或者做夢的現象被誤解而重構即鬼神、靈魂的意識，以及所謂「萬物有靈」即萬物皆「生」，以及人與人、人與物、物與物相互感應的意識等。

大凡這些人文意識的發生，基於舊石器、新石器時代原始初民的社會意識和能力十分粗淺的基礎之上。其感官及其思維、情感與想像力等的發育，處於蒙昧時代。當初民「意識到」其自身生命之何在、發生於誰的初期，必然不可能具有純粹性的求善（實用）、求真（認知）、求美（審美）與求神（崇拜）的相對獨立而成熟的形態與品性，而主要以此四者的人文胚素、混沌而互融的史前原始面目出現。由於人的肉身生命的存養與繁衍是初民的第一需求，所以以食、色為主要方式的實用功利的求善意識，總是領先一步發生，而且表現得尤為經常、直接而急迫。由於那時的社會生產力極度低下，面對大量而經常性的生命與生活難題，如關於日月星辰的運行、山河大地等自然災變及動植物尤其人自身的生老病死與夢境等現象，初民總是難以正確的解釋與掌握，環境的強大壓迫或是恩惠有加，讓人在恐懼與感恩的交互影響之下所萌生的前生命意識，在經歷數百萬年所謂「物活」時代之後，才可能由此萌發關於生命的原始求神意識等。應當指

出，這種前生命意識，首先表現在圖騰崇拜之中。

圖騰崇拜文化，總是浸透了英國「人類學之父」泰勒所說的「萬物有靈」意識。「萬物有靈」說，又稱為「泛靈」論（Animism）。泰勒解讀、揭示「萬物有靈」具有三大文化特徵：（一）認為世界每一事物，都具有如人一般的生命，所謂「靈」（按：拉丁文 Anima，靈魂、生命之義）即神化、靈化的生命，可以稱為生命的「普在」。（二）「靈」超越於生死，無論生物抑或死物，都是具有靈性的，「靈」是不死的，「靈」要是會死，就不是「靈」了。人的肉身必然死亡可是靈魂永遠不滅。這種神祕而奇妙的「靈」，就是中國《周易》一書所說的「氣」（精氣）。（三）人與物、人與人以及萬物之間的靈是相互感應的，靈具有超自然超時空的神祕感應力與控制力。

英國文化人類學家馬凌諾斯基說：「然而什麼是靈呢？對於靈的信仰，又有什麼心理上的根據呢？野蠻人極怕死亡，這大概是因為人與動物都有根深蒂固的本能的緣故。野蠻人不願意承認死是生命的盡頭，不敢相信死是完全消滅。這樣，正好採取靈的觀念，採取魂靈存在的觀念。」[055] 此言是。

比較而言，「萬物有靈」意識，作為相對高等的原始人文意識，意味著初民的智力與情感、意志等，已能對生命問題加以初步的關注，具有一定的心靈能力對之做出些許「理解」—— 儘管往往是錯誤的理解。但是與此後人類的科學理性相比，又幼稚而蘊含著較多的原始神性、巫性與靈性及其迷信的人文因素，而且由於神性、巫性等本具一定的原始詩性，又因理性少欠而對生命問題做出不準確的理解和表達。關於靈性，以科學理性

---

[055]　[英] 布朗尼斯勞‧馬凌諾斯基《巫術科學宗教與神話》，第 46 頁，李安宅譯，上海社會科學院出版社，2016 年版。

的尺規加以衡量，不啻可以稱之為對於生命的「前理解」或「偽理解」。它可能天才的猜中人與人、人與物及物與物之際所本具的「感應」（按：包括可能的相互「控制」）關係，卻以諸如「神靈」、「鬼魂」、「命理」之類的字眼加以表述，以「靈魂不滅」，去「理解」自然界與人類社會萬物之間的普遍關聯，成為造神與神性、巫性崇拜及信仰、精神迷狂等強大而持久的人文起因和推動力。它為原始圖騰的發生，提供了原始人文意識的前提。這一前提是，初民堅信，自己與圖騰對象之間的精神與血親連結，永遠牢不可破，這一連結就是感應，就是「靈」。

要之，原始圖騰培育了人類那種「倒錯」的「準生命意識」。它是祖神崇拜文化的基本形態。一般而言，總是自然崇拜與祖神崇拜分別發生於前，而後才可能是兩者的結合。因而圖騰崇拜，必然發生於自然崇拜與祖神崇拜兩大人文意識誕生之後，或者起碼與自然、祖神崇拜同時誕生。從「泛靈」意識這一點看，一般自然崇拜意識的發生，又應當早於文化品格相對高等一些的祖神崇拜。所以我們可以理解為，祖神崇拜可能較自然崇拜為晚出。這毋寧可以說明，原始圖騰文化的生成，似乎應該是相對晚近的事。

問題的關鍵是，原始圖騰文化，究竟是否是「中華最古老的主導文化形態」、是否蘊含中國美學的人文根因和根性，從而嚴重影響中華人文特質的建構。

中華古籍關於原始圖騰的記載甚多。甲骨卜辭與諸如《詩經》「商頌」、《楚辭》「天問」與《山海經》等相關篇什，都有所記述。文字學家、歷史學家丁山曾經說過，中華上古二百餘氏族各有其圖騰，這可以從卜辭發現其依據。[056]

---

[056]　按：參見丁山《甲骨文所見氏族及其制度》，第 32 頁，科學出版社，1956 年版。

　　諸多神話中的動物，如鳥魚蛇豬羊蛙與神性、靈性、巫性的龍等，都是具有奇幻、奇蹟的中華圖騰。《詩經·商頌·玄鳥》有云，「天命玄鳥，降而生商」，這可以證明「玄鳥」是商氏族的「始祖圖騰」，雖然關於這一點，學界尚有不同看法。[057]57 司馬遷《史記·殷本紀》說：「殷契，母曰簡狄。有娀氏之女，為帝嚳次妃。三人行浴，見玄鳥墮其卵，簡狄吞之，因孕生契。」[058]《史記·秦本紀》又云：「秦之先，帝顓頊之苗裔，孫曰女修。女修織，玄鳥隕卵，女修吞之，生子大業。」[059] 不僅稱商族圖騰為玄鳥，而且說秦也是。玄鳥，古籍一說燕子。〈古詩十九首〉：「秋蟬鳴樹間，玄鳥逝安適？」又指鶴。《文選·思玄賦》：「子有故於玄鳥兮，歸母氏而後寧。」李善注云，「玄鳥，謂鶴也」。郭沫若先生認為，玄鳥指鳳（鳳）。玄鳥之「玄」，幽黑、神玄之義。[060] 這三種說法有別，但都是指鳥。相傳殷商認神鳥為圖騰，便是殷人想像、神幻的意識所確信的「祖神」。這也便是時至今日，中國民間依然俗稱男根為「鳥」的緣故。中國原始圖騰文化，一般特具「歷史化」的人文特色，司馬遷筆下所寫傳自上古的鳥圖騰案例或龍圖騰文化個案，也是大致作為「歷史」來加以敘述的，而其作為鳥、龍圖騰的人文底色依然未泯。

　　龍圖騰是中華最重要而著名的原始圖騰傳說及其記載之一。關於龍，學界研究甚多。拙著《中國美學的文脈歷程》，曾歸納為十七見。這就是，龍的原型為「蜥蜴」、「鱷魚」、「恐龍」、「蟒蛇」、「馬」、「河馬」、「閃

---

[057]　按：郭靜雲說：「《詩·商頌·玄鳥》：『天命玄鳥，降而生商，宅殷土芒芒，古帝命武湯，正域彼四方。』因『玄鳥』形象，學界經常用『商族圖騰』概念來解釋鳳鷟崇拜，但透過對資料的嚴謹研究，使很多學者非常懷疑此解釋能否成立。因為在殷商王族祈禱占卜紀錄中，完全沒有鳥生信仰的痕跡，據此即足以否定這是殷商王室的信仰。」（郭靜雲《天神與天地之道 —— 巫覡信仰與傳統思想淵源》，上冊，第417～418頁，上海古籍出版社，2016年版）

[058]　司馬遷《史記·殷本紀》，《史記》卷三，第12頁，中華書局，2006年版。

[059]　司馬遷《史記·秦本紀》，《史記》卷五，第29頁，中華書局，2006年版。

[060]　按：參見郭沫若《青銅時代》，第11頁，科學出版社，1960年版。

電」、「雲神」、「春天自然景觀」、「樹神」、「物候組合」、「以蛇為原型之綜合」說與「起源於水牛」、「由豬演變」、「與犬有關」、「源於魚」和「由星象而來」等說。這些大抵都是被神化了的動植物與自然現象。羅願《爾雅·翼·釋龍》有云，所謂龍，「角似鹿，頭似駝，眼似龜，項似蛇，腹似蜃，鱗似魚，爪似鷹，掌似虎，耳似牛」。羅願為宋時人，他所說的龍的形象，已近於今日我們所認識的龍。這一「九似」之龍，顯然是上古九大氏族圖騰原型的綜合（按：當然，現在有的學人認為，龍是指一種真實存在過的動物，這是另一個問題，這裡暫且勿論）。

中華原始龍圖騰的人文原型，可以在一些考古發現中被證實。迄今考古發現的最早的龍，是山西吉縣柿子灘石崖岩畫的「魚尾鹿龍」繪形，年代距今大約一萬年。有「龍形石塑」，發現於遼寧阜新查海前紅山文化原始遺存，據測距今約 8,000 年。那是以暗紅色石塊堆塑而成的「龍塑」之形，長度近 20 公尺、寬約 2 公尺，作昂首嘯吟之狀，其身彎曲，有騰挪之勢。又有出土於陝西寶雞北首嶺初民遺址之一的蒜頭陶壺上的「鳥啄魚」繪紋，其為一魚一鳥且兩者相爭，表現鳥圖騰戰勝魚圖騰氏族的人文主題，其年代距今大約在 6,800 ～ 6,000 年之間。年代稍後的，還有河南臨汝閻村仰韶文化遺存有一個繪於彩陶甕棺的「鳥啄魚」圖案，它的紋樣顯得更為寫實，「其鳥軀呈站勢，非常肥碩有力，鳥嘴非常尖長，牠啄著一條形似今之鯽、鯉的魚。魚身下垂而顯得無力，顯然是一條死去的魚。又在鳥啄魚圖右方繪　石斧之形。斧形龐大而顯得十分笨重，並且斧把刻有『×』記號，可以看作是權威的象徵」[061]。它的年代距今大約 6,000 年。河南濮陽西水坡遺址編號為 M45 大墓出土的「龍虎蚌塑」中的「龍」，擺塑在墓主人殘骸的東側，「由白色的蚌殼精心擺塑而成。『龍』長 1.78 公尺，

[061]　拙著《中國美學史新著》，第 30 頁，北京大學出版社，2009 年版。

高 0.67 公尺，頭北尾南，背西爪東。『龍』頭似獸，昂首瞠目；身軀細長而略呈弓形，前後各有一條短腿均向前伸，爪分五叉；尾部長而微曲，尾端具有掌狀分叉。整體上看，這『龍』似乎在奮力向前爬行」[062]。值得注意的是，與該「龍」相對應的，是墓主遺骸西側有虎形蚌塑，構成中國古代風水學所謂「左青龍，右白虎」的風水態勢，成為古代風水格局迄今為止出土最早的一個實證，其年代距今大約 6,460 年。

　　關於龍圖騰，考古發現的意義是重大的。如果說前述屬於仰韶文化期半坡類型出土的「鳥啄魚」的「魚」僅僅是龍的原型的話，那麼，西水坡 M45 號墓葬的龍樣，已經與中華後世的龍象極為相似。很早撰就著名學術論文如〈伏羲考〉與〈說魚〉的聞一多曾經指出，「現在所謂龍便是因原始的龍（按：一種蛇）圖騰兼併了許多旁的圖騰而形成一種綜合式的虛構的生物（按：指羅願所說的龍象）。這綜合式的龍圖騰團族所包括的單位，大概就是古代所謂『諸夏』，和至少與他們同姓的若干夷狄」。又說，「龍是我們立國的象徵」，「龍族的諸夏文化才是我們真正的本位文化」[063]。而成書於殷周之際的通行本《周易》本經六十四卦的首卦即乾卦，全卦六爻及其爻辭，都是以「龍」取象並且以「龍」為巫筮的，被稱為「龍卦」，顯然是原始龍圖騰的一大文化遺存。

　　關於原始「踐巨人跡」這一原始圖騰，《詩·生民》有云：「厥初生民，時維姜嫄。生民何如？克禋克祀，以弗無子！履帝武敏歆，攸介攸止，載震載夙。載生載育，時維后稷。」《史記·周本紀》說：「周后稷，名棄。其母有邰氏女，日姜原。姜原為帝嚳元妃。姜原出野，見巨人跡，心忻然說，欲踐之。踐之而身動如孕者。居期而生子。以為不祥，棄之隘巷，馬

---

[062]　劉志雄、楊靜榮《龍與中國文化》，第 26 頁，人民出版社，1992 年版。
[063]　聞一多〈伏羲考〉，《聞一多全集》第一冊，第 32、33 頁，三聯書店，1982 年版。

牛過者皆辟不踐;徙置之林中。適會山林多人,遷之;而棄渠中冰上,飛鳥以其翼覆薦之。姜原以為神,遂收養長之。初欲棄之,因名曰棄。」[064] 以「帝武」即「巨人跡」為「生子」的圖騰,即以姜嫄為母而以「帝武」為「父」(祖神),顯得尤為特別。它在人文思維上,與前述「簡狄」、「吞」、「玄鳥」之「卵」而「因孕生契」具有某些相類之處。

中華古籍關於原始圖騰的記載甚多。這裡,尚未將比如關於日月星辰與《山海經》所謂「人面蛇身」、「人首蛇身」之類的圖騰加以論析,卻仍然可以有力的證明,原始圖騰,確實是中國上古文化的重要構成。恩斯特·卡西勒(Ernst Cassirer)曾經指出,「中國是標準的祖先崇拜的國家,在那裡我們可以研究祖先崇拜的一切基本特徵與一切特殊含義」[065]。這些「祖先崇拜的一切」,包含了圖騰崇拜,它大致上是以自然崇拜形式所展現的準祖神崇拜。一個強調生命意識、生命文化的民族與國度,必然有一個祖先崇拜的源遠流長的文化傳統,其文化源頭,就是原始圖騰。

表現於原始圖騰文化的生命意識,畢竟是初始而不夠成熟的,可以稱為「前生命意識」或「準生命意識」。原始認祖的文化衝動和行為,實際是「倒錯」的認同,諸如日月星辰、山河大地或動植物這些「他者」作為氏族自身的「生身父母」,這確實是「前生命」或「準生命」的。初民固然「意識到」認祖的需求與必要,卻只能將其大致的放在自然崇拜的文化方式中去求得解決,圖騰崇拜,是原始祖神崇拜的一種「前史」文化方式。

中國文化關於原始審美意識何以發生的人文根因和根性,顯然與原始圖騰文化的發生、發展相關聯,從特具「前生命」、「準生命」意識的原始圖騰問題進行探究,的確是可行而必要的一條學術途徑。

---

[064] 司馬遷《史記·周本紀》,《史記》卷四,第 17 頁,中華書局,2006 年版。

[065] [德] 恩斯特·卡西勒《人論》,第 109 頁,上海譯文出版社,1985 年版。

然而，這裡仍舊有一些問題值得做進一步的討論。

正如前述，要在考古上追尋、確認中華原始圖騰文化起始之絕對的「第一人」、「第一時」與「第一地」等，尤其是要真正鑿定圖騰起始與原始文化及其審美意識的發生這二者之間，究竟存在怎樣古遠而深微的歷史和人文連結，是相當困難的。

從目前所掌握的考古資料，比如從中華原龍圖騰最早大約始於一萬年前（按：如前述柿子灘石崖岩畫的龍象）看，顯然尚難以支撐所謂中華原始圖騰始於多少萬年之前的見解。

張光直曾經指出，「今天凡是有史學常識的人，都知道《帝系姓》、《晉語》、《帝系》、《五帝本紀》與《三皇本紀》等古籍所載的中國古代史是靠不住的，從黃帝到大禹的帝系是偽古史」[066]。無根據的「疑古」或盲目的「信古」，都是不可取的，我們所提倡的，是科學的「釋古」。中華文化不太好的傳統之一，似乎以盲目「信古」的傾向為更明顯。原始圖騰，確實與中國原始文化相連，但是原始圖騰並非中國歷史與人文的全部。盲目「信古」的特徵之一，是將原始圖騰之類等同於歷史。如關於祖制與帝系的圖騰，以伏羲、黃帝等最為著名、也最為後人所稱道。在人文思維上，從殷周到春秋戰國，由文獻所表達的，大多實際並未將圖騰意義的「祖神」和歷史意義的「人王」分開。其文化心靈所關注的重點，顯然並非圖騰本身，而是由圖騰而衍生的「帝王」譜系。這實際是以圖騰來敘述和印證歷史。當然也要看到，在相關原始圖騰文化中，遺存著真實的史跡史影。而圖騰畢竟不等於歷史，圖騰史也不等於中國史。

應當謹慎而力求真確的對待、處理出土文物與文獻資料及其兩者之

---

[066]　張光直《中國青銅時代》，第 358 頁，三聯書店，1999 年版。

間真實的歷史關聯。從前述原始之龍的圖騰而言，迄今考古所發現的「第一時」、「第一地」，是相對晚近的，其年代大約在舊石器晚期或新石器早期。這與關於「龍」的文字傳說「年代」相去甚遠。關於圖騰文化的「詩性想像」是正當的，但是總須以考古發現為依據。

中國文化史和人文發展的特質與品格之一，是其生命意識及其生命美學意識，確實主要源自原始圖騰文化。原始圖騰，從「準祖神」角度，促成了原始審美意識等的起始。從原始圖騰拜祖的前生命、準生命的原始這一點，來解讀中國文化及其審美等的人文根因、根性，是可能而必要的。但是對於中國審美文化史的研究來說，生命問題固然重要，卻遠不是唯一的。原始初民所遭遇的生命和生活難題是多方面的，由於生存、生活與環境諸條件、諸因素壓迫的多種多樣，必然會刺激多種人文意識的萌發。除了生命意識，還有比如原始功利意識與天人合一、時空以及象、氣與道等意識的發生。它們都是原始文化的相互構成。

比如「姓」這個漢字，《說文解字》說：「姓，人所生也，古之神聖母感天而生子，故稱天子。從女從生，生亦聲。《春秋傳》曰：『天子因生以賜姓。』」[067] 這是東漢許慎的釋讀。「姓」字甲骨卜辭寫作：𤯓[068]。其字形，像一女跪拜於一樹之下。因為是跪拜的象形，所以這個「木」（生）在跪拜者的心目中，應該是神樹。𤯓[069]，這是生的本字。《說文》說，「生，進也。象草木生出土上，凡生之屬皆從生」[070]。甲骨卜辭所說的「生」，本指草木之生。女子既然跪拜在神木之下，這神木便是女子心目中的圖騰

[067]　許慎《說文解字》，第 258 頁，中華書局影印本，1963 年版。
[068]　羅振玉《殷虛書契前編》六、二八、三（一期）。
[069]　郭沫若主編、胡厚宣總編輯，中國社會科學院歷史研究所《甲骨文合集》編輯工作組集體編輯《甲骨文合集》四六七八、一四一二八，中華書局，1978～1982 年版。
[070]　許慎《說文解字》，第 127 頁，中華書局影印本，1963 年版。

而無疑。從姓字從女從生可以推知，中華古代大凡姜、姬、嬀、嫪、姚、晏等古姓，或李、林、朴、朱、桑、杜、梁與束等姓氏，大約都與原始圖騰有關。有學人從諸多古姓氏從「女」推知，原始圖騰及其準生命意識，早在母系氏族社會時期（按：距今約 10 萬～ 1 萬年間，屬舊石器晚期）已經誕生並有所發展。女媧與西王母，可以說是母系氏族文化的神話表述。母系氏族生子，民但知其母而不知其父，所以以神木為圖騰，氏族以「老祖母」為權威，應該是說得通的。從姓氏所蘊含的這一圖騰準生命意識看，首先是與「母」（女）文化而並非「父」（男）文化相連的。然而這種崇母的原始生命意識，在後代，其實一般並未發展成由該圖騰意識發展而來的生命文化思想的主流。炎黃二族，炎帝姜姓而黃帝姬姓。《說文》說，「姜，神農居姜水以為姓，從女羊聲」[071]，似以姜水為圖騰。《說文》又說，「黃帝居姬水以為姓」[072]，又以姬水為圖騰。而從姜、姬二姓的字體都從「女」可知，兩者都屬於女性圖騰，《說文》所言是否符契遠古女姓圖騰的歷史真實，值得辨析。

「倒錯」的以自然崇拜為氏族生命之根的圖騰崇拜，其實並未形成強大而持久的中華人文傳統。從「三皇五帝」譜系[073] 看，他們都是男（父）性之「王」（皇、帝）。給人的錯覺是，中國從原始圖騰發展而來的生命意識及其生命審美意識等，一開始便是以山川為圖騰、而且崇拜男性之王而培育、生成的。關於炎帝姜姓、黃帝姬姓的「老祖母」的女系原始圖騰的上古文化，在「三皇五帝」譜系中全無記載與地位。這是因為「三皇五帝」

---

[071]　許慎《說文解字》，第 258 頁，中華書局影印本，1963 年版。

[072]　許慎《說文解字》，第 258 頁，中華書局影印本，1963 年版。

[073]　按：關於「三皇五帝」，中華諸多古籍記載不一。為今人較為認同的「三皇」：伏羲氏、神農氏、軒轅氏（黃帝）；「五帝」：少昊、顓頊、帝嚳、唐堯、虞舜。古代有的「三皇」譜系，以燧人氏為首，依次為燧人氏、伏羲氏、神農氏，遂將軒轅氏（黃帝）降格為「五帝」之首。

的「史」的創作年代，已經到了春秋戰國時代的緣故，而將關於女性意義的圖騰崇拜的口頭傳說，淹沒在歷史的洪流之中。春秋戰國，一個崇尚、樹立男性絕對權威、被孔子稱為「唯女子與小人為難養也」[074] 的時代，這個民族的生命意識的內在基因已由崇母發展為崇父。如果抹煞中華原始圖騰其實始於崇母這一點，那麼本來想要解決的問題，其實並未真正解決。

從文化研究最重要課題之一即其本源本體看，從原始圖騰文化研究進入，由於圖騰的確蘊含以史前的前生命、準生命的人文意識，固然由此可以把摸中國文化原始意識等發生的脈搏，起碼在邏輯上可以證明，這一前生命、準生命意識，不會與中國文化的原始文化根因根性問題無關，然而，中國人之所以創造那麼多關於龍鳳、創世和英雄等的圖騰「故事」，目的主要並非在於認知圖騰崇拜而在於歷史，人們一般是將圖騰作為「信史」來看待的。

無論伏羲抑或炎黃等「人王」，他們僅僅是後代中國歷史學意義的主角，從來不是也沒有轉化、提升為中國哲學的本源本體，對於中國哲學的本源本體來說，他們幾乎僅僅是一些「他者」，這與西方古代的情況有所不同。西方宗教的上帝，在文化的原始意義上，其實也是一個圖騰，但是爾後不僅是宗教文化意義的祖神或曰主神，而且順理成章的昇華為西方古代哲學的本源本體。這種文化態勢，就中國文化及其哲學來說，是不可想像的。原始圖騰文化對於中國古代生命文化的哺育固然有功，其對中國哲學本源本體思辨性的建構，則並未直接提供深微的思維和思想資源。

原始圖騰文化從原始自然崇拜角度，倒錯的樹立一個替代的祖宗權威而真正的祖宗其實並不「在場」。這個假想中的祖宗權威是一個龐大的崇

[074] 《論語·陽貨第十七》，劉寶楠《論語正義》，第 386 頁，《諸子集成》第一冊，上海書店，1986年版。

拜對象，他的深沉的文化尺度與情感張力，確實為從原始文化意義上的崇拜，走向求善、求美等意義上的崇高，開闢了一條文化、歷史之路。原始圖騰文化作為原始氏族生命意識的孵化器，是倒錯而悲劇性兼喜劇性的錯認自己的「生身父母」。其崇拜意識富於想像與虛構，初民所經驗的內心情感等心靈上的皈依感，確實是真誠、真切和真實的。所以在歷史與人文契機中，由這種具有龐大文化尺度的原始圖騰的崇拜，是可以轉化為求善與求美的崇高的，這也便是說，崇高感由上古原始圖騰文化所哺育而成。這種情況，古希臘悲劇作品的主題，是相當典型的。

可是，中國文化及其傳統其實並非如此。

「崇高」一詞，始見於先秦古籍：「靈王為章華之臺，與伍舉升焉。曰：『臺美矣。』對曰：『臣聞國君服寵以為美，安民以為樂，聽德以為聰，致遠以為明，不聞其以土木之崇高、彤鏤為美。』」[075] 這裡所說的「崇高」，主要指建築物（按：「章華之臺」）的高峻。原始初民最早居無定所，繼而是穴居或巢居，一旦入住於建在地面之上的宮室，則其心靈、精神便產生一種對於宮室的崇高感，從而肯定自身的創造偉力。這一崇高又稱為「嵩高」，與哲學、美學意義上的那種悲劇性的崇高沒有文脈上的關聯。《國語·周語上》稱，「昔夏之興也，融降於崇山」。注：「融：祝融，相傳是黃帝的後裔，與夏人同族。古人將之尊為南方的神祇。崇山：即嵩山。」[076] 這一崇高如果有哲學、美學意蘊，僅僅與壯美等範疇相通。《易傳》又有「崇高莫大於富貴」[077] 這一命題，這裡的「崇高」，是一種對於財富與顯貴

---

[075]　《國語·楚語上》，鄔國義、胡果文、李曉路《國語譯注》，第 512 頁，上海古籍出版社，1994年版。

[076]　《國語·周語上》，鄔國義、胡果文、李曉路《國語譯注》，第 25、26 頁，上海古籍出版社，1994 年版。

[077]　《易傳·繫辭上》，朱熹《周易本義》，第 315 頁，怡府藏版影印本，天津市古籍書店，1986年版。

地位的滿足感，而且將其看作是人生最大的崇高，有點趾高氣揚的意思，倒好像是專門對於目前的一些社會情態而言的。

這是因為，雖則中國原始圖騰文化，本具錯認「生身父母」的悲劇性的原始意識因素，卻由於在爾後的時代裡，圖騰文化主要的提升為歷史學與倫理學等而非哲學的緣故，於是使得崇高這一範疇，大致囿於《易傳》所說的崇利、崇權與崇德的思維和思想局限，從山的崇高轉遞為地位、權力與富有等的「崇高」。

這或許可以反證，相對而言，上古時代的原始圖騰文化，並非一脈相承的成為中國哲學文化的主要源頭。

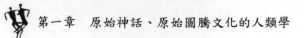

第二章
中國巫文化的人類學特質

　　談到巫術，也許首先會直接的給人一個感覺，以為它僅僅是一種充滿著落後、迷信或者是很怪異而可怕的文化現象，它無非是巫婆神漢、裝神弄鬼的那一套，它是「宗教的孑遺」，「灰暗的想像」，作為文化糟粕，可以說是人類文明史上最黑暗、最醜陋的一部分。因而，一旦發覺居然有人在研究什麼巫文化，便會投去一撇困惑、不安和懷疑的目光。

　　可是關於巫術文化問題，中外人類學、民俗學界往往並不這麼看。英國文化人類學家馬凌諾斯基說：「巫術——哈，這個字眼的本身就好像充滿了魔力，在背後代表著一個神妙莫測、光怪陸離的世界！不用說本來喜好密教、要在密教裡得到終南捷徑的人，能在這種勢力上發生狂烈的興趣，像近來風起雲湧的復活了許多古來半通不通的各種教，而名曰神智學（Theosophy，伍廷芳譯為證道學——原注）、靈學、精神學，以及其他似是而非的什麼學、什麼科、什麼主義之類，不用說了；就是清醒科學的頭腦，也是對於巫術這個題目愛好甚深的。這或者一部分是因為我們希望在巫術裡面找到野蠻人的欲求與智慧所有的結晶，因為不管是什麼樣的結晶都是值得知道的。另一部分是因為『巫』或『魔』，似乎在任何人心裡都激起某種潛在的意念，激起希望看奇蹟的憧憬之懷，以及相信人類本有神祕力的可能等等下意識的信仰。」[078]

　　我們當然要以科學的態度來對待巫術，清醒的看到它的種種迷信、無知與虛妄，從而棄其糟粕。我們知道，巫文化不是一個簡單的迷信與醜陋之類的問題，它是人類也是中華童年文化的一個悠遠而奇異的「怪夢」，既灰暗又輝煌，既可怕又可愛，既迷茫又清醒，既是神靈的又是人智的，既是鬼鬼神神的，又是所謂「實用」、「實在」的，且以前者為主。它與原

---

[078]　[英] 布朗尼斯勞・馬凌諾斯基《巫術科學宗教與神話》，第 73 ～ 74 頁，李安宅譯，上海社會科學出版社，2016 年版。

始社會的家國大事、科學宗教、哲學道德、文學藝術、醫學養生和堪輿地理等，都具有千絲萬縷的歷史和人文關聯。這個「夢」源遠流長，至今綿綿不絕，看來似乎永遠不會有徹底消亡的一天。

西方有歷史比較長的從文化人類學角度認識和研究巫文化的學術傳統。西方 19 世紀至 20 世紀的人類學家如英國泰勒、弗雷澤與馬凌諾斯基等，都是研究巫文化的一代大家，儘管他們的著作不是沒有這樣那樣的缺失甚至錯誤。從 1920、1930 年代起直到今天，中國的一些嚴肅的文化人類學研究，也往往不離中國巫文化這一學術課題，獲得了比較豐碩的學術成果。然而，僅就西方一些文化人類學著述而言，可能由於中西文化交流的困難或是作者個人的一些原因，西方著作中涉及中國巫術問題的研究是相當少見的。筆者僅僅在弗雷澤的《金枝》和列維 - 布留爾的《原始思維》兩書中，見到一些關於「中國巫」的零碎論述。因而，以文化人類學關於巫學的理念方法，來努力研究中國巫文化，是必須做的一項工作。

第一節　人類及其中國原巫文化的人文特性

究竟什麼是巫術？關於這一點，古今中外學者，曾經提供了諸多答案。英國文化人類學家泰勒說：

巫術是建立在聯想之上的而以人類的智慧為基礎的一種能力，但在相當大的程度上，同樣也是以人類的愚鈍為基礎的一種能力。這是我們理解魔法（按：指巫術、法術）的關鍵，人早在低等智力狀態中就學會了在思想中把那些他發現了彼此間的實際關聯的事物結合起來。但是，以後他就曲解了這種關聯，得出了錯誤的結論：聯想當然以實際上的同樣關聯為前提的。以此為指導，他就力求用這種方法來發現、預言和引出事變，而這

種方法，正如我們現在所看到的這種，具有純粹幻想的性質。[079]

這裡有四點值得注意。其一，巫術是人類的一種「能力」，「建立在聯想之上而以人類的智慧為基礎」，這種「聯想」，實際具有「純粹幻想的性質」；其二，巫術的發生和建立，具有雙重「基礎」，一個是「智慧」，一個是「愚鈍」，泰勒說，「這是我們理解魔法的關鍵」；其三，人類已經看到和理解到事物之間的相互「關聯」，這種「關聯」是事物「彼此間的實際關聯」，但是將它「曲解」了；其四，巫術是「用這種方法來發現、預言和引出事變」，即用以預測家國天下以及人的命運。

繼而，詹姆斯‧喬治‧弗雷澤繼承與發展了泰勒關於巫術文化的理解與解讀。

在分析巫術思想時，發現可以把它們歸納成兩個原則 ——「相似律」和「接觸律」。前者是指同類相生，即同果必同因。巫師根據「相似律」推導出，他可以僅透過模仿來達到目的；以此為基礎的巫術被稱為「模擬巫術」或「順勢巫術」。從字面上來看，「順勢巫術」可能更恰當些，因為「模擬」這種詞語會讓人不自覺的聯想到有人在有意識的進行模仿，這就限制了巫術範圍。後者是指相互接觸的物質實體，哪怕被分開，仍然可以跨越距離發生相互作用；巫師基於此斷定，自己可以透過一個人曾經接觸過的物體來對這個人施加影響，無論這個物體是不是此人身體的一部分，此類巫術被稱為「接觸巫術」。巫師盲目的認為這兩種原則不僅僅適用於人類的活動，還同等程度的影響自然界的發展。[080]

弗雷澤的這一論述，主要說明以下四點。第一，提出與分析作為「巫

---

[079]　［英］愛德華‧泰勒《原始文化》，第 93 頁，連樹聲譯，廣西師範大學出版社，2005 年版。
[080]　［英］詹姆斯‧喬治‧弗雷澤《金枝》上冊，第 16 頁，陝西師範大學出版總社有限公司，2010年版。

術原理」的兩大「原則」，便是「相似律」和「接觸律」。「相似律」與「模擬巫術」（「順勢巫術」）相對應；「接觸律」與「接觸巫術」相對應。第二，「模擬巫術」的內在人文機制，「同類相生」，「即同果必同因」，因而兩種事物之間必然存在著一種神祕的「感應」。而什麼是「感應」，弗雷澤在這裡還沒有明確的提到，只是包含著這樣的意思。[081] 既然兩種事物是「同類」，又是同類的因果關係，其相互產生「感應」是必然的。第三，關於「接觸巫術」，弗雷澤尤其發展了泰勒的思想。泰勒只是說，對於巫術而言，只有事物之間存在著「實際關聯」，才能產生巫性的「聯想」。弗雷澤則說，曾經「相互接觸的物質實體，哪怕被分開，仍然可以跨越距離發生相互作用」，即所謂「感應」。第四，弗雷澤指出，「相似律」和「接觸律」這「兩個原則」，「不僅僅適用於人類的活動，還同等程度的影響自然界的發展」，這是暗指巫術似乎具有普遍的「控制」功能，不僅「控制社會人類」，而且「控制」自然界。

弗雷澤的這一言述，並沒有直接提到來自泰勒的「聯想」說，然而其後文接著就指出：「如果我上述分析無誤，那麼巫術的兩大原則其實只是『聯想』的兩大錯誤應用方式。基於『相似』的聯想而建立的『順勢巫術』，其錯誤是把相似的事物看成同一個事物；基於『接觸』的聯想建立起來的『接觸巫術』，錯誤之處在於把曾經接觸過的事物看成是一直保持接觸狀態。」[082] 這裡所說的「聯想」，實際上是與巫性的「感應」相連的。

---

[081]　按：[英] 詹姆斯·喬治·弗雷澤《金枝》說：「巫術的首要原則之一就是相信心靈感應。關於心靈之間具有跨距離感應的說法，很使野蠻人信服，因為原始人早就對此深信不疑。」（該書上冊第 27 頁，陝西師範大學出版總社有限公司，2010 年版）當然，這裡說的是心靈之間而不是事物與事物之間的感應。不過，如果把「心靈」也稱為「事物」，那麼所謂「同類」事物之間的「感應」，也包括「心靈感應」，這是沒有疑問的。

[082]　[英] 詹姆斯·喬治·弗雷澤《金枝》上冊，第 17 頁，陝西師範大學出版總社有限公司，2010 年版。

弗雷澤進而提出且分析了關於巫術本質是所謂「偽科學」（按：在馬凌諾斯基那裡，被稱為「偽技藝」）的見解。

巫術的本質是一種偽科學，一種沒有任何效果的技藝。它是一種對自然規律體系歪曲的認識，是一套錯誤的指導行動的準則。[083]

弗雷澤同時用許多篇幅，提出和討論了巫術與科學、宗教的關係問題，稱巫術崇尚巫性的「聯想」與「感應」，「聯想本身具有無可比擬的優越性，他也無愧為人類最基本的思考活動。聯想得合理，科學就有望獲得成果。稍有偏差，收穫的只是科學的偽兄弟」。他又將巫術與宗教進行了比較：「巫術要早於宗教登上歷史的舞臺。巫術僅僅是對人類最簡單、最基本的相似聯想或接觸聯想的錯誤運用；而宗教卻假設自然的背後還存在著一個強大的神。很顯然，前者要比後者的認識簡陋得多。」[084]

凡此種種見解，可謂甚善，是西方人類學關於巫術原理基本理論的建構，也有值得進一步探討的地方。劉黎明曾經引用詹鄞鑫關於弗雷澤巫術原理理論的批評說：「他（按：指詹鄞鑫）以為，首先，『相似』和『接觸』並非互相排斥、非此即彼的，所以它既無法包容所有的巫術，在許多場合下二者又是相容的，有許多巫術可以歸結為相似律和接觸律的共同作用；其次，這種兩分法是封閉性的，即使再發現未能包容的新的巫術原理，也難以補充到這個分類系統中去。」[085] 說得相當中肯。比如中國的甲骨占卜與《周易》占筮，作為中國古代兩大巫文化方式，就難以用所謂「相似律」與「接觸律」之說，來加以概括的。

---

[083]　[英] 詹姆斯·喬治·弗雷澤《金枝》上冊，第 16 頁，陝西師範大學出版總社有限公司，2016 年版。

[084]　[英] 詹姆斯·喬治·弗雷澤《金枝》上冊，第 55、60 頁，陝西師範大學出版總社有限公司，2010 年版。

[085]　劉黎明《灰暗的想像——中國古代民間社會巫術信仰研究》，上冊，第 42 頁，巴蜀書社，2014 年版。

英國文化人類學家馬凌諾斯基對巫術的所謂「實用」與「信力」，做出了他的分析。他說：「巫術純粹是一套實用的行為，是達到某種目的所採取的方式。」、「巫術之所以進行，完全為的是實行。支配巫術的是粗淺的信仰，表演巫術的是簡易而單調的技術。」又說：「對於他（按：指圖騰崇拜者與巫師之類），世界是馬馬虎虎的背景，站在背景以上而顯然有地位的，只是有用的東西 —— 主要是可吃的動植物。」[086] 巫術作為初民的一種堅定的信仰，是牢不可破的，巫術的代代相傳，是靠傳統的力量來維繫的 [087]。這種無形的力量，就是所謂的「信力」。

馬凌諾斯基尤其重視巫術的「實用性」問題，比他的前輩弗雷澤有了推進的地方。然而，人類巫術何其多樣，其「作法」的工具與方式（按：馬凌諾斯基稱之為「技藝」、「技術」），並非如其所說，都是「簡易而單調的技術」，比如中國的《周易》「古筮法」（即所謂「十八變」），是一套相當複雜的操作儀式。這一問題，本書後文將會論及。

然而到底什麼是巫力呢？什麼是不但出現在這樣簡單的儀式裡面而且出現在一切巫術儀式裡面的巫力呢？不管一項儀式是表現什麼情緒的，不管是模仿或預兆目的，或者只是直接的施用，反正必有一個共同點：必有一個共同的巫力 —— 共同的巫術德能，存在施了巫術的東西上面。然這個到底是什麼呢？簡單一句話，那永遠都是咒裡面的力量，因為咒才是巫術裡面最重要的成分呢 —— 可是這個不曾十足充分的被人認識過。[088]

---

[086]　[英] 布朗尼斯勞‧馬凌諾斯基《巫術科學宗教與神話》，第 75、38 頁，李安宅譯，上海社會科學院出版社，2016 年版。

[087]　按：[英] 布朗尼斯勞‧馬凌諾斯基指出，巫術「傳統，我們已經屢次的說，是在原始文化裡面占有無上的統治地位的；同時，與巫術儀式及信仰相有關的傳統又極多」。（《巫術科學宗教與神話》，第 81 頁）

[088]　[英] 布朗尼斯勞‧馬凌諾斯基《巫術科學宗教與神話》，第 79、80 頁，李安宅譯，上海社會科學院出版社，2016 年版。

　　咒或者稱為詛咒、口咒、咒語，是巫術施行的多種重要的技藝、方式之一，它所依賴和信仰的是巫師言語的無上魔力。似乎能夠咒人死咒人生，咒它個江山變色、天翻地覆，是巫師「作法」時為了某個目的所發的「毒辭」。作為巫師「作法」的一種「黑巫術」，咒是被馬凌諾斯基所特別的強調顯示強大「巫力」的典型。馬凌諾斯基說，「咒是巫術的神祕部分，相傳於巫士團體，只有施術的才知道。在土人看來，所謂知道巫術，便是知道咒」；咒「是聲音的效力，是對於自然界聲音的模仿，如風吼、雷鳴、海嘯、各種動物的呼號之類」；「原始的咒術很明顯的是要用語言（按：言語），要語言來發動、申述，或命令所要的目的」[089]。

　　馬凌諾斯基說，咒以及一切巫術「作法」的所謂「成功」，都是有所謂「巫力」即「靈力」在發揮作用的緣故，這種「靈力」，實際是在泰勒的巫性「聯想」和弗雷澤的「感應」說的基礎上，又有所推進一步的說法。然而，咒僅僅是巫術的一種，我們不能用「咒」來概括多種多樣的人類巫術文化。

　　馬凌諾斯基又強調了巫靈的問題。他說：「然而什麼是靈呢？對於靈的信仰，又有什麼心理上的根源呢？野蠻人極怕死亡，這大概是因為人與動物都有根深蒂固的本能的緣故。野蠻人不願意承認死是生命的盡頭，不敢相信死是完全消滅。這樣，正好採取靈的觀念，採取魂靈存在的觀念。」

　　馬凌諾斯基還在弗雷澤論述的基礎上，展開了關於巫術與科學、宗教和神話關係的解讀，稱「巫術與科學」可以「站在一起」，「所以巫術與科學都有幾種相似之點，可以採取傅雷茲爾（按：即弗雷澤）的說法，管巫

---

[089]　［英］布朗尼斯勞・馬凌諾斯基《巫術科學宗教與神話》，第 80 頁，李安宅譯，上海社會科學院出版社，2016 年版。

術叫做『偽科學』」。又說，「巫術與宗教都是起自感情緊張的情況之下」，
「在神聖的領域以內，巫術是實用的技術，所有的動作只是達到目的的手
段；宗教則是包括一套行為本身便是目的的行為，此外別無目的」[090]。
又說，巫術與神話具有文化親緣的關聯。巫師的「作法」，是有一定情節
的，尤其是施行咒語，促成了神話與巫術的「交流」。「所以巫術在時間上
的傳送，需要一個譜系，需要一種傳統的護照。這便是巫術神話（按：「巫
術的神話」）」[091]。

從泰勒、弗雷澤到馬凌諾斯基的種種論析，都富於關於巫術的理論意
義，尤其是泰勒的巫學思想，具有巫文化人類學的理論的原創性。雖然往
往遭到後來者這樣那樣的批評 —— 比如，法國文化人類學家列維 - 布留
爾《原始思維》一書，曾經以他的「集體表象」說，比較激烈的批評弗雷澤
的巫學理論，然而，凡此都是西方文化人類學關於巫學理論系統的基礎性
建構，而有些關於巫術的文化原理問題，尚有待於進一步的展開或糾偏。

巫術文化是古代人類社會一種普遍的文化現象。瑞士學者弗里茨
（Fritz）說：

巫術（希臘語 mageia，拉丁語 magia —— 原注，下同）是術士（ma-
gos，magus）的技藝。已經證實，早在希臘古典時期，該詞便已在希臘語
中出現，甚至還可能更早一些。其詞源很明顯：這個詞來自波斯人的宗教
世界，其中術士（magos）指祭司，抑或是別的專司宗教事務者的專家。希
羅多德（Herodotus）第一個向我們提及這些人：這些術士們（magoi）組成
了波斯的一種祕密團體或祕密階層，他們負責王（按：皇）家祭祀、葬禮

[090]　［英］布朗尼斯勞‧馬凌諾斯基《巫術科學宗教與神話》，第 46、106、107、108、109 頁，李安
　　　宅譯，上海社會科學院出版社，2016 年版。
[091]　［英］布朗尼斯勞‧馬凌諾斯基《巫術科學宗教與神話》，第 178、174 頁，李安宅譯，上海社會
　　　科學院出版社，2016 年版。

儀式以及對夢境的占卜和解釋；色諾芬（Xenophon）把他們描繪為「所有關於神的事務」的「專家」。[092]

不僅古希臘和波斯早就產生了巫術文化，在世界各地包括中國遠古的各個氏族、部落，初民對巫術的發明、喜好和施行，都是普遍的，只是各自具有不同的特點罷了。中國學者宋兆麟《巫與巫術》談到巫術文化時這樣說：

巫術是史前人類或巫師一種信仰和行為的總和，是一種信仰的技術和方法，是施巫者認為憑藉自己的力量，利用直接或間接的方式和方法，可影響、控制客觀事物和其他人行為的巫教形式。[093]

這一論述，大致從五個方面回答了「什麼是巫術」以及什麼是「中國巫」的基本人文特徵。

第一，巫術誕生於「史前」。關於史前的具體時代，在該書第 2 頁上，宋兆麟曾說，「巫教（按：指巫術）的出現是極其古老的。據外國有些學者的多年研究，巫教起源於舊石器時代晚期。此時歐洲尼安德塔人已經開始安葬死者，出現了靈魂信仰的萌芽」[094]。「安葬死者」和「靈魂信仰」的「萌芽」，已經昭示了原始巫術文化起源的可能。

第二，巫術作為「巫師」和人類的一種原始「信仰」，是「信仰」理念與「行為」二者的「總和」。這指明了巫術由一定的意識、理念、思想即弗雷澤所說的「巫術原理」和「技術和方法」及其施行儀式等構成，兩者缺一不可。大凡巫術，都因追求觀念上的實用功利而起。作為「偽技藝」，卻總是不能達到種種實際上的實用目的。然而，人類關於實用功利的原始意

---

[092]　［瑞士］弗里茨・格拉夫《古代世界的巫術》，第 26～27 頁，華東師範大學出版社，2013 年版。

[093]　宋兆麟《巫與巫術》，第 214～215 頁，四川民族出版社，1989 年版。

[094]　宋兆麟《巫與巫術》，第 2 頁，四川民族出版社，1989 年版。

識、理念與思想，卻是首先由原巫文化所培育的。儘管原始巫術的神祕外衣，遮蔽了許多真實，而由巫術所培育的實用功利之思，卻是一種歷史與人文的觀念真實。

第三，巫術的「技藝和方法」，分「直接」、「間接」兩類。這一說法，來自弗雷澤且暗指弗雷澤所說的巫術「技藝」的兩大「原則」，即「接觸律」與「相似律」。在宋兆麟看來，那些遵循「相似律」的，是「直接」性的巫術；那些遵循「接觸律」的，是「間接」性的巫術。

第四，巫術是「施巫者」自以為可以「憑藉自己的力量」，從而影響事件的進程、控制對象以達到想要的實用目的的一種文化方式。這是巫術以及巫者（按：施巫者、受巫者）在「信」前提下的自以為「是」。實際所謂巫術的「成功」，是來自於神靈的「靈力」和巫師作為一個人及其人智的結合。[095] 自以為「是」，不等於實際上的「是」。實際情況是，巫、巫性本身就是神與人、神性與巫性的對立與統一。值得強調的是，所謂巫術的「影響」和「控制」這兩大文化功能，只有透過巫者之「信」的心靈，才能發揮、實現心理、心靈上的「目的」，從而可能影響環境或控制他人。對於那些不「信」巫術的人來說，巫術是與「我」無關而不起作用的。巫術是一種「信文化」。對於那些不「信」巫術之人而言，巫術是一個「他者」，或者反過來也可以說，他是巫術的「他者」。

第五，巫術是一種「巫教形式」的說法，顯然接受了馬克斯·韋伯的「巫教」觀。這一看法如何評說，學界意見不一。一般而言，巫術既然是一種文化心靈上的信仰且施加「影響」、「控制」於人和環境，自當對人具

---

[095]　按：胡新生說：「現在人們所說的『巫術』，是指運用超自然力量並透過特定儀法控制客體的神祕手法，它追求直接的現實效用，往往表現出不敬神靈的態度和自信自誇的傾向。」（胡新生《中國古代巫術》修訂本，第 2 頁，山東人民出版社，2005 年版）

有一定的觀念與思想意義，稱其為「教」，大約並無什麼不妥。可是，要是說巫術由於等同於宗教所以稱為「巫教」，那麼，這是忽視了巫術與宗教的文化差異。

巫術的文化本質是一種「倒錯的實踐」，在於它是對於一般社會實踐的一種無可奈何的「替代」。由於原始初民人智與能力的低下，面對種種生存的困難和環境的壓迫，難以透過必須的知識、理性及其能力去進行原始生產活動（按：包括物質生活資料的生產與人自身的生產），於是在「萬物有靈」思想的支配下，幻想有一種「替代」和「補償」的方法可以施行，這是初民因為智力和能力的短淺，而產生的一種「自我滿足」與「自我懲罰」的行為。本質上說，巫術是人類童年的一種稚淺的文化行為與文化心智。巫術這部「文化機器」是依靠一定的神靈觀念為動力和潤滑劑而得以運轉的。

巫這一文化方式，並非意味著人在神靈面前的徹底跪下，巫術的「力量」所在及其所謂的「靈驗」，是人對自身力量的一種神化和巫化的結果。所謂「倒錯的實踐」，促成了原始人類的思維、情感與意志等，從人的一般社會實踐領域「挪移」，企圖透過另一種「實踐」手法即所謂巫術的施行，達到人「改造」自然與人自身的預期目的。巫術的發明和施行，是原始人不得已而為之的事情。在信仰天神、地祇與鬼神的前提下，原始初民相信施行巫術可以趨吉避凶，可以心想事成，甚而呼風喚雨、改天換地，似乎一切生活與生命的難題都不在話下，一切都可以迎刃而解。巫術顯示出人類在自然規律和社會規律面前的自大和狂妄，這是人類所必須經歷的一個歷史與現實的悲劇。

在文化意識理念上，原始巫術的發生或稱之為文化成因，必須具備五大文化條件。

其一，對於人類而言，自然和社會的無窮難題總是存在的，一個難題克服了，又會有新的、可能更大的難題橫亙在面前，而且被初民意識到。

其二，人類盲目的迷信可以依靠自己的智慧和力量，來解決一切難題，克服一切生存的困難，甚至可以起死回生，這實際上是人類將自己神化與巫化了。

其三，人類頭腦中已經具備產生所謂「萬物有靈」的人文意識以及鬼神與精靈等人文意識。人類將整個世界，理解為巫的世界，這個世界往往伴隨著與巫術相繫的原始神話與圖騰。

其四，堅信天人、物我、主客與物物之際，存在無所不在、無時不在的神祕感應。「巫術的首要原則之一就是相信心靈感應。」[096] 這在列維 - 布留爾《原始思維》中，稱之為「神祕的互滲」[097]。在中國清初王夫之那裡，便是他指出的所謂「象數相倚」[098]。

其五，人類的生命與生活本身，促成人類為求得生存發展而首先將原始意志、情感與想像等心靈的信力，凝聚為一種實用欲求，實現為作用於對象的心靈衝動和熱情。

對於巫術文化的發生來說，所有這五大條件缺一不可。這種種條件，自非從人類社會誕生之時就已經具備的，它們是悠邈歷史、人類智慧長期醞釀而不斷進步或退步的文化成果，不啻為原始人類的文化心智、情感、想像與意志的解放兼禁錮、開顯兼遮蔽。

許進雄曾說：「巫並不是遠古蒙昧時代的產物，而是到了有原始的宗

---

[096]　[英] 詹姆斯·喬治·弗雷澤《金枝》上冊，第 27 頁，陝西師範大學出版總社有限公司，2010 年版。

[097]　按：參見 [法] 列維－布留爾《原始思維》，第二章「互滲律」，第 62 ～ 98 頁，丁由譯，商務印書館，1981 年版。

[098]　王夫之《尚書引義·洪範一》，中華書局，1962 年版。

教概念的時候，即人們對於威力奇大而又不能理解的自然界開始有了疑惑與畏懼，才想像有了神靈以後的事物。」[099] 這裡所說的「原始的宗教觀念」，實際指「萬物有靈」、鬼神與精靈等原始人文意識。原始巫術的發生，不僅始於原始初民對蠻野自然力的「不能理解」和「有了疑惑與畏懼」，而且人盲目迷信巫是無所不能的，它具有一種「孩子氣」般的盲目樂觀主義，這種所謂的原始樂觀，實際上是悲劇性的。

任何一個完整的巫術行為和操作（按：即所謂「儀式」）過程及其人文理念、情感與意志等，大抵需要同時具備五大因素：（一）先兆迷信。（二）預期目的。（三）「作法」、「儀式」即操作過程、行為與技藝。（四）迷信人神、心物和物物之間的神祕感應。（五）具備施行巫術儀式和行為的熱情與衝動。

原始巫術的發生，建立於初民對自然界與人類社會幾乎無所不在的所謂「先兆」迷信之上。在「萬物有靈」觀等的支配與統馭之下，初民迷信人與物以及萬物之間存在著必然而能夠決定人的行為成敗、禍福命運的因果關聯。這「因果」的「因」，就是巫術的所謂「兆」，它是先於結果而呈現出來的種種現象。兆是事物神祕變化的蛛絲馬跡。《易傳》稱為「幾（按：機之本字）」。《易傳》說：「知幾，其神乎？」「幾者動之微，吉之先見者也。」[100] 晉韓康伯《周易》注：「合抱之木，起於毫末，吉凶之彰，始於微兆。故為『吉之先見者也』。」初民的文化心靈尤為脆弱，萬事萬物的無數現象，都可以被認為是吉凶之兆，而且往往深信不疑。比如後代所謂「掃帚星」、「無雲而雷」、「枯楊生稊」和「白牛生黑犢」等無數異象，都被古

---

[099] 許進雄《中國古代社會 —— 文字與人類學的透視》，第 505 頁，臺灣商務印書館，1995 年版。

[100] 《易傳·繫辭下》，朱熹《周易本義》，第 332 頁，怡府藏版影印本，天津市古籍書店，1986 年版。按：關於《易傳》「吉之先見者也」這一句話，筆者疑「吉」字之後脫一「凶」字。

人信以為凶兆。甲骨占卜、《周易》占筮，都是透過求「兆」而占驗吉凶休咎的。《尚書》曾將巫術前兆稱為「徵」（按：徵兆、徵象），也可稱「庶徵」，分為「休徵」（按：吉兆）和「咎徵」（按：凶兆）兩大類。比如所謂「庶徵」，指占卜時龜甲所呈現的裂紋，共分五種，「曰雨，曰暘，曰燠，曰寒，曰風」，加上占筮的「曰貞，曰悔」，「凡七」[101]。《周易》占筮所呈現的「象」，稱為變卦或變爻，即或吉或凶之兆。這也便是《易傳》所謂「見乃謂之象」[102]，此「象」是「見（現）」之於心靈的。

英國功能主義人類學家馬凌諾斯基曾經說：「我們越無法倚賴自然和知識，則越會尋求徵象，希望神蹟，而信託捕風捉影的佳兆。」[103] 在濃重的巫術神祕氛圍中，初民以及古人，對先兆尤為刻骨銘心。人們迷信天與人、人與人、人與物以及物與物之間的所謂神祕感應，卻往往顛倒或張冠李戴式的信從種種因果之鏈，或虛構種種因果關係，而且將其與人的命運休咎相連。測兆象，辨然否，判吉凶，以兆象為根本。這也便是法國人類學家列維‐施特勞斯之所以稱「巫術思想，即胡伯特（Hubert）和莫斯所說的那種『關於因果律主題的輝煌的變奏曲』」[104]。

初民從事巫術活動，沒有一個不具有明確的目的。原始巫術如測影（按：晷景，景為影之本字）、測風、望氣與扶乩等以及甲骨占卜與易筮之類，都是一定目的、功利欲求驅使下的迷信。從卜問國家大事、戰爭成敗、年事豐歉到人的生老病死、祭祖拜宗、官職升遷與出行宜忌等，大抵

[101]　《尚書‧周書‧洪範》，江灝、錢宗武《今古文尚書全譯》，第 241 頁，貴州人民出版社，1990年版。

[102]　《易傳‧繫辭上》，朱熹《周易本義》，第 314 頁，怡府藏版影印本，天津市古籍書店，1986年版。

[103]　[英] 布朗尼斯勞‧馬凌諾斯基《文化論》（*A Scientific Theory of Culture*），第 67 頁，中國民間文藝出版社，1987 年版。

[104]　[法] 列維－施特勞斯《野性的思維》，第 15 頁，商務印書館，1987 年版。

都要問卜求卦，有求於神靈。對於原始巫術而言，正如馬凌諾斯基所說，「食物是初民與大自然之間根本的繫結。因為需要食物，因為希求食物的豐富，所以才進行經濟的活動，才採集、才漁獵，而且才使這等活動充滿了各種情感，各種緊張的情感。部落常賴以為食的幾種動植物，於是優制了一切部落成員的趣意」[105]。因而，「對於他」即對於原始初民來說，「世界是馬馬虎虎的背景，站在背景以上而顯然有地位的，只是有用的東西 —— 主要是可吃的動植物」。人必須能夠活下來然後才能發展自己，「民以食為天」，對於所有人而言，是一大鐵律。原始社會無數的巫術活動，首先是圍繞著日常衣食住行尤其是食這一生存之需和發明和施行的，然後才發展到預測天下大事的吉凶與否。馬凌諾斯基說：

　　凡這等人都知道野蠻人的趣意是多麼精明，多麼有選擇力，對於旁的刺激都多麼漠不關心，而專專注意他們所尋求的東西的朕兆、蹤跡、習性與特點。這等被人們日常追逐的東西，便是全部落的趣意、情感、衝動等的集晶。[106]

　　從人類意識的進化歷史看，出於生存即活下去這一人生根本之需及文化心靈的欲求，必然最先被喚醒、被培育。人類最早的意識、意念與行為，都首先服膺於這一生存目的。李澤厚《歷史本體論》一書曾經說過，人類社會最早的「哲學」，是「吃飯哲學」，這是說得很到位的。但是，人類包括中國人的吃飯問題，不是容易解決的。尤其在原始社會，情況偏偏是，人類要獲取賴以為生的食物總是困難重重，其困難還在於，最初的原始初民，尚不知道哪些能吃哪些不能吃，心中充滿了狐疑。於是發明與

---

[105]　〔英〕布朗尼斯勞·馬凌諾斯基《巫術科學宗教與神話》，第 38 頁，上海社會科學院出版社，2016 年版。

[106]　〔英〕布朗尼斯勞·馬凌諾斯基《巫術科學宗教與神話》，第 38 ～ 39 頁，上海社會科學院出版社，2016 年版。

施行種種關於「吃飯」的巫術，便是不可避免的事情了。所謂「神農嘗百草」，不僅是通常所理解的為了尋找、鑑別何方、何種「仙草」可以治病之類，更基本的，是哪些植物以及動物可以果腹。在原始時代，初民的採食範圍與種類，起初一定是相當有限的，這是因為他們不知道哪些吃了沒有危險哪些對人有害，必然有許多恐懼、許多禁忌，在進行了無數次嘗試之後，才對能吃的植物動物心存感激，對不能吃有害於人體生命的深感恐懼。凡此，都是巫術得以發生與施行的人文契機。最早的巫術，實際出於人類試圖在「吃」這一頭等重要方面克服困難的艱難選擇。

與神話、圖騰比較起來，這也便是原始巫術的起源可能最早的根本理據之一。

原始巫術的發生，都從「目的」處起步而且試圖實現於預期目的，這便是所謂趨吉避凶，以便保護自己、控制環境或攻擊對自己有害的對象。弗雷澤曾經舉例說：

「模擬巫術」或「順勢巫術」通常被用於達成險惡或仇恨的目的，但不要認為它只能用來傷害敵人；儘管少見，我們仍不能忽略它作為善良願望的一面，它曾經被應用於催生和不孕婦女懷胎，比如生活在蘇門答臘島的巴塔那人有這樣的傳說：不孕的婦女如果想要當母親，只要把一個嬰兒形狀的木偶抱在膝上，她就可以夢想成真。[107]

面對愈是困難的事情，便愈有巫術的發明與施行，愈加把它的解決，想像得十分容易。

儘管原始初民或中國古人施行巫術的實際目的總是落空，然而其人文意識與欲念的目的性與真實性，是毋庸置疑的。

---

[107]　［英］詹姆斯·喬治·弗雷澤《金枝》上冊，第 19 頁，陝西師範大學出版總社有限公司，2010年版。

任何一個成熟的巫術，都是具有一定獨特的操作過程的。別的暫且勿論，以中國甲骨和易筮而言，都是具有各自的操作儀式的。龜甲占卜的整個操作，包括捉龜、釁龜、殺龜、鑽龜、灼龜與契龜等繁複過程。僅僅是甲骨占卜的前期階段，即關於牛骨、龜甲等的治理，必須包括選材、刮削與鑽琢等過程，以及進而施灼成兆，再將卜辭或筮辭即占卜、占筮的結果契刻於甲骨之上。整個過程，都十分周至、虔誠與迷信。

《史記‧龜策列傳》記載關於巫事情節有云：「聞古五帝、三王發動舉事，必先決蓍龜。傳曰：『下有伏靈，上有兔絲；上有搗蓍，下有神龜。』」、「神龜出於江水中，廬江郡常歲時生龜長尺二寸者二十枚輸太卜官，太卜官因以吉日剔取其腹下甲。龜千歲乃滿尺二寸。王者發軍行將，必鑽龜廟堂之上，以決吉凶。」、「於是元王向日而謝，再拜而受。擇日齋戒，甲乙最良。乃刑白雉，及與驪羊；以血灌龜，於壇中央。以刀剝之，身全不傷。脯酒禮之，橫其腹腸。」[108]

雖然說這是後人所記載的當時巫術操作的儀式與過程，可能與最原始的龜卜程序不太一樣，然而其誠惶誠恐的場面和心靈，是沒有二致的。又如古易筮的「作法」即操作儀式，所謂「十八變」，則更是繁複和令人盲目崇信。當然，這裡還得補充一句，最簡單的巫術行為，其儀式是很簡陋的，比如「你去死！」這一句咒語，就是如此。

大凡巫術，無論中外古今，都信奉「萬物有靈」的「感應」。這「感應」，源於原始人文理念之神祕性的超自然之力。這在中國古代巫術文化中，稱之為「氣」。巫術信仰者、操作者，都對種種神祕「感應」深為敬懼。中國巫術占筮過程的施筮者和受筮者，其心靈、態度都十分虔誠而莊敬，因為他們堅信，如果心靈、態度不夠虔誠不夠莊敬，必然會導致巫術

---

[108]　《史記‧龜策列傳》，《史記》第739、743頁，中華書局，2006年版。

的失敗或者不「靈驗」。因而取龜、釁龜、攻（殺）龜等儀程的進行，都須慎選吉時良辰，《周禮‧春官》所記述的「凡取龜用秋時，攻龜用春時」，即是如此。攻龜之前，必敬祈神靈，便是所謂「釁龜」。《周禮‧春官》說，「上春釁龜，祭祀先卜」。「釁龜」者，殺血以祭、敬祈神靈耳。所謂神聖不可褻瀆。否者，正如《易傳》所言：「瀆則不告。」從朱熹《周易本義》的〈筮儀〉[109] 一篇可以看出，宋代的施巫儀式，是相當繁複而虔敬的。這說明，筮者虔誠之心，實在是所謂巫術「靈驗」的主體、主觀不可或缺的條件。「誠則靈」，「信則靈」。不「誠」、不「信」則必不「靈」，這是古人所堅信的天條。其神靈、其靈氣、其感應，其嚴格的「作法」即種種儀式的施行及其種種禁忌，絕不可任意更易，這成為巫術成敗的關鍵。

以上諸多條件具備之後，還得具備一心想要進行巫術活動的熱情與衝動。好比一個作家，有了生活的累積與理解，有了關於作品的人物、故事的完整構思，有了相當好的文字表達能力等條件，還得有足夠的創作熱情與情感衝動，覺得不寫出來就不行。巫術施行之前，信巫者總是必須要有足夠的熱情與衝動，才能去推動、實現這一巫術行為，堅信這一次的占卜或占筮行為是必要而緊迫的，具有足夠的情感推助力的。當然，要是僅將卜筮當作玩玩而已的「遊戲」，可當別論。

總之，在古代世界，巫術作為一種重要的文化現象，由於其總是與人類的生命、生存與生活相連而不可或缺，巫術不能不是一種普遍、久遠而深刻的社會文化方式，然而也是稚淺而可笑、可悲的社會人文現象。

瑞士學者弗里茨‧格拉夫（Friz Graf）曾經指出：「在古典時期（classical antiquity —— 原注。下同），巫術活動無處不在。柏拉圖（Plato）和蘇格拉底（Socrates）的同時代人把伏都玩偶（Voodoo）放在墳墓和門檻上

---

[109]　〈筮儀〉，朱熹《周易本義》，第 28 ～ 34 頁，怡府藏版影印本，天津市古籍書店，1986 年版。

（其中有些玩偶在現代的博物館中尚可見到）；西塞羅（Cicero）的一個同事自稱因受咒語作用而喪失了記憶，西塞羅對此微笑；老普林尼（Elder Pliny）則宣稱誰都懼怕捆綁咒語（binding spells）之害。古典時期特奧斯（Teos）城的居民以咒語來詛咒任何進攻該城邦的人；十二銅表法明文規定禁止用巫術把某處田地的莊稼轉移到另一處；帝國的法典包含詳盡的對於一切巫術行為的懲罰條款—— 只有愛情咒語和天氣巫術除外。很多傑出的希臘人和羅馬人曾被指控施行巫術，從共和國的元老到 6 世紀的哲學家波愛修斯（Boethius），不絕如縷。要不是蘇格拉底生活在雅典，他也難免遭此風險。古代巫術世代相傳：源自古埃及紙草書的希臘咒語，在哥倫布（Christopher Columbus）時代占星術的手抄本中又以拉丁文的形式改頭換面重新出現；琉善（Lucian）講述的巫師的學徒的故事，在歐洲文學和音樂中非常有名；倘若沒有希臘和羅馬的先驅，近代巫師的形象是難以設想的。在一定意義上，巫術屬於古代及其遺產，如同神廟、六韻步詩和大理石雕像一樣。」[110] 此言是。值得指出的是，歐洲古代對於巫術、巫師的「禁」、「懲」力度，要強於中國古代。

第二節　中國巫文化的分類

中國巫文化，究竟可以分成幾類？從文化共性上看，中國巫術是世界巫術特殊的東方部分，人類巫術文化的共性，中國巫術自當具備，所以關於人類巫術的分類法，一般同樣適用於中國巫術。中國巫文化還有其獨特性，比如甲骨占卜和《周易》占筮是世界巫術文化園地中的兩大奇葩，有些巫術分類法對於這兩種巫術而言，是不適用的。

---

[110]　〔瑞士〕弗里茨‧格拉夫《古代世界的巫術》第一章「導論」，第 1 ～ 2 頁，王偉譯，華東師範大學出版社，2013 年版。

弗雷澤的《金枝》一書，曾經將巫術分為「積極」的與「消極」的兩種。「積極的巫術考慮『這樣做會帶來什麼』，而消極的巫術則堅持『避免帶來什麼而別這麼做』」[111]。這一分類，後來被西方文化人類學分別稱之為「黑巫術」或「白巫術」。鄧啟耀說，「以祈福、求吉、禳災為目的的巫術稱為『白巫術』（或吉巫術 —— 原注），以傷害別人為目的的巫術稱為『黑巫術』」[112]。韋伯斯特（Webster）所說的「安撫性」與「強制性」巫術，有點類似於此。[113]

筆者以為，這種關於「消極性」巫術（白巫術）與「積極性」巫術（黑巫術）的分類，如果換一種說法，在邏輯上也是可以成立的。可以把人類所有的巫術，分為「盾」的巫術和「矛」的巫術兩大基型。前者是保護性的，後者是攻擊性的。中國自古以來的大多數巫術，都是「盾」性的。最典型的，莫過於甲骨占卜和《周易》占筮，這類巫術曾經在殷代和周代盛行了許多個世紀，迄今還有《周易》占筮的流行，雖然其占筮儀式已經發生了很大的改變，但是其巫性的精神沒有改變，易筮源遠流長。占卜與占筮的目的只有一個，便是所謂趨吉避凶，即保護自己力圖免受傷害。可見，自古中國文化的「良心」是很善的。

「矛」的巫術即攻擊性的巫術在中國也不是沒有，但並非中國巫文化的主要基型。比如所謂蠱術就是一種攻擊性的邪術。詛咒也是一種「矛」性巫術，它是中國口祝巫術的一種。所謂口祝巫術，以巫性言語為施行方式。巫師「作法」時口中常常「念念有詞」，便是口祝巫術。所謂祝詞之

[111] ［英］詹姆斯·喬治·弗雷澤《金枝》上冊，第 24 頁，陝西師範大學出版總社有限公司，2010年版。
[112] 鄧啟耀《中國巫蠱考察》，第 44 頁，上海文藝出版社，1999 年版。
[113] 按：轉引自劉黎明《灰暗的想像 —— 中國古代民間社會巫術信仰研究》，上冊，第 38 頁，巴蜀書社，2014 年版。

類，已將本為惡性的咒語，改變為善性的祝願，大量的是「盾」性巫術。比如，「祝您萬壽無疆」，《詩經》裡就多次講到「萬壽無疆」；又如，「願你心想事成」或者「恭喜發財」，或者「願你永遠健康」之類，都是如此。在春節、元旦或過生日時，一般都會收到許多「祝願」你什麼什麼的好話、吉利話；在每一家醫院的空間環境中，往往有一個很是醒目的霓虹閃爍的標語：「祝你早日康復」；在殯儀館舉行追悼會或者遺體告別會上，那些橫幅、那些花圈的輓聯所寫的「永垂不朽」之類，都起源於巫術的祝詞。所以說，中國人的民族性格或者說中國人的心腸，是很善良的，與人為善、與物為善。

在口祝巫術中，只有一部分是「不懷好意」甚至是「心腸狠毒」、想要置人於死地的邪術，這說明中國人也有急眼的時候，一旦心氣不平，就念咒語。比如蠱術，也稱為毒蠱。古人說，所謂蠱，指器皿中的糧食長出蟲子，是食物黴壞的結果。據《夷堅志》一書所記，古時候「福建諸州大抵皆有蠱毒，而以福建之古田、長溪為最。其類有四：一曰蛇蠱；二曰金蠶蠱；三曰蜥蜴蠱；四曰蝦蟆蠱，皆能變化，隱見不常」[114]。據傳，所謂蠱術的施行，具有蠱惑人心的「功能」，可以奪人魂魄、迷人心智。然而這樣的邪術，在中國巫文化中，畢竟不占主要地位。

高國藩曾經將中國自古以來的巫術分為四大類型。「中國巫術整體上可以概括為交感巫術、模仿巫術、反抗巫術、蠱道巫術四大類。」並逐一進行了解讀。

其一，「交感巫術（Sympathetic Magic —— 原注，下同）是以感應律（Principle of Sympathy）原則確立的，即施術給此一物，而同樣的另一物

---

[114]　《夷堅志》補志卷二十三，何卓點校，中華書局，1997 年版。按：關於蠱術文化，可參閱鄧啟耀《中國巫蠱考察》相關論述，上海文藝出版社，1999 年版。

卻感受到了魔術力。」、「交感巫術又分為兩種巫法，一種是人體分出去的各部分，仍然能夠繼續得到相互的感應，叫做『順勢巫法』（Homoeopathic）。頭髮、指甲、眼睫毛、眉毛、腋毛等，即使離開了人體，仍然與人體有密切的關係，如果施術於頭髮、指甲、眉毛等，就能影響於人體。一種是凡是曾經接觸過的兩種東西，以後即使是分開了，也能夠互相感應，這叫做『接觸巫法』（Contagious）。一個人的腳印、衣物因為曾經接觸過這個人的身體，施術其上，它便能與人體互相感應，其人將受影響。」

其二，「模仿巫術（Imitable Magic——原注，下同）是以象徵律（Principle of Symbolism）原則確立的，即施術給一種象徵的人（紙人、泥人、蠟人等），而使對應的本人感受到了魔術力。模仿巫術也分為兩種形態，一種是同類生死巫法，如仿照某人形狀做一木偶，此木偶便與某人同類，假如置此木偶於死地，便象徵某人也已死亡；另一種是同類相療巫法，這是最早的巫術醫學產生的原則，即吃動物的某一部分，便能補救人的某一部分。」

其三，「反抗巫術（Antipathetic Magic——原注，下同）是以反抗律（Principle of Antipathy）原則確立的，即巫術中使用的物品及驅邪者，對巫師欲反對的對象具有明顯的反抗性質。例如，中國民間厭勝文物、放爆竹、掛避邪物、帶護身符、跳驅鬼舞等，對鬼邪來說就有反抗的魔力。」

其四，「蠱道巫術（Poisonous Magic——原注）不同於交感巫術、模仿巫術和反抗巫術，據《搜神記》所說，它是巫師用一種特殊的毒蟲左右人的一切，以達到某種目的的巫術。」[115]

這裡所引述的巫術四大分類中的第一分類，受啟於英國文化人類學家

[115]　高國藩《中國巫術通史》上冊，第 84、87 ～ 88、89 ～ 90、94 頁，鳳凰出版社，2015 年版。

弗雷澤。弗雷澤說：「將『順勢』和『接觸』巫術統稱為交感巫術，可能更易於人們理解。因為二者都認為事物透過某種不為人知的交感連結，進而跨越遠距離，產生相互作用，透過一種我們肉眼無法看見的『乙太』把某物體的推動力傳導給另一物體。」[116] 弗雷澤的所謂「交感巫術」，包括以「相似律」和「接觸律」兩個原則所產生的「模仿巫術」（按：弗雷澤也稱「模擬巫術」、「順勢巫術」）和「接觸巫術」。高國藩將「接觸巫術」從原先弗雷澤所說的「交感巫術」中獨立出來，從而作為其所說的巫術第二類即象徵性巫術。第三類「反抗巫術」，大抵類於有人所說的「反巫術」。比如兩個巫師「鬥法」，一個巫師放出一個「法寶」，置對方於困難境地甚而置對方於死地；另一個巫師的法術更勝一籌，也放出一個「法寶」來，將對方打敗了。那麼這對於第二個巫師的法術來說，便可稱為「反巫術」。在小說《西遊記》裡，孫悟空反上天庭，所施行的就是「反抗」巫術，鬧了個天翻地覆，後來為如來佛所收攝，孫猴子的法術再高明，一個筋斗十萬八千里，也翻不出如來佛的手掌心，反而被如來佛「易如反掌」的壓在陰山底下。這裡所說的如來佛的巫術「作法」，也是所謂「反巫術」即「反抗」巫術。孫悟空與如來佛之類，實際都是大巫師。這裡所說的第四類，之所以要把「蠱道巫術」（按：屬於「黑巫術」的一種）作為一類獨立出來，顯然出於強調，不是沒有理由的。

儘管這一四分法，有許多可取的合理的地方，可能並未將中國的一切巫術都囊括在內。比如盛於殷代的甲骨占卜和周代易筮，我們可以將其歸併為這四大類中的哪一類呢？顯然無法歸併。正如前述，我們可以原則性的將占卜與占筮歸入「消極性」的「白巫術」即「盾」的巫術一類，卜筮都

---

[116]　〔英〕詹姆斯·喬治·弗雷澤《金枝》上冊，第 17 頁，陝西師範大學出版總社有限公司，2010年版。

具有感應性，所以也可以歸入「交感巫術」一類，然而，卜筮卻並不具備弗雷澤所說的「相似律」和「接觸律」。

因而，我們不能簡單的運用「相似」和「接觸」二律，來生硬的概括中國卜筮文化的文化性質。從巫術的文化性質和功能上，將巫術分為「積極」的和「消極」的，或者說「黑」的和「白」的，即「矛」的和「盾」的兩大類，看來還是比較妥當的。但是有人又覺得這種分類有些籠統，實際在「矛」性和「盾」性兩種巫術基型中，各自還有許多不同類型。

人類包括中國巫文化的結構，是龐大而複雜的一種文化現象。

張光直描繪說：「（1）薩滿式的宇宙乃是巫術性的宇宙，而所謂自然的和超自然的環境這種現象乃是巫術式變形的結果，而不是像在猶太基督教傳統中的自虛無而生的『創造』。（2）宇宙一般是分成多層的，以中間的一層以下的下層世界和以上的上層世界為主要的區分。下層世界與上層世界通常更進一步分成若干層次，每層經常有其個別的神靈式的統治者和超自然式的居民。有時還有四方之神或四土之神，還有分別統治天界與地界的最高神靈。這些神靈中有的固然控制人類和其他生物的命運，但他們也可以為人所操縱，例如透過供奉犧牲。宇宙的諸層之間為一個中央之柱（所謂『世界之軸』──原注）所穿通；這個柱與薩滿的各種向上界與下界升降的象徵物在概念上與在實際上都相結合。薩滿還有樹，或稱世界之樹，上面經常有一隻鳥──在天界飛翔與超越各界的象徵物──在登棲著。同時，世界又為平行的南北、東西兩軸切分為四個象限，而且不同的方向常與不同的顏色相結合。」[117]

要全面而深刻的掌握巫文化的分類問題並不容易。筆者曾在拙著《巫

---

[117]　張光直《美術、神話與祭祀》，第 132 ~ 133 頁，三聯書店，2013 年版。

術──〈周易〉的文化智慧》[118]中，從「天啟」與「人為」及二者的結合程度上，嘗試性的對巫文化進行了分類，這裡簡略的介紹於此，以待識者指教。

任何人類包括中國巫文化的機制機理，都是天啟和人為兩大因素的結合。所謂天啟，指巫術內在的神性，包括天理、命理以及一切非人為的因素；所謂人為，指一個巫術機理中的非神性因素，包括作為巫的人性、人智、人力與人的作為等。這兩大因素，對於每一類巫術來說，都是不可或缺的，其中缺乏任何一個，都不能構成巫術的內在機制。

對於人類每一個巫術行為來說，其天啟與人為的構成方式和程度，又是不一樣的。由此，可以將一切巫術，相對的分為「天啟」巫術、「半天啟半人為」巫術和「人為」巫術三大類。

「天啟」巫術，是一種神性因素很鮮明、突出而人性、人為因素很少弱的巫術。比如所謂物占就是如此。日食和月食，原本都是一些普通的自然現象，古人卻迷信那是災變的預兆，一旦身臨其時其境，就迷信大禍臨頭。春秋時，有一次農曆七月初一發生日食，魯昭公問梓慎吉凶如何。梓慎說，要是日食發生在冬至、夏至或春分、秋分，不會有災禍，這次發生在七月初一，則必有災變降臨。子叔一聽，就嚇得哭起來了。迷信日食為凶險的人說，子叔命裡注定要死了，這種命運不是哭能夠擺脫的。碰巧，子叔死於這年八月。所謂「無雲而雷」，也被古人認為是巫術的一個凶兆。據說秦末陳勝、吳廣揭竿而起那年夏季，有一天天上沒有一點雲卻雷聲大作，時人以為大事不妙，正巧，果然天下大亂。據《後漢書》，漢獻帝初平四年，又遇「無雲而雷」的異象，又是天下紛爭，餓殍遍野。其他比如關於「掃帚星」、「烏鴉叫」、「牝雞司晨」與「白牛生黑犢」等所謂異

---

[118]　拙著《巫術──〈周易〉的文化智慧》，浙江古籍出版社，1990年版。

象，都被古人認為是預示災變的凶兆。考析這一類巫術的例子，其結構、方式和機理，都是相當簡單的，無非是人心中本有關於神靈、鬼靈等超自然力量的意識理念，一見到不常見的天象，就把它與人的命運吉凶連結在一起，從而做出巫性的判斷。

這一類巫術，實際是巫術文化中最初始的一種類型，其特點是以「天啟」為主、以「人為」為輔。占斷的人不需要有什麼行動、做什麼事情，只要心中有一個迷信「天啟」的意念，就可以判斷所謂的吉凶休咎。關於這一類巫術，在通行本《周易》中，也有一些記載。如大過卦九二爻辭「枯楊生稊，老夫得其女妻」與九五爻辭「枯楊生華，老婦得其士夫」便是如此。前者是說，老鰥夫見到枯楊樹苞出嫩芽來，就是迎娶年輕小媳婦的好兆頭；後者是說，老寡婦見到枯楊樹的楊花開放，就是要與年輕人喜結良緣的好兆頭。

與「大啟」巫術相比較，「半天啟半人為」的巫術要複雜得多。比如甲骨占卜，必須經過多種步驟，才能夠完成。一個完整的甲卜，必須經過取龜、選龜、釁龜、攻龜（殺龜）以及整治（刮磨、鑽鑿）等程序後，才能進入占龜過程，即放在火上施灼爾後放於水中淬火成兆，用以占斷吉凶，再將所占何事或者吉凶如何的結果契刻在甲骨上，最後是收藏。《周禮》說，「凡取龜用秋時，攻龜用春時，各以其物，入於龜室。上春釁龜，祭祀先卜」。鄭玄注：「釁者，殺牲以血之，神之也。」[119]「攻龜」之前，要舉行祭祀儀式，所謂「釁龜」，就是儀式中殺牲以祭，牲靈之血被認為是神聖的有感應力的，這也便是「祭龜」，以求得龜靈的同意，然後才可以將龜殺死。整個過程和儀式，都是虔誠而莊敬的。[120] 從其人文理念上分析，

---

[119] 《周禮·春官·龜人》，阮元校刻《十三經注疏》，第 804～805 頁，中華書局影印本，1980年版。

[120] 按：參見王宇信《甲骨文通論》（增訂本），第 108 頁，中國社會科學出版社，1999 年版。

那種誠惶誠恐的儀式和態度，都來自占卜者對於「天啟」的堅信。其操作的全過程，顯然要比偏於「天啟」的巫術複雜得多，人為的因素顯然增加了，因而不妨稱之為「半天啟半人為」的一類。

相比之下，所謂「人為」的巫術，可以以易筮為代表。《周易》占筮，同樣是在迷信「天啟」靈力及其與人的感應前提下所進行的。而其「人為」的部分更加突出而強烈。其整個占筮儀式和過程的複雜，可以說是令人難以想像的，非自己操作一遍才能有所體會。通行本《周易》記錄了古筮法的主要內容。「大衍之數五十，其用四十有九。分而為二以象兩，掛一以象三，揲之以四，以象四時，歸奇於扐以象閏。五歲再閏，故再扐而後掛。」《周易》又說：「乾之策二百一十有六，坤之策百四十有四，凡三百有六十，當期之日。二篇之策，萬有一千五百二十，當萬物之數也。是故四營而成易，十有八變而成卦，八卦而小成。引而伸之，觸類而長之，天下之能事畢矣。」[121] 這僅僅涉及《周易》算卦「十八變」中「一變」的儀式操作過程。筆者曾經許多次在課堂上為學生示範、講解過這「一變」的全過程，總是要花費一節課的時間。[122] 所謂「人為」巫術，以《周易》古筮法最為典型。在堅信巫的感應的意識前提下，其整個算卦過程，都是「人為」的操作，當然，這種操作（按：也稱為儀式）是具有巫性的。

中國巫術，還可以分為民間與官方兩大類，或者稱為小巫與大巫。從性別看，當然有男巫與女巫之別。從其方式分類，又大致可以分為占卜、占筮、祭祀、靈咒、祝辭、符籙、驅鬼、捉妖、毒蠱、扶乩、祝由、面具、禁忌與堪輿等多種。詹鄞鑫曾經從巫術的原理方面，分巫術為十類：「即用意念直接支配客觀世界；用語言直接支配客觀世界；用文字直接支

---

[121]　《易傳·繫辭上》，朱熹《周易本義》，第304～307頁，怡府藏版影印本，天津市古籍書店，
　　　　1986年版。

[122]　按：請參見拙著《周易精讀》（修訂本），第296～303頁，復旦大學出版社，2016年版。

配客觀世界；用模仿或裝扮的假物替代真物；用局部體或脫落體替代整體；用類比的行為或過程替代實際的行為或過程；用象徵性行為對付想像中的靈魂或鬼魅；透過某種媒體來獲取某種秉性，或移除疾病、罪惡和災禍；利用新舊更替的關節點來消除凶咎迎接吉祥；超經驗的改變或移動物體」[123]。

關於巫師，高國藩說：「巫師的主要功能是溝通人與神，故凡是巫師都有通神的技能。但是，若仔細考察一下，巫師通神的方法各有不同，因此可以分為若干類型。」因此將巫師分為「通神巫師」、「占卜巫師」、「醫藥巫師」與「祭祀巫師」四大類。[124] 這一分類甚為合理。只是關於第一類「通神巫師」與其餘三類巫師的邏輯關係，值得再議一下。既然都是巫師，其「主要功能」都是「溝通人與神」（按：這說得很對）的，那麼一旦將「通神巫師」分為獨立的一類，便在邏輯上，倒好像其餘三類巫師不能也不需要「通神」似的。實際凡是巫師，都無一例外是通神的。通神的特性，無論在其意識、理念、靈魂和方法技能上，四類巫師都是具備的，否則就不能稱為「巫」了。

許慎說：「巫，祝也。女能事無形，以舞降神者也。象人兩袖舞形，與工同意。古者巫咸初作巫，凡巫之屬皆屬巫。」[125] 這是對於巫這個漢字的解讀。強調了女巫的特徵以及「作法」的方式，又在字義上，道出巫字與工字的勾連，並將傳說中的巫咸作為巫師的老祖宗，可以由此隱約的見出所有巫師「通神」的共同性。而且，許慎的這一段關於「巫」的敘說，關

[123] 按：參見詹鄞鑫《心智的誤區 —— 巫術與中國巫術文化》，第 210 ～ 211 頁，上海教育出版社，2001 年版。

[124] 高國藩《中國巫術通史》上冊，第 39 頁，鳳凰出版社，2015 年版。按：關於巫師的四大分類，見該書第 39 ～ 48 頁。

[125] 許慎《說文解字》，第 100 頁，中華書局影印本，1963 年版。

係到巫、舞與「無形」的無這三個字的內在關聯。巫，指施行巫術的主體；舞，表示巫師「作法」的儀式；無，是所謂巫術「靈驗」的那個「靈」。這個「無」很了不起，它便是先秦道家所揭示的那個事物本源本體的「無」的人文原型。

　　所謂巫術「通神」，實際沒有一個巫師能夠「通」什麼「神」，是這個世界並沒有神的緣故。巫文化中的神是虛擬的，有的顯在，有的隱在；有的外在表現或者也可以稱為表演，是非常誇張而迷狂的，有的相對平和而理智些。有些民間女巫的所謂「跳神」，「作法」的時候，披頭散髮，衣著不整，手舞足蹈，念念有詞或是亂舞狂歌，涕淚交流，做出一種神靈附體的模樣，這是為了證明「她」是「通神」的。那些情態相對平和的巫術「作法」比如占卜、占筮等，也不能證明它們不是「通神」的。所謂「通神」，表現於巫術的方法和功能上，在巫術的作法過程和巫師的靈魂中，拿「醫藥巫師」和「祭祀巫師」來說，都一律是「通神」的。古時「醫藥巫師」的祝由之術、「祭祀巫師」的祭祀過程和祭品，無一不是具有通靈之巫性的。當然，這四大類巫師及其「作法」的外在表現，方式與程度不盡相同，實質是巫文化的欺騙性所在。

第三章

巫性：中國文化的原始人文根性之一

筆者以「巫性」這一新創的範疇，試圖概括春秋戰國之前中國文化居於主導地位的人文根性之一，也許會使人感到有些突然。一般看來，所謂巫性，不就是那種不登大雅之堂、屬於「巫風鬼氣」的人文屬性麼，憑什麼可以稱其是中國文化的原始人文根性，難道中華五千年偉大而燦爛的文化與文明，本在於「巫」？

正如前引，近一個世紀之前，魯迅先生曾經提出和論證「中國本信巫」這一著名而重要的學術命題。魯迅稱，「秦漢以來，神仙之說盛行，漢末又大暢巫風，而鬼道愈熾」，天下「皆張惶鬼神，稱道靈異，故自晉訖隋，特多見鬼神志怪之書」。這裡，魯迅追溯了中國文學史上「特多見鬼神志怪之書」的歷史與人文成因，所言是。其實，「中國本信巫」這一命題，對於中國古代文化來說，也是貼切的。我們試將目光投注於春秋戰國之前的「信文化」時代，試圖對那相對成熟的這一文化形態加以審視，所謂「中國本信巫」及其原始人文巫性的釀成，究竟如何可能。

第一節　中國文化的原始人文根性究竟何在

中國文化的原始人文根性究竟是什麼，長期以來的相關學術研究，已經為我們提供了許多值得重視和思考的答案。有的說是「道」，有的說是「禮」，有的說是「氣」，有的說是「象」，有的認為是「和」、「情」或「天人合一」等等，還有的從文化形態進行研究，將問題追溯到原始陶器、青銅器或玉器時代，都有言之成理的地方。張光直曾經指出，「不論我們用不用『青銅時代』這個名詞來指稱西元前 2000 年到西元前 500 年這段時期，這一段時期的確是中國歷史上的一個重要階段」。「中國古代的居民可能在青銅時代開始之前，已有很久的使用金屬的歷史。在西元前 5000 年的西安半坡的仰韶文化遺址曾發現過一小片金屬」，青銅作為禮器，是國家

與王權的象徵，又是祭祀祖神的大器，作祭禮之用，因而，「青銅器本身當然便是古代中國文明的突出的特徵」[126]。只是，張光直沒有由此直接將中國文化的原始人文根性歸結為「禮」，而有的學者則認同「禮」是中國文化的原始人文根性之說，且以王國維先生〈說禮〉中的見解，為其立論依據。

王國維說，「《說文·示部》云：『禮，履也，所以事神致福也。從示豐，豐亦聲。』又，豐部：『豐，行禮之器也，從豆象形。』案：殷虛卜辭有豐字」。又說，豐（禮），「象二玉在器之形。古者行禮以玉，故《說文》曰：『豐，行禮之器。』其說古矣」。「若豐推之而奉神人之酒醴，亦謂之醴。又推之而奉神人之事，通謂之禮」[127]。的確，禮的本義，是指對於神靈尤其祖靈的供奉儀式及其神性與巫性意義，然而，尚不具備《禮記》所說「夫禮者，所以定親疏、決嫌疑、別同異、明是非也」[128]的道德倫理意義。倫理意義的禮，是原始巫禮的引申義。原巫的禮「其說古矣」，作為獻祭於神靈的禮的起源，是很早的，因而從古禮的角度去追溯中國文化的人文根性，可能是一條正確的學術徑路。

不過，中國文化的原始人文根性所關涉的問題很多，它不僅僅是一個倫理之禮的問題，還同時關係到「氣」或「天人合一」等。比如「氣」，從文字學角度看，最初的氣字，寫作 三（董作賓《小屯殷墟文字甲編》二一○三），為上下兩橫中間一短橫（或寫作上下兩橫中間一點）。徐中舒主編《甲骨文字典》說：「象河床涸竭之形，三象河之兩岸，加一或者·於上下兩橫之間，表示這裡水流已盡。因而，氣即汔的本字。《說文》：

[126]　張光直《中國青銅時代》，第 2、4、27 頁，三聯書店，1999 年版。
[127]　王國維〈說禮〉，《觀堂集林》卷六，《王國維遺書》第一冊，上海古籍書店，1983 年版。
[128]　《禮記·曲禮上第一》，楊天宇《禮記譯注》上冊，第 3 頁，上海古籍出版社，1997 年版。

『汔，水涸也。』」[129] 這不是指一般的「水涸」，而是指初民見到河水忽而洶湧、忽而流盡乾涸而感到的驚奇甚至驚懼，初民相信這是神靈所為，便創造了這一個氣字，以象示初民所見到的神祕景象及其誤判及其情感，以為這是河神作祟的緣故。確實可以這樣說，最初氣的本字結構，上下兩橫像河岸，中間為一短橫或一點，表示這裡是河流突然水勢滔滔、突然又是乾涸之所在以及初民的內心驚恐之感。可見氣字本義，已經具有一定的神性與巫性意味。爾後寫成气字，最後又寫為氣字。气、氣二字，《說文》都有收錄。[130] 關於氣的意識理念，在中國文化中一直是很重要而活躍的。但是在較多的時候，往往是從哲學角度進行研究，可能並未注意到從文化人類學方面進行解讀。氣的原始意義，已經觸及了中國文化的人文根性問題，然而中國文化的人文根性，又不僅僅在於氣，除了氣，還有其他。

　　比如「天人合一」，雖然這一命題的真正提出者，是北宋的張載。《張子正蒙·乾稱篇下》說：「儒者則因明致誠，因誠致明，故天人合一，致學而可以成聖，得天下而未始遺人，《易》所謂『不遺』、『不流』、『不過』者也。」[131] 然而，關於「天人合一」的意識理念，誕生得非常早。《尚書》說：「八音克諧，無相奪論，神人以和。」[132] 這裡的「神人以和」，實際是中國文化的「天人合一」的最初表述，是具有神性兼巫性的。原始意義的「天人合一」，在原始神話、圖騰和巫術文化中，都是存在的。從這三大原始文化形態，都可以找到「天人合一」的原始雛形。在原始巫文化中，所謂巫，是「神人合一」的。巫性，就是「神人合一」之性。

---

[129]　徐中舒主編，常正光、伍仕謙副主編《甲骨文字典》，第38頁，四川辭書出版社，1989年版。

[130]　按：見許慎《說文解字》，第14、148頁，中華書局影印本，1963年版。

[131]　王夫之《張子正蒙·乾稱篇下》，《張子正蒙》，第239頁，張載撰、王夫之注、湯勤福導讀，上海古籍出版社，2000年版。

[132]　《尚書·虞夏書·舜典》，江灝、錢宗武《今古文尚書全譯》，第33頁，貴州人民出版社，1990年版。

作為「中國思想史上一個重要的基調」，探究其最初成因，主要在於原始巫文化與原始神話、原始圖騰文化。人們儘管可以從「天人合一」，從「道」、「氣」、「禮」、「象」、「情」與「和」等角度，論證中國文化的原始人文根性，然而對於中國文化的整體來說，其實無論是「天人合一」，還是「道」、「氣」、「象」、「禮」、「情」與「和」等，它們大抵都主要的可以歸結為文化根源意義的巫以及神話、圖騰。這個巫，在遠古不是孤立存在的，它是與原始神話和圖騰相伴相生的，又以巫為基本而主導。

其一，人類包括中國原始文化，首先是人類原始生活、生產與生命實踐的歷史。地球居民的「飲食男女」，當為頭等大事。李澤厚《歷史本體論》說是「吃飯哲學」[133]。「民以食為天」以及人種自身的繁衍（按：這後一種，是李澤厚沒有提到的），對於原始初民來說，是其生活和文化的第一需求第一主題。巫術來到人間，恰恰符合了初民對於事物實用功利性的迫切願望。出於初民智力低下，單靠身體的蠻力，往往難以解除飢寒交迫的困難或是面對死亡的威脅而束手無策。於是，初民便也「胡思亂想」起來，在「萬物有靈」觀的思想控制中，發明一種叫做巫術的文化形態和方式，堅信它是「實用」而「有效」的。馬凌諾斯基說，原始初民「按物競天擇的眼光來看，人對於實用上不可缺少的東西是不應該減少興趣的；他自信具有控制這類東西（按：指圖騰與巫術等）的本領，是更可幫助他的成功，增加他的力量，提高他的觀察力與知識，以更明白這類東西的習性的」[134]。求其「實用」是巫術的第一目的。巫術作為「偽技藝」，實際上並

---

[133] 李澤厚《歷史本體論》，第 14 頁，三聯書店，2002 年版。按：李澤厚的原話是：「衣食住行、物質生產對人類生存 —— 存在本具有絕對性，但今天許多學人卻輕視、忽視、蔑視這個基本史實。」（該書第 15 頁）「何謂『生產物質生活本身』？何謂『現實生活的生產和再生產』？不就是人們的衣食住行嗎？也就是我講的『吃飯哲學』。」（該書第 14 頁）

[134] ［英］布朗尼斯勞・馬凌諾斯基《巫術科學宗教與神話》，第 41 頁，李安宅譯，上海社會科學院出版社，2016 年版。

非能夠直接解決什麼生活、生存與生命的難題，可是作為一種原始信仰，巫師及其信眾總是堅信巫術無所不能。巫術提高了初民屬於人類童年時代之稚淺而盲目的自信心，在錯誤的想像、聯想和判斷中，去「樂觀」的迎接一切人生困難甚至是生死災禍的挑戰。

巫術是由人類生存面臨無數實際困窮與苦厄的強大壓迫而誕生的。在巫術信仰中，似乎一切實際上的難題、悲劇包括人身的死苦等，一旦施行巫術，便不費吹灰之力迎刃而解，巫術虛假的滿足了初民企盼一切都很美好的生存願望。巫術是與生產勞動與人自身的生產繁衍結合在一起的。弗雷澤說：「不孕的婦女如果想要當母親，只要把一個嬰兒形狀的木偶抱在膝上，她就可以夢想成真。」這一段言說，本書前文已有引錄，這裡不妨再引述一下，目的是要讀者加深對於巫術的理解。這所謂的「夢想成真」，讓今天無數的文明人啞然失笑，但是在原始時代，卻是許多個原始氏族、許多個世紀的不易的信念。

在原始時期，巫術活動幾乎無處不在。哪裡有知識、理性和智力達不到的領域，那裡就可能有巫術的發明與施行。但看中國的甲骨占卜與《周易》占筮，占宴飲、占衣帛、占居室、占出行、占生育、占死亡以及夢境、祭祖、戰事成敗和種種家國天下的大事等等，幾乎無所不占。張光直指出：

> 由卜辭得知：商王在築城、征伐、田狩、巡遊以及舉行特別祭典之前，均要求得祖先的認可或贊同。他會請祖先預言自己當夜或下週的吉凶，為他占夢，告訴他王妃的生育，看他會不會生病，甚至會不會牙疼。[135]

「在神聖領域內，巫術是實用的技術，所有的動作只是達到目的的方法。」[136] 因為在文化功能上，巫術是因求其「實用」而誕生的，因而在神

---

[135]　張光直《美術、神話與祭祀》，第 45 頁，三聯書店，2013 年版。

[136]　［英］布朗尼斯勞・馬凌諾斯基《巫術科學宗教與神話》，第 109 頁，李安宅譯，上海社會科學

話、圖騰與巫術這原始文化的動態三維結構中，巫術可能是最早登上歷史與現實舞臺的一維。宋兆麟說，「巫術是史前人類或巫師一種信仰和行為的總和，是一種信仰的技術和方法」，面對實際生活的無數困難，憑藉巫術，便「可影響、控制客觀事物和其他人的行為」[137]。巫術不僅是巫師的信仰，也是史前人類的一種普遍的信仰，幾乎滲透於初民生活、生存與生命的一切領域。它是「影響、控制」人的環境的一種「行為」，企望能夠使人自己的處境好一些。這種影響、控制的作用，主要是心靈上、精神上的，透過對心靈、精神的影響與控制，間接的產生實際效果。巫術與神話、圖騰的關係，是很密切的。巫術是在觀念上具有「實用性」的「技術和方法」（按：儘管它是錯誤的）；而圖騰的主旨是尋找「他的親族」，有一種慎終追遠的憧憬，在圖騰崇拜中，不排除巫術與神話因素的參與；神話則是以原始詩性為特徵的話語系統與話語敘事，神話所敘述的故事，許多便是關於巫術與圖騰的故事或者與巫術、圖騰相關。

當一群原始狩獵者在外出狩獵之前，他們本不知道今天狩獵的運氣究竟如何，不知道往哪裡去打獵可以獲得更多的收穫，便隨意在他們住處的一棵樹上抓取一條蟲，放在沙地上讓蟲隨意的爬，蟲爬的方向就是今天狩獵的方向，蟲爬距離的遠或是近，指示了狩獵者到遠一些或近一些的地方去狩獵才能獲得成功。這種究竟要朝某一個方向走多少路，遠一點還是近一點去狩獵的預測，全靠這條蟲的指示，真是可愛而又可愚得不免讓人失笑。但是，一旦用這種巫性的「技術和方法」，碰巧這一次的狩獵大獲成功，便使得原始狩獵者更加堅信了巫的「靈驗」，而且漸漸形成一種堅定的信仰，不會輕易改變。

院，2016 年版。

[137]　宋兆麟《巫與巫術》，第 214、215 頁，四川民族出版社，1989 年版。

直到所經歷的失敗多了，關於狩獵的實際知識也逐漸的累積到一定的程度，才能比較理性的理解到去哪裡打獵比較有利，於是這種巫術就會逐漸消亡，讓位於根據經驗、知識甚而是科學理性來做出正確的判斷。

　　可是，人類難以判斷、知識與理性所不能到達的地方總是存在的，人類對於自己的命運與處境，永遠不能徹底掌握，這等於是說，巫術永遠有它的用武之地，無論在哪一種文明社會裡，巫術現象多少總是存在的。尤其在原始社會，巫術大行其道。不僅在中國的古代，世界古代的一切地方，莫不如此，只是其方式、程度與品類有所不同而已。早在古代波斯，「他們（按：巫師）負責王（皇）家祭祀、葬禮儀式以及對夢境的占卜和解釋。色諾芬把他們描繪為『所有關於神的事務』的『專家』」[138]。這裡所說的「神的事務」，實際指屬於神又屬於人的巫術事務。

　　在歌德（Goethe）的《浮士德》（*Faust*）中，寫到了許多的巫術現象。惡魔梅菲斯特說：「好了！不會拖很長時間。我覺得我的打賭萬無一失。如果我達到我的目的，允許我高唱凱歌，滿腔歡欣。讓他去吃土，吃得開心，像那條著名的蛇（按：指《聖經‧創世記》中那條在伊甸園誘惑夏娃的蛇），我的親戚。」據《創世記》第三章第十四節：「神對蛇說……你必用肚子行走，終身吃土。」因為梅菲斯特是惡魔，所以他自稱，蛇是「我的親戚」。這裡的所謂「打賭」，指屬於巫術範疇的詛咒。巫術（magic）一詞，在《浮士德》中，被譯為「魔術」。老博士浮士德說，「因此我就向魔術獻身，想透過精靈的有力的口舌，使我了解到許多祕密」。「我如有一天悠然躺在睡椅上面，那時我就立刻完蛋！你（按：指梅菲斯特）能用甘言哄騙住我，使我感到怡然自得，你能用享樂迷惑住我，那就算是我的末日！我跟你打賭！」梅菲斯特回答：「好！」浮士德接著說：「如果我對某一瞬間說：

[138]　弗里茨‧格拉夫《古代世界的巫術》，第 27 頁，王偉譯，華東師範大學出版社，2013 年版。

停一停吧！你真美麗！那時就給我套上枷鎖，那時我也情願毀滅！那時就讓喪鐘敲響，讓你的職務就此告終，讓時鐘停止，指標垂降，讓我的一生就此斷送！」[139] 僅僅引錄《浮士德》直接寫到巫術的幾處，就已經能夠讓人體會這一文學名著的魔幻意味。

其二，正如前述，與原始神話、圖騰相比較，如果說，神話只是初民對於世界與人類自身生存狀態與理想的一種話語表述與解釋系統，如果說圖騰只是初民在尋根問祖、群團氏族人心時才去進行圖騰崇拜活動的話，那麼原始巫術，實際是初民日常生活、生存的一種實踐常式。巫術的施行，遠比神話、圖騰活動經常得多也重要得多。原始人類對於神話與圖騰的執著是很頑強的，然而總不至於在餓著肚子的情況下，還有閒工夫在那裡饒有興致的講故事、談「山海經」。巫術是原始人類生活的第一需求。當然，也不能把神話、圖騰與巫術絕然分開，實際上當原始初民飢寒交迫時，在施行巫術的同時，也會祈禱「祖神」（按：這實際上既是巫術又是圖騰），還可能運用神話的魔力與神靈溝通，請神靈佑助，讓巫術的施行獲得成功。因此在一定程度上，圖騰與神話，也具有一定的「實用性」，不過與巫術比較，其精神訴求優先，其「實用性」總是處於次要地位的。

「我們越無法倚賴自然和知識，則越會尋求徵象，希望神蹟，而信託捕風捉影的佳兆。」[140] 巫術不僅是一種原始信仰，不僅是對於神靈的崇拜意識，它還是具有直接「應用」價值的文化方式與直接處理問題的方式。難怪英國古典主義人類學家弗雷澤要將巫術稱為「應用巫術」。如果說，神話與圖騰，是將自己的文化眼光向上看的，那麼巫術的眼光是向下看的。巫術要比神話、圖騰「實際」、「實在」得多。這並不是說，巫術文化

---

[139] ［德］歌德《浮士德》，第 20、26、90 ～ 91 頁，錢春綺譯，上海譯文出版社，1989 年版。

[140] ［英］布朗尼斯勞·馬凌諾斯基《文化論》，第 67 頁，費孝通譯，中國民間文藝出版社，1987 年版。

b

沒有飛揚而錯誤的聯想與想像、沒有一點原始詩性的意味。原始巫術，雖然沒有什麼直接的、真正的實際功用，而初民所堅信的巫術的所謂「靈驗」，卻可以透過錯誤的聯想與精神的作用，產生一種實際效應。巫術讓人所直接體驗到的所謂實用性是虛假的，然而其體驗本身，卻是真切、真實而真誠的，也就是說，初民在進行巫術活動時，是誠心誠意的，其態度是恭敬而虔誠的。巫文化發生、發展了人類史前的實用、功利意識和理念。一種實際上沒有實用功能的文化方式，由於巫者堅信其「實用」，這一「接地氣」的精神力量，對人類世界、環境、生活、文化、歷史與心靈所造成的深重影響，是不可估量的，巫術甚至能夠控制與嚴重的影響天下、家國、社稷的命運和進程以及人的命運、道路。

值得指出的是，由於巫術的所謂靈力，是透過信巫者的心理、心靈而發揮「作用」的，偏偏在古代中國，信巫的人群如此普遍，從而形成了一個強大的文化傳統，因此巫文化在建構中國人的民族文化心理結構方面，具有強大而持久的影響。比如傳承至今的許多節日、民俗，原本一般都是具有巫性意義的。舊時每逢過年放鞭炮的本意，是為了驅鬼（按：當然，近年為了減少空氣汙染而進行了有益的限制）。新春拜年源自巫性的祝福。清明節掃墓是祭祀亡靈，為的是使生者的生活與心靈得以安寧，有趨吉避凶的意義。端午節吃粽子的習俗，相傳因戰國大詩人屈原因傷時憂國投水於汨羅而起，世世代代的人們出於對愛國者屈大夫的愛戴，將包好的米粽投之於水，好讓水中的蛟龍不要去吞噬屈原的遺體，有讓其魂魄安息的意思。舊時臘月二十三祭灶，是送灶君老爺上天的日子，祭品中一定要有麥芽糖，為什麼呢？好讓灶神吃了麥芽糖而黏住嘴，開不得口，以免這個多嘴多舌的傢伙，在玉皇大帝面前說人間的壞話。這種祭祀是巫術行為。再說民間過陰曆新年，舊時有家家戶戶包餃子吃餃子的習俗，以北方

為甚。三國時代的魏人張揖所著《廣雅》一書，已經提到餃子這種傳統食品。南北朝時有一個叫顏之推的人描繪當時的餃子「形如偃月，天下之通食也」，可見其風氣之盛。出土於 1968 年的一個唐代墓葬裡，有十多個餃子盛在一個木盆裡。古時過年這一頓餃子的吃法大有講究，都是除夕晚上包好，等舊歲剛辭新年將至，一到子時（按：當夜 11 點鐘到第二天 1 點鐘為子時），就趕緊吃，為的是討個吉利。餃子者，「交子」也，稱為「更歲交子」。還有每逢過年，家家戶戶貼春聯，也是一個巫性的習俗，其文化底蘊，是對於語言文字的崇拜，春聯一律都是祝詞，在巫術中屬於善性咒語的一種。凡此一切，在古人甚而今人看來，都是有用而可喜的。

英國功能主義人類學家馬凌諾斯基曾經指出：「世界是馬馬虎虎的背景，站在背景以上而顯然有地位的，只是有用的東西。」雖然這句話是就圖騰文化而言的，圖騰的主要精神意義是對於祖神的錯誤認同，但在初民看來，也是具有　定實際用途的（按：在初民的思想中，不實用的事情往往不會去做）。對於巫術來說，求其實用是第一位的。人類文化何其多樣，其萌生、覺醒的歷史性契機，首先深蘊於初民的日常生活之中。與初民日常生活密切攸關的，是生活中的實際困難必須力求解決，因而一定的實用、功利意識，從人類歷史與文化的深處最先被喚醒。人首先要能夠吃飽肚子並有所繁衍，才能維持與發展人的個體生命，進而發展人的群體生命。但看那些動物的一生，總是在不斷的尋找食物以果腹，或者做那繁衍後代的事情。只有在滿足實用、功利的前提下，才能顧及、談論與想像其他。值得指出的是，正如神話與圖騰一樣，儘管關於原始巫術發生的「第一時」、「第一地」與「第一人」我們迄今一無所知，對於原始巫術與神話、圖騰這三者的發生究竟孰先孰後，考古學也無法以最後的證據來證明這一點，然而與神話、圖騰相比較，由於原始巫術對於初民的衣食住行而言，

是更為直接、更為重要的實際需求，與「飲食男女」攸關，因此巫術及其實用、功利意識的發生與繁盛，可能是更為原始、更為本在的。

　　其三，如果要追尋中國原巫文化的人文根性，首先必須對巫術與宗教加以區別。關於兩者的關係，目前學界有一種似乎是出於習慣性的思維，往往將其混為一談，以所謂「宗教巫術」並稱云云，努力釐清兩者的異同是必要的。簡而言之，從文化智慧的「文明」程度看，儘管在後世宗教中，巫術一直大行其道，以至於被人稱為「宗教的墮落」或「巫術的孑遺」，但是就兩者的發生、涵義和功能來說，顯然未可同日而語。

　　比如求雨，佛洛伊德的《圖騰與崇拜》認為經歷了三個時代。

　　（一）巫術。初民因智力的低下，在「萬物有靈」觀的支配下，不知天高地厚，迷信自己透過巫術的施行可以無堅不摧。有時恰逢大雨傾盆，於是就更迷信巫術求雨的所謂「靈驗」了。施行巫性法術的求雨，實際是「迫雨」，包含著神靈的靈力以及以巫師「作法」的儀式與靈力感應所出現的人為因素。

　　（二）待到巫術的一再失敗讓人吃夠了苦頭，甚至為求雨而丟掉了巫師的性命，但仍舊不會輕易的相信巫術實際上的不「靈」，只怪自己在神靈面前還不夠誠心誠意。然而多少個世紀過去，巫術施行的失敗，終於促成了原始理性向另一個方向的覺醒，便有能力創造比巫術神靈更為高階的神，成為全知全能、創造一切、掌控一切的神性偶像，這便意味著宗教的蒙生。宗教確是從原始巫術、神話與圖騰文化中孕育、誕生的。此時人類對於神靈的態度，發生了本質的改變，迷茫之中人類相對的軟弱無力，變成了絕對的軟弱無力，遂由原先在巫文化之中人只是向神靈「跪倒了一條腿」，變成了人全人格的向神向上帝徹底跪下，拜神成為宗教文化最顯著的文化本質之一，這便意味著宗教意義的求雨時代的到來。

（三）宗教崇拜本身是一種非理性的文化現象，而譬如上帝這一宗教主神的被創造本身，卻是理性成長的文化成果，它證明人類已經有智慧、有能力走出千萬年巫文化與神話、圖騰文化的圍城與陰霾（按：雖然巫術終究不會消亡）。「特土良（Tertullian）在 2 世紀時說道：『理性是屬神的事，造物主用理性創造、處理和命令萬物，沒有什麼他不要求用理性去處理和理解的。』亞歷山大的克萊門特（Clement）同樣在 3 世紀時告誡道：『不要認為這些東西只能用信仰來接受，它們同樣為理性所斷言。真的，如果排斥理性，將其僅僅歸諸信仰，那是靠不住的。真理離不開理性。』」[141] 於是，人類便由信仰巫術等轉而主要的信仰宗教。在西方，宗教也在一定程度上，召喚了科學求雨時代的到來。在科學昌明的時代，理性尤其是科學理性的高揚，讓人工降雨成為現實。

不過，在這所謂「巫術─宗教─科學」的文化進程中，巫術與宗教往往被混淆。實際在文化性質上，巫術與宗教大相徑庭。弗雷澤說：「儘管巫術也經常和宗教擬人化的神靈打交道，但在巫術儀式中，巫師對待神的方式與對待無生命的物體無異 ── 它強迫甚至脅迫神，而不是如宗教那樣討好神。」又說，「祭司（按：指宗教祭司）在神面前卑躬屈膝，因此極其厭惡巫師驕傲的態度，和對權力的妄自菲薄。巫師自大的宣稱，自己擁有和神靈同樣的權力」。[142]《浮士德》的譯者也在該書的一則注釋中指出：「魔術（按：巫術）與宗教古來同為支配人類靈魂的強大之力，但與宗教背道而馳。宗教的基調是皈依神，向神獻身。魔術卻使用策略，探索神的法規和作用的祕密，讓自己去行使，故魔術被宗教家認為是瀆神之業而受詛

[141] ［美］羅德尼‧斯塔克（Rodney Stark）《理性的勝利 ── 基督教與西方文明》（*The Victory of Reason*），第 5 頁，管欣譯，復旦大學出版社，2013 年版。

[142] ［英］詹姆斯‧喬治‧弗雷澤《金枝》上冊，第 57 頁，陝西師範大學出版總社有限公司，2010 年版。

咒。後來的科學研究，在許多場合，跟魔術有某種程度的結合，13、14世紀盛行的煉金術即其一例。」[143]

巫術與宗教文化本質的不同，首先表現於人在這兩種「信文化」中的不同地位和對待神靈不同的態度。巫術施行時，人與人的力量以巫的面目出現，巫一方面討好神靈，無不對神靈加以崇拜，另一方面，則自大的相信自己可以與神靈平起平坐，堅信神靈與巫師之間的感應，是相互的，巫師（按：我）對神靈有感應，神靈也感應於巫師，所謂「通神」，是巫師「作法」的全部奧祕所在，也是其所謂法力的泉源。而且，巫師為了達到某一目的，可以透過施行所謂的法術，進入「召神」、「降神」的境界。凡此一切，實際上都建立在神祕的想像、幻想、聯想、虛構與迷狂的前提之下，但是對於信巫者來說，卻是感到似乎很「真實」、很神奇的。

文化形態學意義上的宗教，一般總須具備主神及其「神聖家族」，且有教義、有組織、有信徒的修行制度（戒律），以及終極理想等文化要素，宗教與巫術相比較，差別是很大的。

一般的宗教都有一個主神即教主，它是絕對崇高的神，是無限的、不可褻瀆不可懷疑的。

印度教的主神是大梵天，「神將是創造者（大梵天，Brahma——原注，下同），維持者（毗溼奴，Vishnu）和毀滅者（濕婆，Shiva）」。這樣的主神及諸神，是超越於有限的存在的。「從超人格性來想，神處於爭鬥之上，在每一方面都與有限分離。『由於太陽是不會顫抖的，因此主（主神）也不會感覺到痛苦，雖然當你搖擺盛滿水的杯子，裡面所折射的太陽的影像會顫抖；雖然痛苦會被他那叫做個人靈魂的部分所感受到。』世界將仍

---

[143]　［德］歌德《浮士德》，第26頁，錢春綺譯，上海譯文出版社，1989年版。

然是依賴神的。它會從神聖的充滿中，以某種不可測的方式湧現出來，並以它的力量來支持。『它照亮著，太陽、月亮和星辰跟著它照亮；因著它的光一切都照亮了。它是耳朵的耳朵，心靈的心靈，語言的語言，生命的生命。』」[144]

但是巫術文化中的神靈，雖然幾乎到處都是，卻沒有一個是絕對的主神。中國的巫性神靈，同時也是中國神話中的角色，有的還是圖騰的對象。有天神、日神、月神、祖神、山神、河神、土地神、火神、樹神、風神、雨神與宅神等等；有伏羲、神農、黃帝、女媧、西王母、玉皇大帝、太上老君等等，實在不勝枚舉。雖然在這一神譜中，有的權力大些，有的權力小些，有的神通廣大，卻沒有一個是掌控整個世界、天下、世間與出世間的主神。祂們都是有局限性的神，其無限性是很不充分的。中國文化的特色之一，就是泛神。因為似乎到處都是「神」，所以中國人就不把「神」當一回事了，這是由巫文化所傳承的中國文化的「劣根性」。在先秦，由原始巫文化所培育的神實在太多了，除了始於東漢的道教主神老子，幾乎沒有一個土生土長、像模像樣的中國宗教的主神，從典型宗教文化的角度反觀中國巫文化，它所締造的神殿，實際上幾乎是一個「空寂的神殿」。

一般宗教都有教義，便是其作為理論的信仰部分。正如金克木所說，「一切宗教，不論名義，都以信仰為主，但又都要多少講一些道理（理論 ── 原注）」，比如印度佛教，「佛教徒特別喜歡講道理，越講越多」[145]。四聖諦、五陰、六道輪迴、八正道、十二因緣以及「不二」與中觀等等，不一而足。一部大藏經，囊括了佛教經、律、論三大部，卷帙何

[144]　[美] 休斯頓·史密斯 (Huston Smith)《人的宗教》(The World's Religions)，第 62 頁，劉安雲譯、劉述先校訂，海南出版社，2013 年版。

[145]　金克木《再閱〈楞伽〉》，《梵竺廬集》丙卷《梵佛探》，第 428 頁，江西教育出版社，1999 年版。

等浩繁，都是其奉為經典的教義。巫術當然也有它的一些「理論」因素，它包括對於神靈的信仰，即泰勒所說的「萬物有靈」，具有它的「原理」，如弗雷澤所說的「相似律」與「接觸律」等，還有「感應」等說，但這是後代學者透過對巫文化的研究所形成的理論，不是古代巫師所研究而成的巫術理論。弗雷澤說：「巫術的首要原則之一就是相信心靈感應。」[146] 然而，凡此都是作為巫術研究者的後人的總結，至於原始巫術的施行者與信巫者，沒有一個是巫術的理論家，他們只是一些實踐者。世界包括中國古時的巫術極為普遍，但是在古時，巫術本身並沒有它自己的理論系統，更談不上理論體系，只有一些零散的意識理念和約定俗成的儀軌。而且不同的巫術類型，操作的儀軌往往不一，各個巫師的「作法」也往往帶有其自己的做派與民族、地域、時代及其個人的習慣，他們怎麼「作法」是不重要的，重要的是使人相信。只要博得人們的信任和迷信，怎麼做是沒有如宗教那樣嚴格的。比方說從流傳下來的儀軌看，大約最早的巫筮，用的靈物是五十根筮竹，否則「筮」（從竹從巫）這個漢字就不會被創造出來了。有的中國地區不生產竹子怎麼辦，就以一種草本植物的莖來代替，稱為筮草，筮草也是靈物啊！真的，誰又能說不是呢？後來就用銅板來起卦，不料現在往往已經改為鎳幣了，或者算卦用五十根原本是小孩子玩遊戲的遊戲棒也行。這些都是就近取材，都被認為是同樣「有靈」的。

　　再說操作過程，大概最早的所謂「十八變」法，是記載在《易傳》之中的。後來覺得這過程實在太花時間太煩瑣，就改成拿一個銅板或是鎳幣，往下扔六次，其正面為陽寫為陽爻、背面為陰寫為陰爻，就能決定所占是哪一個卦了，再根據卦象進行占斷。凡此都是「合理」的。反正巫師認為

---

[146]　［英］詹姆斯·喬治·弗雷澤《金枝》上冊，第 27 頁，陝西師範大學出版總社有限公司，2010 年版。按：中國巫術文化中獨多「感應」的巫術。

是合理的事情，神靈都是會同意的。莫斯說：

作為一種信仰，它是對神祕力量存在性的一種非個人的或僅僅是個人的承認，這種神祕力量是危險的、難以接受的，但是，它卻可以由人來引導、控制和指揮。作為一種實踐，它為個人的或社會的目的而對這種神祕力量加以利用。[147]

馬塞爾·莫斯（Marcel Mauss）又說，「作為一個整體，巫術和巫術儀式都是源自傳統的事實」[148]，它原本純粹是屬於經驗層次的文化，儘管古時有無數的巫師從事巫術活動，但是他們都不從事巫術的研究，巫術本身不建構其理論，更談不上教義。

一般宗教都有自己的組織（僧團），他們有寺院、有教堂、有清真寺等，有拜佛、讀經與修行的活動場所。比如中國佛教，眾多的出家人住在寺院裡，「文獻裡有些記載，比如說北魏末年各地僧尼多達二百餘萬人；北周毀佛（包括道教 —— 原注），還俗僧、道三百餘萬人」。「又據筆者統計，佛教發展鼎盛期的唐代，都城長安城內、外有一定規模的佛寺在二百座以上，另外還有無數山寺、『野寺』、佛堂、僧舍、藍若、經坊等佛教活動場所，它們遍布在坊市和周邊山水之間，僧眾人數當在三萬至五萬人左右」[149]。在隋唐時代，中國佛教又分成許多宗派，華嚴宗、天臺宗、三論宗、淨土宗、律宗以及禪宗等，都自立宗門，教義有別，其各自的內部，都是向心的有組織有師承的。而原始巫術，雖然古時從事巫術活動的和信巫的人群十分龐大，可以分為「官方」的和「民間」的，並且形成一種

---

[147]　Magic:A Sociological Study, p.55, Hutton Webster, Stanford University, 1948. 引自劉黎明《灰暗的想像 —— 中國古代民間社會巫術信仰研究》上冊，第 22 頁，巴蜀書社，2014 年版。

[148]　［法］馬塞爾·莫斯《巫術的一般理論》，第 27 頁，楊渝東譯，廣西師範大學出版社，2007 年版。

[149]　孫昌武《中國佛教文化史》第一冊，第 36 頁，中華書局，2010 年版。

頑強而陋習難改的社會風氣，但是，古代中國的巫術活動，尤其是民間巫術，一般是不具有組織機構的，在最原始的時代裡，沒有固定的施行巫術的場所。當然，所謂官方的巫術活動，有時會聳動朝廷，具有一定的組織形式和施法場所，但這是在印度佛教東漸之後的巫文化現象。據《宋會要輯稿》「禮」一八之五，北宋真宗咸平二年即西元 999 年，時遇大旱，朝廷頒布「祈雨法」於天下。「以甲乙日擇東方地作壇，取土造青龍，長吏齋三日，詣龍所，汲流水，設香案、茗果、餐餌，率群臣、鄉老，再至祝酹，不得用音樂、巫覡。」[150] 雖然這裡沒有民間巫覡的「作法」，卻依然是透過「作壇」與齋祭等儀式而舉行的巫術活動。這種巫事活動的確是有所組織的，但是它不是一個施巫的常設機構。

一般宗教都有修行，嚴格的修行都須遵循種種戒律。僧徒的衣食住行是有嚴格規矩的。自南朝梁武帝信佛而規定佛徒「吃素」（食戒）以來，這一佛教戒律就沒有被廢除過。「素齋」是佛教五戒之一，其依據出於五戒的「不殺生」。「不可殺生，嚴格的佛教徒把這一告誡延伸到動物而成為素食主義者。」[151] 宗教戒律的實行，證明了宗教生活制度的嚴肅性。但巫術不設嚴格的戒律，它只有無數的禁忌。禁忌與戒律是不一樣的。在中國巫性的堪輿術中，所謂宜（按：可以做什麼）、忌（按：不可以做什麼），是涇渭分明的。李零說，「《隋志》所錄五行家書也有專講各種時令禁忌的曆書，如《雜忌曆》、《百忌大曆要鈔》、《百忌曆術》等。可見它們在古代是何等流行」，「這些禁忌涉及極廣，幾乎包括古代日常生活的一切重要方面」[152]。宗教的戒律，由巫術禁忌嬗變、提升而來，它具有神性，不可

---

[150]　《宋會要輯稿》，第 735 頁，徐松輯，中華書局影印本，1957 年版。

[151]　[美] 休斯頓‧史密斯《人的宗教》，第 103 頁，劉安雲譯、劉述先校訂，海南出版社，2013 年版。

[152]　李零《中國方術考》（修訂本），第 163 頁，東方出版社，2000 年版。

避免的具有巫性基因。巫術禁忌，是宗教戒律的文化原型，它的施行，目的在於能夠確保巫術的所謂「靈驗」與「成功」，也具有約束施巫者某些道德人格的意義，參與社會道德的建構但它不是宗教那樣的修持戒律。如果說宗教戒律直接影響宗教人格塑造的話，那麼在一定意義上，巫術禁忌是宗教戒律的雛形。戒律的不可侵犯、不可褻瀆，關係到某一宗教的建構與生存，而巫術禁忌只是關係到某一巫術活動的成否。戒律一般都是成系統的，禁忌往往是零散的，不同的巫術有不同的禁忌。

從終極關懷角度看，一般宗教尤其是基督教、伊斯蘭教與佛教等世界性大教，其精神其思想都是指向終極的，都是有絕對理想的，往往是精神的超越或解脫。比如佛教，它的理想是眾生成就一個「覺者」。眾生有苦，苦必有因，苦須解脫與解脫之法，這是佛教所說的「苦、集、滅、道」的基本思想。基督教的理想，是要拯救世界與人於水深火熱之中，堅信所謂「上帝救世」是一定會實現的。上帝愛人，人也愛上帝。「神（按：這裡指上帝）的愛恰正是最初的基督徒所感覺到的。他們經驗到了耶穌的愛，而且相信耶穌是神的化身。」、「愛是恆久忍耐；愛是恩慈，愛是不嫉妒不自誇不張狂。不堅持己見；不輕易發怒；不喜歡不義，只喜歡真理。凡事包容、凡事相信、凡事盼望、凡事忍耐。愛是永不止息」[153] 的。上帝的大愛是基督教教義三大綱領之一，與「信」（信仰）、望（希望）並列。「所有一切完美的屬性無不為上帝所具有，主要包括：全能、全善、全美、全知、全在和全備一切；對於世人，他是具有位格而無人稱的啞然存在體，是至公、至義和至高至上的；對於自然，他既超越於萬物又內在於萬物；對於時空，他是無限、單純和獨一的等。」[154] 在這樣的上帝的絕對性

[153] ［美］休斯頓・史密斯《人的宗教》，第 318、319 頁，劉安雲譯、劉述先校訂，海南出版社，2013 年版。

[154] 《基督教小辭典》（修訂本），第 382 頁，卓新平主編，上海辭書出版社，2008 年版。

與無限性中，呈現了基督教宗教理想的無上信仰和終極關懷。

巫術不具有終極關懷的理想，它只是孜孜追求於所謂「靈驗」與「實用」，對形上的終極不感興趣，或者準確的說，關於終極，巫術尚不知為何方神聖。馬凌諾斯基說：

> 那麼，巫術而不同於宗教的在什麼地方呢？我們出發的時候已舉出一個最具體、最見得著的分別：我們的定義說，在神聖領域以內，巫術是實用的技術，所有的動作只是達到目的的方法；宗教則是包括一套行為本身便是目的的行為，此外別無目的。我們現在便可將這種分別追蹤到更深的層次。巫術這實用的技術，有受限定的方式：咒、儀式、術士的遵守一切條件，更永遠是巫術的三位一體。宗教因為方面多，目的複雜，沒有這樣單純的方法。宗教的統一性，不在行為的形式，也不在題材的相同，乃在它所盡的功能，不在它的信仰與儀式所有的價值。再說，巫術裡面的信仰，因為合乎它那明白實用的性質，是極其簡單的；永遠是說，人是有用某種咒與儀式使可產生某種結果的。在宗教裡的信仰，則有整個的超自然界作對象：靈與魔、圖騰的善力、保衛神、部落萬有之父、來生的想望（按：嚮往）等等，足給原始人創造一個自然界以外的超自然的實體。[155]

所謂宗教的「別無目的」，指其不具有實用性目的，它的終極就是它的絕對「信仰」，以「超自然界作對象」，「創造一個自然界以外的超自然的實體」。巫術誠然是有其精神追求的，可是這種精神以巫術的「靈驗」與「實用」為滿足，永遠匍匐於經驗層次。其人文智慧的品格，不可與宗教同日而語。

關於原始巫術、神話與圖騰的關係，由於一般中外學者往往都持廣義

---

[155]　〔英〕布朗尼斯勞·馬凌諾斯基《巫術科學宗教與神話》，第108～109頁，李安宅譯，上海社會科學院出版社，2016年版。

神話觀的緣故，將巫術與圖騰歸之於廣義的「神話」範疇，並沒有將三者加以嚴格區分。早年李澤厚在談到審美與藝術的歷史與人文成因時說，「審美或藝術這時並未獨立或分化，它們只是潛藏在這種種原始巫術禮儀等圖騰之中」[156]。在這一敘述中，顯然是將巫術等同於圖騰，且把巫術作為圖騰的一個組成部分來加以理解的（按：其《由巫到禮、釋禮歸仁》已不持此見）。有的學者將巫術看成是「原初性圖騰觀念的特化形式之一」，也就不足為怪了。這些看法，其實大都來自西方學者的相關著作。僅就巫術與圖騰而言，兩者在文化成因、特質、地位、模式與功能等方面是不盡相同的。

為了進一步研究巫術、神話與圖騰三者的關聯與區別，我們應當將巫術、圖騰從廣義神話說中獨立出來，巫術、神話與圖騰都屬於原始「信文化」而三位一體，這是沒有疑問的，但是三者又具有其各自的文化性格，而且其文化功能與成因等，都是同中有異的。以巫術與圖騰的關係來說，也是如此。馬凌諾斯基指出：

使圖騰物繁殖和興旺的儀式，乃是巫術性質的行為。巫術，我們不久就更明白，在一切表現上都有一個趨勢，變得更專門，更為一家一族所專有，成為它們的遺產。在圖騰制度之下，用巫術來使他每一品類繁殖興旺的事務，自然都會變成一個專家的職守與權利，由這專家的家庭分子來襄助辦理。時間延長下去，家乃變成族，每一族都有族長來作他那一族的圖騰的巫術頭目（按：指帶領氏族進行圖騰崇拜儀式）。最原始的圖騰制，如在中澳所見到的那樣，乃是用巫術來合作的系統，具有幾種實用的教儀；每種教儀自然各有它自己的社會基礎，可是一切的教儀都有一個共同的目的：那就是供給部落的豐富消耗。這樣看起來，圖騰制的社會方面，是可

---

[156]　李澤厚《美的歷程》，第 5 頁，文物出版社，1981 年版。

以用原始的巫術社會學的一般原則來加以解說的。圖騰族與相應而生的圖
騰的教儀與信仰，不過是分門別類的巫術以及一家包辦某一巫術的趨勢所
產生的一個例子而已。[157]

　　儘管巫術、神話與圖騰共同構成了人類以及中華之遙遠「歷史生活」
的重要部分，且以口頭言說的方式即神話代代相傳，在相傳的許多個世紀
裡，其文脈得到不斷的重構、豐富或是有些被阻斷、有些被遺忘了，後人
可以從這些「神聖敘事」中，把摸人類歷史跳動的脈搏。儘管如此，巫術
與圖騰的區別還是值得我們注意的。巫術是為了克服種種生活困難、控
制環境所從事的盲目性的「實踐」；圖騰在於尋找和認同部落、氏族那種
實際上不是祖先的「祖先」；神話則是一種原始「話語」系統。它的題材與
主題，往往是神祕的巫術「事件」和圖騰「故事」，充滿了想像與虛構、英
雄的主題與原始詩性的情趣。如果說，原始神話更多以思維因素融滲於極
度的誇張、虛構與幻想的「敘事」，而不直接指向「實用」的話，如果說，
原始圖騰將思維、心靈專注於尋找與認同「誰」是部落、氏族的「生身父
母」，將自然崇拜與祖宗崇拜在思維中加以疊加的話，那麼，原始巫術及
其巫性思維，一是其思維的閾限，定位於神與人、神性與人性之際；二則
在於，其「實用功利」始終直接指向人類的日常生活實踐，又往往擴而之
於影響政治、軍事、經濟、文化、社稷、天下；如果說，神話與圖騰的原
始思維及其意識、情感是對神靈的絕對崇拜，那麼，屬於巫術的原始思
維、意識與情感等，則是對於神靈的相對崇拜，即除了崇拜神靈同時還崇
拜作為巫覡的人自身，巫術的所謂「靈力」，實際上是神力與人力的結合
與妥協，且以神力為主的。

---

[157]　［英］布朗尼斯勞‧馬凌諾斯基《巫術科學宗教與神話》，第 40～41 頁，李安宅譯，上海社會
　　　科學院出版社，2016 年版。

第二節　巫性作為中國原始人文根性之一何以可能

我們稱巫性為中國原始人文根性之一的意思，是在凸顯巫性重要的歷史與人文地位，並非忽視、否認中國原始文化同時具有神性、人性等原始人文根性。實際情形是，在巫文化的巫性中，由於巫性是神性與人性的結合與妥協，這裡已經包含了一定的神性因素；對於原始神話與圖騰文化來說，最顯著的是它們的神性文化品格，但也不拒絕巫性與人性因素的滲入。巫性作為中國原始人文根性之一究竟何以可能，這一問題，可以從三方面來加以探討。

● 從文字學看巫性

甲骨文記載諸多巫卜之例。如「癸酉卜巫寧風」[158]「庚戌卜巫帝（按：禘）一羊一犬」[159] 與「壬午卜巫帝」[160] 等，都是關於占卜具有巫性的明證。王國維、陳夢家、商承祚與于省吾等學者，在這一學術領域，都有成果豐碩的研究。

考稽巫字本義，在於釐清巫字與筮字之義的文脈關聯。有的學者為證明巫字指巫術「工具」之說，以為甲骨文的巫字，實際是筮字。饒宗頤先生說，「卜辭習見『示冊』」，「自指簡冊而言，非謂龜版之累疊。是知龜與策乃顯為二事，策指扐蓍言之，蓍草易朽，故今無存，不得以此遂為殷人無筮，此不得為辨正者也」。因而，「予謂殷當有筮法」，「巫與筮通」[161]。所言是。

---

[158]　羅振玉《殷虛書契後編》下四二、四，影印本一冊，1916 年版，見王宇信《甲骨學通論》（增訂本），第 506 頁，中國社會科學出版社，1993 年版。

[159]　郭沫若主編、胡厚宣總編輯，中國社會科學院歷史研究所《甲骨文合集》編輯工作組集體編輯《甲骨文合集》三三二九一，中華書局，1978 ～ 1982 年版。

[160]　[日] 貝塚茂樹《京都大學人文科學研究所藏甲骨文字》三二二一，日本京都大學人文科學研究所，1959 年版。

[161]　饒宗頤《殷代貞卜人物通考》，第 41 頁，香港大學出版社，1959 年版。

　　說「殷當有筮法」，在「占」這一點上，稱「巫與筮通」，凡此都是說得很到位的。然而，這不等於說，巫等於筮，尤其不能以為筮與卜是一樣的。假如甲骨卜辭中的巫字都實指筮字的話，那麼，所謂甲骨占卜，實際上便是指「甲骨占筮」了，這是說不通的。《廣韻》有「龜為卜，著為筮」的言說，卜、筮是兩種不同的占術。《禮記‧曲禮》：「龜為卜，荚（算）為筴。」《詩‧氓》：「爾卜爾筮。」卜、筮同屬於巫性文化範疇，而卜、筮的工具、規範、占法等的不一，是顯然的。儘管正如饒宗頤先生所考，殷代已有筮術，這不等於可以由此推斷甲骨文中的巫字，都具有筮的意義，也並不能推翻殷代盛行占卜而周代盛行占筮的一般所公認的結論。一般而言，占卜的歷史要比占筮更為悠久，這便是為什麼《左傳‧禧公四年》之所以稱「筮短龜長，不如從長」的緣故。有學者將卜辭「丙戌卜貞巫曰集貝於帝用若（按：諾）一月」[162]的「巫曰」，釋為「筮曰」，看來是有些欠妥的。在這一則卜辭中，明明有「丙戌卜」的「卜」這一個字，卜是與筮不同的占法。如果這裡的「巫曰」確實是「筮曰」，則這一則文辭，豈非是筮辭而不是卜辭？如果將卜辭中的巫字，統統理解為筮的本字，則無異於承認殷代的原始巫文化，只有以著草為工具的易筮而沒有以甲骨為材料的占卜了。

　　卜辭中的巫字，一般指所謂通陰陽、天地以及神與人之際的「巫人」即後世所謂巫師巫覡，「巫」作為一個文化學範疇，是人類一切巫術文化品類的概括。其文化屬性，是處於神性與人性之際的巫性。這一類的巫例很多，如「乙酉卜巫帝犬」[163]便是。「巫帝」的「帝」，為禘，作為動詞，有祭祀義。這裡「巫帝」的「巫」，可以肯定是名詞作主語，指巫師。

---

[162]　李旦丘《鐵雲藏龜零拾》二三，上海中法出版委員會，1939 年版，見王宇信《甲骨學通論》（增訂本），第 509 頁，中國社會科學出版社，1993 年版。

[163]　郭沫若主編、胡厚宣總編輯，中國社會科學院歷史研究所《甲骨文合集》編輯工作組集體編輯《甲骨文合集》四○三九九，中華書局，1978-1982 年版。

巫字從工，古時有「百工」。《周禮·考工記》篇有云：「國有六職，百工與居一焉。」巫是古時「百工」之一，顯然由殷周的巫（按：包括卜筮）而不僅僅由從事筮術的巫發展而來。巫是「百工」的祖師爺。卜辭有「多工」、「百工」之記。前者見於郭沫若《殷契粹編》一二八四「甲寅卜吏貞多工亡尤」，後者見於中國社會科學院考古研究所《小屯南地甲骨》二五二五「癸未卜又禍百工」。「百工」之一包括從事都城、宮室規劃、營造的工匠。他們既是工匠，又是風水師（堪輿家）或者是懂風水術的人，古時的營造是與堪輿術結合在一起的，風水術屬於巫術的一種，《漢書·藝文志》稱為「形法」。所以，中國古代所說的「工作」，本指巫（工）的巫性「作法」。

從與巫相關的士字來看巫性，其實士字與巫字的意義是攸關的。

有學者曾援引楊樹達先生《積微居小學述林》，疑近人吳檢齋關於「士，古以稱男子，事謂耕作也」之說不確，以為「『士為低階之貴族』，這是正確的論斷」，且引述顧頡剛先生《史林雜識初編》所謂「吾國古代之士，皆武士也」的見解，來作為其立論的佐證，這也許是其未諳易巫筮法的緣故。

拙文〈釋「士」〉[164] 指出，許慎《說文解字》有「士，事也」[165] 之言。此「事」，特指巫事而不是指古代「男子」所從事的「耕作」，也並非指「低階之貴族」的「工作」。《說文》說，士者，「數始於一，終於十，從十從一」[166]，可謂的論。

通行本《周易》的本經，作為巫筮之書，其八卦、六十四卦及其卦名與卦辭、爻辭是一個算卦的文本，其性屬巫是無疑的。原始易學是巫學，是可以肯定的結論。通行本《周易》中的《易傳》部分，有其所記錄的古筮

[164] 拙文〈釋「士」〉，《書城》雜誌1993年第3期，按：收錄於《王振復自選集》，復旦大學出版社，2015年版。
[165] 許慎《說文解字》，第14頁，中華書局影印本，1963年版。
[166] 許慎《說文解字》，第14頁，中華書局影印本，1963年版。

法，其文字內容自始至終是神祕巫筮之數（按：兼有命理觀念）的運演。古筮法基於從一到十的十個巫性之數。《易傳》說：「天一地二、天三地四、天五地六、天七地八、天九地十。天數五地數五，五位相得而各有合。天數二十有五，地數三十。凡天地之數五十有五，此所以成變化而行鬼神也。」[167] 這便是說，古筮法是運用十個神巫命理之數來推演的。其中，天數（按：奇數、陽數）一三五七九的和，是二十五；地數（按：偶數、陰數）二四六八十的和，是三十。天地之數的總和是五十五，這便是古人算卦時所運演的「大衍之數」。而實際算卦時，是以五十根著草代表五十五這個筮數之和來加以運算的。[168] 按照金景芳先生《學易四種》的說法，這個古筮法，在千百年的流傳中，本來是天、地筮數的總和「五十有五」，由於流傳史的漫遠，而脫去了「有五」二字，因而變成了五十。但是「自一至十」的神祕筮數，是不可或缺的，因而才有許慎《說文》「數始於一，終於十，從十從一」的解讀。《說文》也曾引述據說是孔子的話「推一合十為士」[169]。許子深諳巫筮的原理。劉向《說苑》曾稱：「辨然否，通古今之道，謂之士。」士是算卦的巫，其原型在於易筮。

巫與巫性的神話傳說

關於巫的起源，《尚書·呂刑》說：

王曰：「若古有訓，蚩尤惟始作亂，延及於平民，罔不寇賊，鴟義奸宄，奪攘矯虔。苗民弗用靈，制以刑，惟作五虐之刑曰法。殺戮無辜，爰

---

[167]　《易傳·繫辭上》，朱熹《周易本義》，第 303 ～ 304 頁，怡府藏版影印本，天津市古籍書店，1986 年版。

[168]　按：由於這一算卦過程很是繁複，恕不贅述。請見拙著《周易精讀》（修訂本）第 295 ～ 303 頁，復旦大學出版社，2016 年版。

[169]　許慎《說文解字》，第 14 頁，中華書局影印本，1963 年版。

始淫為劓刵椓黥。越茲麗刑並制，罔差有辭。民興胥漸，泯泯棼棼，罔中於信，以覆詛盟。虐威庶戮，方告無辜於上。上帝監民，罔有馨香德，刑發聞惟腥。皇帝哀憐庶戮之不辜，報虐以威，遏絕苗民，無世在下。乃命重、黎，絕地天通，罔有降格。」[170]

　　大意是說，古時候蚩尤作亂，禍及百姓，盜賊橫行，無惡不作，於是苗民不遵法令，巧取豪奪，濫用種種酷刑，殺戮無辜，遂使天下大亂，毫無忠信可言。於是受虐受難的百姓紛紛向顓頊申訴，顓頊經過考察，覺得天下已經沒有任何德政可言，那些所謂的刑法，腐敗而發出腥臭之氣。他哀憐受害的平民，便施用威權整治天下，滅絕橫虐的苗民，讓其斷子絕孫；又下令重主持天上的神靈之事，命令黎管理地上的平民百姓，禁止民氓和天上的神靈相通。於是，一般的普通平民，就再也不能施行法術上天入地、與神靈相通了。

　　由這一則神話傳說可見，自從顓頊命令「絕地天通」之後，僅僅重、黎才具有通天（神靈）、轄地（平民）的神聖資格和異能即施行巫術，一般民氓就不能與神靈交流了，這就可以將重、黎看作在神話傳說中所出現的中國巫術的始祖。又似乎尚不能這麼說，因為在《國語》中明明寫著，「及少皞之衰也，九黎亂德，民神雜糅，不可方物。夫人作享，家為巫史，無有要質。民匱於祀，而不知其福。烝享無度，民神同位」。於是，「顓頊受之，乃命南正重司天以屬神，命火正黎司地以屬民，使復舊常，無相侵瀆，是謂絕地天通」[171]。然而，《國語》的這兩段話，大概作為對《尚書‧呂刑》的闡述，在《尚書》的基礎上，顯然是有所發揮的。所謂「九黎亂德」之時，「民神雜糅」、「民匱於祀」而「民神同位」等，都是《尚書》所沒

[170]　《尚書‧呂刑》，江灝、錢宗武《今古文尚書全譯》，第434頁，貴州人民出版社，1990年版。
[171]　《國語》卷十八〈楚語下〉，《國語譯注》，第529、530頁，鄔國義、胡果文、李曉路譯注，上海古籍出版社，1994年版。

有的。〈呂刑〉篇中的「無世在下」這一句，意思是顓頊作為「遏絕苗民」
的嚴酷手段，是使苗民沒有後代。這本與巫術的施行毫無關係。可是有學
人曾經為了與《國語》中的「民神雜糅」與「家為巫史」相對應，將〈呂刑〉
篇的「無世在下」，訛為「無使上下」。這樣一來，其意思就變成了不讓民
人與天神（上）、地祇（下）交通，倒好像在顓頊「絕地天通」之前，民人
已經發明了巫的法術並且加以施行似的，實際按照《尚書》的說法，情況
並非如此。

　　《尚書》「絕地天通」這一神話傳說，意味著世界原本混沌一片，無所
謂神界（天）、人間（地）。由於人智初進，爾後才有能力分出天與地、神
與人。但並非人人都有通天、拜地的特權和異能，只有重、黎具有巫性與
靈性意義的經天緯地的本事。既通神靈又通人間，重、黎二者豈不是中國
原巫之祖嗎？自從巫術文化誕生，便建構了這一以巫為主導的世界秩序。
在這一文化結構中，巫的通天達地、通神通人的神通，好比古印度《梨俱
吠陀》所說的上達天宇、下徹地界的「宇宙樹」。《玄中記》也說：「天下
之高者，有扶桑，無枝木焉。上至於天，盤蜿而下屈，通三泉。」也好比
《山海經・海內南經》所說的「建木」[172]。《淮南子》卷四〈墜形訓〉：「建
木在都廣，眾帝所自上下。日中無景（按：影的本字），呼而無響，蓋天地
之中也。」[173] 這裡的「眾帝」，實際指「眾巫」，應指重、黎，是傳說中的
原巫。

---

[172]　按：《山海經》卷十〈海內南經〉。按：關於「建木」的原文為：「有木，其狀如牛，引之有皮，
　　　若纓、黃蛇。其葉如羅，其實如欒，其木若蓲，其名曰建木。」所謂「建木」，晉郭璞注：「青
　　　葉紫莖，黑華黃實，其下聲無響，立無影也。」（陳成《山海經譯注》，第 287 頁，上海古籍出
　　　版社，2014 年版）

[173]　《淮南子・墜形訓》，高誘《淮南子注》卷四，第 57 頁，上海書店，《諸子集成》第七冊，1986
　　　年版。

● 關於古籍記載的巫與巫性

關於巫文化的古籍記載，可謂浩如煙海。這裡且不說殷周甲骨卜辭實為巫辭，也不說諸多金文文獻所記的巫例俯拾皆是，《周易》通行本、帛書本和楚竹書本等，都主要是關於巫和巫性占筮的文本。以筆者僅見，單是上海古籍出版社九卷本《四庫術數類叢書》，收錄文淵閣《四庫全書》本的術數類古籍凡五十種，可謂篇幅浩繁。袁樹珊編著《中國歷代卜人傳》一書，凡「三十九卷，表一卷，索引一卷。自上古羲農，至民國初先賢，凡三千八百餘人」，所載「大都對於陰陽術數、卜筮星相，多有發明。或具特長，或大聖大賢，忠孝節義，儒林文苑，隱士方外，兼研此術」[174]者。雖然卷帙頗大，而遠未搜羅無遺。

關於中國原始巫文化的大量古籍文獻記載，遠遠超過原始神話和圖騰的資料。《山海經·大荒西經》說：「大荒之中，有山名曰豐沮玉門，日月所入。有靈山，巫咸、巫即、巫盼、巫彭、巫姑、巫真、巫禮、巫抵、巫謝、巫羅十巫，從此升降，百藥爰在。」[175] 又說：「巫咸國在女丑北，右手操青蛇，左手操赤蛇，在登葆山，群巫所從上下也。」[176] 前者說，大荒世界有靈山，那裡是日月降落的地方，十個大巫在這裡上天入地，與神靈交通，他們在此採藥而上上下下。後者說，巫咸國在女丑國的北邊，這裡的登葆山上，有一大群巫師，右手搏青蛇，左手搏赤蛇，在施行巫術。《山海經》，實際是伴隨以原始神話、圖騰資料的一部「古之巫書」。魯迅先生稱其為「記海內外山川神祇異物及祭祀所宜」，「所載祠神之物多用糈

[174] 袁樹珊《中國歷代卜人傳提要》，袁樹珊編著《中國歷代卜人傳》，臺灣新文豐出版社，1998 年版。

[175] 《山海經·大荒西經》，陳成《山海經譯注》，第 347 頁，上海古籍出版社，2014 年版。

[176] 《山海經·海外西經》，陳成《山海經譯注》，第 264 頁，上海古籍出版社，2014 年版。

（按：精米）與巫術合，蓋古之巫書也」[177]。五經之一的《尚書》，作為「史之記事」，也記載了許多卜筮的巫例。「禹曰：『枚卜功臣，惟吉之從。』帝曰：『禹！官占惟先蔽志，昆命於元龜。朕志先定，詢謀僉同，鬼神其依，龜筮協從。卜不習吉』。」[178]「七、稽疑。擇建立卜筮人，乃命卜筮。曰雨，曰霽，曰蒙，曰驛，曰克，曰貞，曰悔，凡七。卜五占用二，衍忒。立時人作卜辭。三人占，則從二人之言。汝則有大疑，謀及乃心，謀及卿士，謀及庶人，謀及卜筮。汝則從，龜從，筮從，卿士從，庶民從，是之謂不同。身其康強，子孫其逢。吉。汝則從，龜從，筮從，卿士逆，庶民逆，吉。卿士從龜從，筮從，汝則逆，庶民逆吉。庶民從，龜從，筮從，汝則逆卿士逆，吉。汝則從龜從，筮逆，卿士逆庶民逆，作內吉，作外凶。龜筮共違於人，用靜吉，用作凶。」[179]《尚書》所記「盤庚遷殷」，關乎屬巫的堪輿（風水）之事。至於《周禮》、《左傳》、《國語》、《禮記》與《楚辭》等古籍，甚而《莊子》等哲學名篇，關於巫的記載也很多，這裡難以一一述說。《莊子》說：「此皆巫祝以知之矣，所以為不祥也。此乃神人之所以為大祥也。」[180]《韓非子》說：「今巫祝之祝人曰：『使若千秋萬歲！』千秋萬歲之聲聒耳，而一日之壽無徵於人，此人所以簡巫祝也。」[181]《詩經·小雅·楚茨》，有「工祝致告，徂賚孝孫」等記載。還有《墨子》一書，記載與論說巫性的鬼神之事更多。筆者遠未閱遍中華古籍，然而從讀

[177]　魯迅《中國小說史略》，第 18 ～ 19 頁，《魯迅全集》第九卷，人民文學出版社，1981 年版。

[178]　《尚書·虞夏書·大禹謨》，江灝、錢宗武《今古文尚書全譯》，第 43 ～ 44 頁，貴州人民出版社，1990 年版。

[179]　《尚書·周書·洪範》，江灝、錢宗武《今古文尚書全譯》，第 241 頁，貴州人民出版社，1990 年版。

[180]　《莊子·人間世第四》，王先謙《莊子集解》卷一，第 29 頁，《諸子集成》第三冊，上海書店，1986 年版。

[181]　《韓非子·顯學第五十》，王先慎《韓非子集解》卷十九，第 356 頁，《諸子集成》第五冊，上海書店，1986 年版。

過的相當篇什的古籍來看，幾乎很少不涉及巫文化的，更不必說專門以卜筮為能事的甲骨文辭和《周易》筮辭了。

在古代巫文化盛行時期，中華民族處於基本而主導地位的人文意識與理念，無論哲學、史學、政治學與詩學等領域以及民間生活習俗中，巫是繞不開的重大主題之一，或者有巫文化因素蘊含其間，遂留下無數關於巫文化的文獻資料。關於測日、測風、卜筮、堪輿、放蠱、扶乩、相術與占夢等，有浩繁的文字記載。凡此以巫之文本相傳的宏大文化傳統，往往使得充滿智慧的這一偉大民族的頭腦，曾經浸淫在巫的文化迷氛之中，熱衷於巫的信仰與預測而無與倫比。

● 巫與巫性的相關考古發現

中國最古的巫文化究竟始於何時何地，尚難以考定。宋兆麟《巫與巫術》一書，曾經將龍山义化、大汶口文化等遺址所出土的玉琮、獐牙鉤形器等看作原始巫師施行法術時所用的「法器」，以推定中國原巫文化的起始。然而，這些法器在形態上已經相當成熟，似乎未可以「最古」論。劉鳳君編著《昌樂骨刻文》一書認為，在甲骨文字出現之前，史前已有屬於巫文化範疇的「龍」、「鳳」等所謂「骨刻文」在山東等地發現，「我認為這批刻字是山東龍山文化時期的遺物，距今約 4,000 ～ 4,500 年，屬東夷文字，是中國早期的圖畫象形文字」[182]。這 ·「骨刻文」，是否為史前人工的文化遺存抑或自然侵蝕而成，以及被讀為「龍」、「鳳」諸字是否確為龍字與鳳字，至今學界意見不一。[183]

---

[182] 劉鳳君〈昌樂骨刻文的發現與研究〉，劉鳳君編著《昌樂骨刻文》，山東畫報出版社，2008 年版。

[183] 按：參見〉骨刻文座談會紀要〉，劉鳳君編著《龍山骨刻文》，第 106 ～ 128 頁，山東畫報出版社，2008 年版。按：張學海說，「考古界對骨刻文的意見不太一致，是不是人刻的？什麼時候刻的？是刻的文字還是其他什麼東西等等」，「我曾經到袁家莊遺址去進行了一些調查之後，我自己的看法可以說有了很大轉變。當初我在《齊魯晚報》上看到劉鳳君教授的文章之

據考古發現，河南舞陽賈湖遺址曾有「龜甲」出土[184]，據測年代距今約在 7,780～7,860 年間。1987 年 6 月，在安徽含山凌家灘一個新石器晚期墓葬遺址中，出土一組玉龜、玉版[185]。李學勤先生說：「這座墓是一座口大底小的長方形土坑墓」，出土諸多玉器、陶器與石器，「玉器多集中於墓底中部，猜測原本是放置在墓主的胸上，而玉龜和玉版恰好在其中央」。李先生引錄俞偉超〈含山凌家灘玉器和考古學中研究精神領域的問題〉一文之見，即從「上下兩半玉龜甲的小孔，正好相對」分析，「一望即知是為了便於穩定在這兩個小孔之間串繫的繩或線而琢出的」。繩、線可按照需求使得兩半玉龜版閉合或者解開，這種「合合分分，應該是為了可以多次在玉龜甲的空腹內放入和取出某種物品的需求」。由此推見，「這是一種最早期的龜卜方法」[186]。

值得注意的是，凌家灘遺址所出土的玉版呈方形，其「正面有刻琢的複雜圖紋。在其中心有小圓圈，內繪八角星形。外面又有大圓圈，以直線準確地分割為八等分，每份中有一飾葉脈紋的矢形。大圓圈外有四飾葉脈紋的矢形，指向玉版四角」[187]。筆者以為，該玉版之刻紋圖案的平面方圓結合，顯然是「天道曰圓，地道曰方」即「天圓地方」人文意識迄今所發現的最早表現。「八角星形」和向八方放射的「矢形」，類似後世《周易》八

後，對於骨刻文我是不信的」。「首先很明確的認為這些骨片上的刻痕是人刻的，並非自然腐蝕，即使不排除裡邊有一些經過了現代人加工或造假的，但是絕大部分我個人覺得是可靠的，是人刻的」。方輝認為，「這個（按：指骨刻文）裡面有相當多的我是不敢認同的」。「就像後來劉鳳君教授送給我的一個銅盤印的書（《昌樂骨刻文》——原注），這裡面還確確實實是有一些人工的。我剛才簡單的統計了一下，有相當多的我是不敢認同的」。王育濟以為，關於「骨刻文」，「當時我的表態是，要支持這件事情須謹慎，但是要反對這個事情更要謹慎。」

[184]　按：參見河南省文物研究所〈河南舞陽賈湖新石器時代遺址第二至第六次發掘報告〉，《文物》，1989 年第 1 期。

[185]　按：參見〈安徽含山凌家灘新石器晚期墓地發掘簡報〉，《文物》，1989 年第 4 期。

[186]　李學勤《走出疑古時代》，第 116 頁，遼寧大學出版社，1997 年版。

[187]　李學勤《走出疑古時代》，第 115 頁，遼寧大學出版社，1997 年版。

卦方位，其大圓圈外「指向玉版四角」的四個「矢形」，又類似於八卦方位的四隅意識的早期表現。玉版出土時，夾置於具有占卜功能的玉龜甲間，可以看作與龜卜意識有關，也顯示了原始龜卜與易筮的文脈關聯。

關於原始巫文化的考古發現，高廣仁、邵望平〈中國史前時代的龜靈與犬牲〉[188] 一文可供參閱。占卜主要以龜甲牛骨為巫性的通靈媒介。龜甲之所以是靈物，是因為在初民心目中，龜的生命力很是漫長，牠是「不死」的象徵。牛骨之所以也是靈物，是因為初民崇拜牛的蠻力，以為神靈使然。[189] 在山東泰安大汶口、江蘇邳州劉林及大礅子、山東兗州王因、山東茌平尚莊、河南淅川下王岡、重慶巫山大溪以及江蘇常州寺墩等遺址中，都有龜甲等文物的出土，且多有鑽孔。如江蘇邳州大墩子 44 號遺址，其龜背、龜版相合，裡面有骨錐六枚，背、腹甲各具有四個鑽孔，腹甲一端磨去一段，上下有 × 形繩索繫紮的痕跡，年代早於安徽凌家灘。這一類令人鼓舞的考古發現，使得關於「最早期的龜卜方法」的推斷，增添了不少田野證據。

---

[188]　按：參見《中國考古學研究》，文物出版社，1986 年版。

[189]　按：韓國學人朴載福說，「從目前的資料看，中國最早的卜用甲骨發現於河南仰韶文化、甘肅馬家窯文化石嶺下類型、內蒙古富河文化中，均為卜骨」。如「甘肅武山傳家門遺址：該遺址發現 2 件卜骨，均為羊肩胛骨。卜骨未加整治，無鑽無鑿，但有灼痕和陰刻符號」。「內蒙古巴林左旗富河溝門遺址：發現了一些卜骨，係鹿或羊的肩胛骨」。又說，「神木新華遺址的年代，大致約龍山晚期到夏代早期。從卜骨的特徵看，該遺址的大部分卜骨已經進入夏代。發現有牛、羊、豬、鹿的肩胛骨，以牛肩胛骨為最多，羊肩胛骨其次，豬、鹿的肩胛骨較少」。「目前所知，占卜過的龜甲，最早發現於鄭州南關外下層遺址。其時代應為商代早期或先商階段（南關外期——原注）。商代早期的占卜以卜骨為主，卜甲為輔。卜甲僅見腹甲，還沒發現占卜過的背甲。腹甲一般稍加修整甲橋只保留中間豎行齒縫內側部分」（見 [韓] 朴載福《先秦卜法研究》，第 16、27、35 頁，上海古籍出版社，2011 年版）。從目前的相關考古可見，用於占卜的靈物，最早是羊骨，到了早夏時期，牛、羊、豬、鹿骨並用，以牛骨為多。時至早商，以卜骨為主、卜甲為輔。看來所謂甲骨占卜，有一個從以羊骨為主進而以牛、羊等骨為主且以牛骨為多，最後以龜甲為主、牛骨為輔的歷史發展過程。在殷墟時代，以龜甲為主、牛骨為輔的特點表現得很明顯。「卜用甲骨以殷墟類型中發現最多，且集中於殷墟遺址，見於大司空村、後岡、苗圃、小屯、花園莊、薛家莊、劉家莊、王裕口、四盤磨、孝民屯、北辛莊、張家墳、梅園莊、白家墳等地。」（該書第 43 頁）

　　關於靈玉的巫性，也是巫術文化的重要問題。傳說中的所謂「玉山」，是祥瑞之山。《山海經》說，「竹水出焉，北流注於渭，其陽多竹箭，多蒼玉。丹水出焉，東南流注於洛水，其中多水玉」，「又西百八十里，曰黃山，無草木，多竹箭。盼水出焉，西流注於赤水，其中多玉」，「苕水出焉，東南流注於涇水，其中多美玉」[190]。玉的神話傳說，《山海經》記載很多，比如「白玉」、「玄玉」、「珠玉」、「文玉石」等等，不一而足，都稱玉具有靈性，此之所以「黃帝是食是饗」，「天地鬼神，是食是饗；君子服之，以禦不祥」[191]。玉作為禮器，用以祭祀。距今約 4,000 年的浙江餘姚良渚文化遺址，出土許多玉器，在先民的心目中，其實都是巫性的「通靈寶玉」。

　　良渚文化有的遺址中，有玉紡輪出土，如餘姚瑤山第 11 號墓出土的玉紡輪和杆由兩單件組合而成，紡輪為白玉，呈圓餅狀，中間鑽有一孔；杆為青玉，呈長條形，長 16.4 公分，頭端圓尖，並鑽有一小孔。玉，在良渚文化時期的人們心目中，是神聖之物，那麼玉紡輪和杆也是神聖的，其紡線的物件，很可能是蠶絲。無疑，這絲織品也成為神聖之物。它說明了與巫有著密切的關係，甚至有可能蠶絲的起源與巫術活動的需求有關。[192]

　　所謂「金縷玉衣」，是又一種崇玉、信玉的文化現象，它主要出現在西漢文景時期的帝王的墓葬中，其源頭可以追溯到東周的「綴玉面幕」等。金縷玉衣是帝王、貴冑的殮服，以金線或銀線等連綴大小不同的玉片，緊貼墓主的遺體全身，形似鎧甲，故又稱「玉匣」（按：由《西京雜記》所說的「珠襦玉甲」而來）。迄今全中國所發掘的玉衣有 20 多件（按：包

[190]　《山海經·西山經》、《山海經·西次二經》，陳成《山海經譯注》，第 30、36、43 頁，上海古籍出版社，2014 年版。

[191]　《山海經·西次三經》，陳成《山海經譯注》，第 51 頁，上海古籍出版社，2014 年版。

[192]　吳汝祚、徐吉軍《良渚文化興衰史》，第 150 頁，社會科學文獻出版社，2009 年版。

括金縷玉衣、銀縷玉衣和銅縷玉衣），已經復原的有 4 件。以線連綴的金
縷玉衣的品味、規格為最高，又以 1968 年所發掘的河北滿城西漢墓葬中
山靖王劉勝的金縷玉衣最為著名。劉勝曾於西元前 154 年由漢景帝封為第
一代中山靖王，他是景帝劉啟的庶子、漢武帝劉徹的異母長兄。這一件金
縷玉衣，是由 2,498 塊大小不一的玉片用金線連綴而成的，用去金線約重
1,100 克。但是所用玉片的品質，以出土於江蘇徐州獅子山楚王劉戊陵的
金縷玉衣為最高（按：以和田白玉、青玉連綴而成，出土於 1994 ～ 1995
年）。以金縷玉衣包裹帝、王遺體下葬，是古代厚葬文化的一種極端的葬
式，雖然歷時不長，但它的成因，始於中國原始巫文化的玉崇拜。

　　玉之所以被如此看重，是因為在古時中國人的心目中，一直有一個信
仰靈玉的情結，葉舒憲稱為「玉教」。「玉教，全稱為玉石神話信仰，特指
在史前東亞地區形成的原始宗教的一種地域性表現形式。經歷過數以千年
計的文化傳播過程，逐漸在距今約 4,000 年之際，實現了相對的精神觀念
的統一性認同，其突出表現形式就是一整套禮神和祭祖用的儀式性玉禮器
的形成，並由此為夏商周國家的神權政治提供大致一貫的物質與精神證
明。玉教作為中國文化大傳統孕育出的信仰系統，既根深蒂固，又源遠流
長，成為我們重新考慮小傳統的思想文化現象的新出發點和基礎，如儒、
道思想的史前神話根源，巫史合一現象的史前巫玉傳承實踐，《周禮》所
述『六器』體系的真實性等。」[193] 以玉「通神」、「事神」，是悠久的中國巫
文化傳統之一。

　　中國屬巫的史前風水遺址的發現，也可以證明原始巫文化之發生的古
遠。北京周口店龍骨山「山頂洞人」的「居所」即洞內地理，在考古學上分

---

[193]　葉舒憲、譚佳《比較神話學在中國 —— 反思與開拓》，第 224 頁，社會科學文獻出版社，2016
　　　年版。

為「上室」、「下室」與「下窨」三部分。上室位於洞穴東半區，面積約 110
平方公尺，地勢高而相對寬敞，有先民用火的灰燼痕跡，這裡是活人居住
的區域而無疑；下室位於西半區，地勢稍低，有人的遺骸殘存的痕跡，發
現象徵生命和鮮血的赤鐵礦粉末的痕跡；下窨地勢更低，位於洞穴的最西
部，而且它的空間更為狹小，僅僅是一個南北 3 公尺、東西 1 公尺的小空
間，是一條自然形成的南北向的小裂溝，先民在這裡丟棄諸多動物殘骸。
這一遺址空間地理方位的安排，是約 1 萬 8 千年前巫與巫性堪輿文化意識
的有力證明。活人所居的空間，高爽而闊大，在風水地理上占得先機；其
次是死者的葬所；再次是動物殘骸的所在，證明當時以人為貴而動物次之
的人文意識具備，並且表現在風水意識之中。

　　河南濮陽西水坡 45 號墓又稱「龍虎墓」，其葬式，在墓主的左（東）
右（西），用蚌殼擺列成圖案。「東方為龍，西方為虎，形態都頗生動，其
頭均向北，足均向外」。這是有意為之的。「龍形在東，虎形在西，便和青
龍、白虎的方位完全相合」[194]。託名晉代郭璞所撰《葬書》說，「夫葬以
左為青龍，右為白虎，前為朱雀，後為玄武」[195]。這一西水坡葬制，是
後代屬於巫文化範疇的風水觀念的前期表現。

　　至於關於占星、占候與占夢等術數實例的考古資料，在此難以一一述
說，恕勿贅。

　　要之，這裡之所以持「巫性是中國文化原始人文根性之一」的見解，
是因為基於對中國原始文化之基本而主導的文化形態為巫文化這一點的同
情和理解。原始巫術、原始巫性的文化特質表現如次：（一）先民意識到

---

[194]　李學勤《走出疑古時代》，第 143、144 頁，遼寧大學出版社，1997 年版。

[195]　《葬書》，《風水聖經 ——〈宅經〉〈葬書〉》，王振復導讀、今譯，第 167 ～ 168 頁，臺灣恩
　　　　楷出版有限公司，2007 年第二次重印。

生活、生存和生命的艱難甚而是悲劇，從而具有企圖改變處境、克服困難的認知、需求和衝動。（二）信仰「萬物有靈」的意識已經產生，並且相信神祕而普遍的「感應」。（三）堅信巫術作為原始生活、生存與生命的一大基本的文化方式，是「有效」的，人可以透過巫術的施行，試圖克服一切艱難險阻甚至生命悲劇，做到「無所不能」。（四）與原始神話、圖騰不同的是，巫文化具有強烈而特有的一定的實用功能與目的，迷信可以透過巫的意志達到對於他人和環境的控制。（五）從巫術既媚神又瀆神、既拜神又降神且以前者為主的兩棲文化態度看，巫與巫性，它具備了人可以透過巫的方式所表現的人原樸而相對的一些主體意識，不同於宗教屬神的人文意識和態度，宗教崇拜是信徒虔誠的、全人格的拜倒在神的面前從而達到對神的皈依，沒有巫術那樣的瀆神與降神的文化特質。（六）在原始巫術的意識和儀式中，巫術尤其鍾情於有因必果、有果必因的「因果律」，實際是對因果律的史前「濫用」。但是在非理性的迷氛中，依然保持著一定的原始理性的所謂「尊嚴」，成為同是遵循事物發展必然律的科學的「偽兄弟」。（七）巫文化作為原始「象意識」、「象情感」、「象意志」和「象思維」的文化大澤或者如馬克斯·韋伯的所謂「魔術花園」[196]，從巫性轉嬗為詩性的審美是可能的。

孔子說，「務民之義，敬鬼神而遠之，可謂知矣」，「祭如在，祭神如神在」[197]。中國文化中的鬼神，同是尊奉和疏遠的對象，這是對待鬼神的第三種屬於巫性的人生態度[198]。不是不尷不尬，也並非不倫不類，更

[196] 馬克斯·韋伯《印度的宗教——印度教與佛教》，第359頁，康樂、簡惠美譯，廣西師範大學出版社，2005年版。

[197] 《論語·雍也第六》、《論語·八佾第三》，《論語正義》卷七，第126頁；卷三，第53頁，《諸子集成》第一冊，上海書店，1986年版。

[198] 按：第一種人生態度，是絕對的崇拜上帝之類與諸神的宗教；第二種人生態度，是不信、不事鬼神而發現、遵循事物本質規律的科學；第三種人生態度，是巫，神性與人性兼而有之，

無三心二意，而是左右逢源的一種進退自如、富於彈性的文化策略。應當說，這不僅是人生的一大文化策略，更是根深蒂固的文化信仰。中國文化中的「神」實指鬼神，絕非西方基督教那樣的「上帝」。神在中國，是這樣的一個屬巫的角色：神是「祭」出來的。如果不祭呢，那麼神就不「在」了。這裡的神，一般並非是一個可以提升為哲學的本源本體，缺乏絕對的神性。既然神是「祭」出來的，那麼，不是篤信彼岸確實有神「在」，而是彼岸之神不妨有也不妨沒有。

既相信鬼神，又自信人可以透過巫師的「作法」，達到對於環境與他人的控制與影響。

第四章

神（鬼）與靈的神祕世界

中國巫文化有兩個基本的人文範疇，便是神（鬼）和靈，其中的所謂神，實際上往往指鬼或者是鬼、神的合一，它和靈、巫與巫性範疇一起，呈現了中國原始文化的底蘊和靈魂。

第一節　中國巫文化的「神（鬼）」

關於神這一範疇，《說文解字》說：「神，天神引出萬物者也，從示申。」[199] 於省吾主編《甲骨文字詁林》和徐中舒主編《甲骨文字典》，都沒有收錄神這個漢字，但是都收錄了一個申字。這裡首先要分辨神、申二字的關係。郭靜雲說：

早期有些古文字專家支持郭沫若先生的觀點，認為「申」的本義就是干支，並認為，因「申」與「神」是同音字，故周人將「申」假借為「神」。李孝定等學者提出相反的看法，認為是干支「申」自「神」取音假借，而「神」係「電」形。李孝定先生認為，在古人心目中，萬物（包括電雨——原注）皆含有神格，且「申」與「神」又屬同音字，故許慎也說「申，神也」，不過「申」的本意非「神」，僅是「電」的本字。[200]

甲骨卜辭有申字，如卜辭：「甲申貞小乙祭亡蚩」。這裡的申字，屬於十二地支的一個漢字。許慎《說文》云「申，神也」[201]，以神來詮釋申，是後起的意義。甲骨文中的申，寫作 。關於這個申字，徐中舒說，「葉玉森謂甲骨文申字像電耀屈折形」，「故申像電形為朔誼，神乃引申誼」，

---

[199]　許慎《說文解字》，第 8 頁，中華書局影印本，1963 年版。

[200]　郭靜雲《天神與天地之道》上冊，第 135～136 頁，上海古籍出版社，2016 年版。按：該書原注，關於郭沫若的「觀點」，見郭沫若〈釋干支〉，郭沫若《甲骨文字研究》第 30 頁，科學出版社，2002 年版；李孝定的「觀點」，見李孝定《甲骨文字集釋》，第 4,385～4,390 頁，臺灣中研院歷史語言研究所，2004 年版。

[201]　許慎《說文解字》，第 311 頁，中華書局影印本，1963 年版。

「按葉說近是」[202]。可見，葉玉森的看法與李孝定是相同的。

那麼在甲骨卜辭中究竟有沒有實際上的神字呢？

郭靜雲指出：「金文中的『申』通常用作『神』義，而其結構和雙嘴龍相彷彿。甲骨的『申』字寫作『ᘝ』，雖然與金文接近，但在目前所見的卜辭中，『ᘝ』僅作為干支的『申』，對此羅振玉的見解實為精確，他指出：『ᘝ』僅作干支而無神義。」[203] 郭靜雲又說，「不過，甲骨文中另有一相似的『ᘝ』字體，以及前文所探討早商的 ᘖᘗ 雙嘴龍符號，皆可推想原始的『神』字寫法可能是『ᘝ』。」[204] 這種關於卜辭中的「申」字作為「神」的看法，作為一種「推想」，是否能夠最後被證實，依然需要真憑實據的證明，在此暫可存疑。

我們初步的結論是，關於甲骨卜辭中是否真的已經有了作為「神」（神靈）的「申」，還在疑似之間。而「在西周銘文中，共發現七例作為『神』的『申』字」[205]，則是可以肯定的。僅此而言，作為神靈意義的「神」字的出現，在年代上看來是稍晚一些的。

這不等於是最後坐實的結論。從殷代的禮器「雙嘴龍母題」看，既然這一母題大量的出現於殷周的禮器上，由於禮器是用於祭祀的，其本身以及祭祀都具有一定的神性兼巫性，如果沒有一定的關於「神」的人文意識，那麼其祭祀本身以及禮器的鑄造和供奉竟然如此必要，而且起源很早

---

[202] 徐中舒主編、常正伍仕謙副主編《甲骨文字典》，第 1,599，1,600 頁，四川辭書出版社，1989 年版。

[203] 郭靜雲《天道與天地之道 —— 巫覡信仰與傳統思想淵源》上冊，第 136 頁，上海古籍出版社，2016 年版。按：該書原注，有關羅振玉的見解，見羅振玉《殷虛書契考釋》，卷中第 4、5 頁，北京圖書館出版社，2000 年版。

[204] 郭靜雲《天道與天地之道 —— 巫覡信仰與傳統思想淵源》上冊，第 137 頁，上海古籍出版社，2016 年版。

[205] 郭靜雲《天道與天地之道 —— 巫覡信仰與傳統思想淵源》上冊，第 139 頁，上海古籍出版社，2016 年版。

歷時彌久，就是不可思議的了。然而，那個在卜辭中多次出現的作為干支的「申」字的意義，難道真的與一定的神靈意識沒有任何關聯嗎？

所謂干支，用以記日、記月、記年，其誕生的確切年代尚不可考。相傳黃帝時代即有干支。《世本》云：「榮成造曆，大橈甲子。」《尚書正義》說，榮成氏和大橈氏「二人皆黃帝之臣，蓋自黃帝以來，始用甲子紀日，每六十日為甲子一周」。黃帝是神話傳說中的偉大人物，中國的許多文化、文明的發生，都歸源於黃帝或黃帝時代的創造，干支的創造自無例外。不過干支的發明，一定是源於原始初民對於天象的觀測和對天時的領悟。後代作為記日、記月、記年的干支方法本身，是頗為理性而實在的，但是不等於毫無神性與靈性可言。原始初民對於天象的觀測，遠不是理性至上的。所以他們心目中的天象，是具有神性與靈性的。《尚書·大禹謨》有「皇天眷命」與「天降之咎」的記言，這裡的「天」象，與一定的天命意識相連。甲骨卜辭中有許多關於「干支」的紀錄，卜辭是由於占卜而留下的刻辭，都與一定的神靈意識相關。因此，儘管卜辭中的「申」，僅具有干支意識，但是我們不能由此證明，這一個申字的意義與神的人文意識絕然無關。

從卜辭的申字像雷電閃耀（按：「電耀屈折形」）的造型看，雷電作為一種天象，在初民的心目中，一定也是感到神祕而可怖的。無疑，甲骨文包括干支中的申字，顯然與後世神的意識相勾連，可以說，許慎稱「申，神也」，可謂的解。

神字從示從申。申是神的本字。這裡的「示」，許慎說：「天垂象，見（現）吉凶，所以示人也，從二。」[206] 這裡的所謂「二」，實際並非數字二，而是上下的上字，甲骨文寫作 ，與下字（寫作 ）相應。示字下部，表示古時被看作神祕的「日、月、星」之象。所以，示作為神字的

---

[206]　許慎《說文解字》，第 7 頁，中華書局影印本，1963 年版。

左偏旁,其意義是具有一定的神性兼巫性的。在漢字中,以示為左偏旁的叢集,如禮、禧、禛、祝、禘、禱、祈、祀、祭、祥、福、祿、祰、祉、祺、祗、禔、禪與社等字,都有祭祀、祝福天神地祇的意思。

中國文化中的神,具有「泛神」的特質,不像西方基督教上帝那樣富於絕對的至上性和崇高性。關於西方的宗教之神,狄奧尼修斯(Dionysius)說:

祂(按:這裡指上帝)是存在的永恆,是存在的根源與尺度。祂先於本質、存在和永恆。祂是萬物的創造泉源、中間態和終點。故而《聖經》把與各種存在相關的眾多屬性用來描述那真正的預先存在者。[207]

中國原始文化中,絕對沒有像西方上帝那樣的主神的絕對神性(按:基督教的基督,只是分享了上帝的絕對神性)。中國的神學殿堂「神才濟濟」,日神、月神、風神、雲神、雨神、五方神、五佐神、山神、河神、土地神、穀神、花神,甚至還有宅神、門神與灶神之類。天是神,地是神,三皇五帝都是神,祖宗是神,甚至連人世間的聖人、賢人和英雄人物,死後也可以追捧為神,比如三國的關羽,就被後世尊稱為「戰神」;明代李時珍撰成《本草綱目》影響極大,被追認為「藥神」等等。總之,凡是被崇拜、敬奉的對象,或者是對自然界和人間社會危害與破壞力強大而令人感到可怖的,都可以升格為神 —— 善神或惡神。中國文化中的神,是非常普泛的,也就是說,它不是專一的。神譜的廣泛性和包容性,說明中國神的神性,都不是絕對至高無上的。這正可證明神的意識和觀念相對淡薄,沒有經過西方那般嚴格的宗教汰洗。像西方基督教的上帝那樣作為獨一無二的存在,在中國先秦文化中,是找不到的。它們一脈相承的具有從

---

[207]　偽狄奧尼修斯(Dionysius the Areopagite)《神祕神學》(*Mystical Theology*),第 60 頁,包利民譯,商務印書館,2012 年版。

原始神話、圖騰與巫術那裡所帶來的神性、靈性與巫性的人文胎記。中國文化傳統中，所謂「神不滅」的思潮源遠流長。

　　夫神者何耶？精極而為靈者也。精極則非卦象之所圖，故聖人以妙物而為言，雖有上智，尤不能定其體狀，窮其幽致，而談者以常識生疑，多同自亂，其為誣也，亦以深矣。將欲言之，是乃言夫不可言。今於不可言之中，復相與而依稀。神也者，圓應而生，妙盡無名，感物而動，假數而行。感物而非物，故物化而不滅；假數而非數，故數盡而不窮。[208]

　　中國文化承認「神性不滅」。然而，這種永恆「不滅」的神，在中國的哲學領域，一般尚未提升為世界一切事物的本源本體，它在哲學和美學的位格，始終沒有如無極、太極、老莊之道與氣那樣的高妙。它往往只是用來指稱政治聖王及其王權的人間地位，並且拿到天上去證明其合法性。作為描述藝術和美的最高境界，被譽為「神」（按：神奇、神妙之類）。但是這個「神」，並非能夠等同於真正宗教意義的「神」。什麼緣故呢？因為中國文化中的「神」的意識理念，沒有真正將原始巫術、圖騰與圖騰文化傳統中的「鬼」的意識因素汰洗乾淨，從而提升其絕對的形上性。

　　子曰：「夏道尊命，事鬼敬神而遠之，近人而忠焉，先祿而後威，先賞而後罰，親而不尊。其民之敝，惷而愚，喬而野，樸而不文。殷人尊神，率民以事神，先鬼而後禮，先罰而後賞，尊而不親。其民之敝，蕩而不靜，勝而無恥。周人尊禮尚施，事鬼敬神而遠之，近人而忠焉，其賞罰用爵列，親而不尊。」[209]

　　這裡，《禮記》將夏商周三代加以比較，「夏道尊命」、「殷人尊神」、「周

---

[208]　石峻、樓宇烈、方立天、許抗生、樂壽明編《中國佛教思想資料選編》第一卷，第 85 頁，中華書局，1981 年版。

[209]　《禮記・表記第二十三》，楊天宇《禮記譯注》下冊，第 938 頁，上海古籍出版社，1997 年版。

人尊禮尚施」，三者是有區別的。而夏、周二代都「事鬼敬神而遠之」，對於鬼神都採取了「親而不尊」的態度，於是天下太平；唯有殷代對於鬼神「尊而不親」，於是天下大亂。顯然，這裡《禮記》所肯定的，是夏周兩代對於神（鬼）的「親而不尊」。什麼是「親而不尊」？便是「事鬼敬神而遠之」。這就是說，中國文化的「心目」中，不是沒有一點神（鬼）的地位，對於神（鬼），也是感到「親」的，但是同時又要「遠之」即疏遠它，與神（鬼）保持一個適當的心靈距離。「事鬼敬神」是必須的，又同時必須保持若即若離的關係。這便是中國文化的一個特質，也是中國人的一種文化與生存策略。

魯迅先生曾經激烈的批評中國文化的「不信」神與宗教：

然而看看中國的一些人，至少是上等人，他們的對於神、宗教，傳統的權威，是「信」和「從」呢，還是「怕」和「利用」？只要看他們的善於變化，毫無特操，是什麼也不信從的，但總要擺出和內心兩樣的架子來。[210]

雖然話說得有些憤激，其基本精神還是可取的。這種「事鬼敬神而遠之」（按：在《論語》裡，孔子的原話是：「敬鬼神而遠之，可謂知矣。」）、對於鬼神「親而不尊」的文化立場和態度，究竟是什麼原始文化及其文化環境才能得以養成的呢？

一言以蔽之，主要是由原巫文化所養成的。

中國原巫文化的立場和態度，其實就是「事鬼敬神而遠之」而對於鬼神「親而不尊」的。巫文化與宗教的區別之一，是對待神（鬼）的立場和態度上的不同。大凡成熟的宗教，都需一個主神以及諸神譜系，這以基督教為典型。一般宗教中與神相關的可能還有鬼，但是鬼始終不占主要地位。

---

[210]　魯迅〈馬上支日記〉，《華蓋集續編》，《魯迅全集》第三卷，第 328 頁，人民文學出版社，1981年版。

中國原巫文化，假如以宗教的標準去衡量它，往往是鬼、神一體的，有時以鬼代神。許慎《說文》釋「鬼」，稱「人所歸為鬼，從人，象鬼頭，陰氣賊害」[211]。這可能源於《左傳》：「子產曰：『鬼有所歸，乃不為厲。吾為之歸也。』」[212]《墨子》有〈明鬼〉篇，主張「有鬼」論。書中多次說過，「以若書之說觀之，鬼神之有豈可疑哉？」又說：「故武王必以鬼神為有，是故攻殷伐紂，使諸侯分其祭。若鬼神無有，則武王何祭分哉？」、「故古聖王治天下也，必先鬼神而後人者，此也。」[213] 文中但稱「鬼神」，這是因為在墨子看來，「鬼」與「鬼神」、與「神」是一個意思，此之謂「明鬼」。

　　朱自清先生說過，比如「《尚書》裡的主要思想，該是『鬼治主義』，像〈盤庚〉等篇所表現的」。[214] 歷史上曾經發生的「盤庚五遷」[215]，是因為殷王和大臣迷信舊都風水不佳，有害於國運基業和黎民百姓。「盤庚遷於殷，民不（按：丕）適有居」[216]。中國文化的頑強傳統之一，便是重祭。祭祀的對象便是鬼神。《禮記・祭法第二十三》云：

　　祭法：有虞氏禘黃帝而郊嚳，祖顓頊而宗堯；夏后氏亦禘黃帝而郊鯀，祖顓頊而宗禹；殷人禘嚳而郊冥，祖契而宗湯；周人禘嚳而郊稷，祖文王而宗武王。

　　燔柴於泰壇，祭天也。瘞埋於泰折，祭地也。用騂犢。埋少牢於泰

---

[211]　許慎《說文解字》，第 188 頁，中華書局影印本，1963 年版。

[212]　楊伯峻《春秋左傳注》修訂本，第四冊，第 1292 頁，中華書局，1990 年版。

[213]　〈明鬼下〉第三十一，《墨子閒詁》卷八，第 144、146、147 頁，《諸子集成》第四冊，上海書店，1986 年版。

[214]　朱自清《經典常談》，《朱自清古典文學論文集》下冊，第 620 頁，上海古籍出版社，1981年版。

[215]　《尚書・商書・盤庚上》，江灝、錢宗武《今古文尚書全譯》，第 156 頁，貴州人民出版社，1990 年版。

[216]　《尚書・商書・盤庚上》，江灝、錢宗武《今古文尚書全譯》，第 156 頁，貴州人民出版社，1990 年版。

昭，祭時也。相近於坎壇，祭寒暑也。王宮，祭日也。夜明，祭月也。幽宗，祭星也。雩宗，祭水旱也。四坎壇，祭四方也。山林川谷丘陵能出雲，為風雨，見怪物，皆曰神。有天下者祭百神。諸侯在其地則祭之，亡其地則不祭。[217]

祭祖宗、祭天地、祭時辰、祭日月、祭星辰、祭水旱、祭四方、祭風雨，等等，凡是認為神祕的對象，幾乎無有不祭，真可謂有天下者「祭百神」矣。凡是善性而佑助於人的，為神；凡是惡性而有害於人的，為鬼。所以在中國巫術中，請神和驅鬼的法術，都大行其道。而神與鬼的共同點在於巫。夏鼐說：

根據考古資料，在中國至遲在新石器時代人們已有靈魂不死的觀念，當時埋葬死者還葬著生活用具和飲料食物，以便他們死後仍可享用。新石器晚期的陶且（按：祖）的發現，顯示當時有生殖崇拜的習俗。

新石器晚期已有占卜術，我們在各地發現有卜骨和甲骨。到了殷商時代，占卜術更為盛行，有專職的貞人，卜骨或卜甲上還刻有文字。周代占卜衰落，但仍有少數占卜的甲骨出土。戰國時代楚墓中的「鎮墓獸」和漆器花紋上的怪獸，是楚人「信巫鬼」的表現。[218]

其實在當時的墓葬中，有時不僅「還葬著生活用具和飲料食物，以便他們死後仍可享用」，而且更令人觸目驚心的是人殉和牲殉。據相關考古發掘：

小屯宗廟區發現牲人遺骨 673 具（其中乙組基址 641 具，丙組基址 32 具 —— 原注）；侯家莊王陵區祭祀場發現牲人遺骨 3,455 具（包括第一次發掘估定的 2,000 人 —— 原注）；小屯、後岡、大司空村三個圓形祭祀

---

[217]　禮記・祭法第二十三》，楊天宇《禮記譯注》下冊，第 788、789 頁，上海古籍出版社，1997年版。

[218]　夏鼐《敦煌考古漫記》，第 147 頁，百花文藝出版社，2002 年版。

坑發現牲人遺骨 90 具；殷墟墓葬中發現牲人遺骨 260 具，殉人遺骨 282
具。[219]

　　在建築遺址的考古中，發現這麼多的人、牲「遺骨」雄辯的證明，
當時古人在建造宗廟、祭祀場、祭祀坑和墓葬等時，是怎樣誠惶誠恐的
將人、牲用作「祭品」，埋葬於宮室基址之下，以祈求善神保佑與驅除惡
鬼。人殉、牲殉是殷墟文化的一個普遍現象。鄒衡也說，如殷墟第三期建
築遺址，「有一個『奠基墓』，埋小孩 1；有『置礎墓』9，埋人 1，牛 33，
羊 101，狗 78。」「乙七基址，埋人 1，牛 10、羊 6、狗 20；7 個『安門墓』，
埋人 18、狗 2，人或持戈執盾，或伴刀、棍之類。」[220] 殷墟夯土臺基的建
造，也常常用人來「奠基」。一般是在臺基的下層挖一個長方形的豎坑，
把人的遺體用席子捲好填入坑內，再加以夯實。殷人堅信，這是為了建築
風水上的需求，表示對善神的獻身與感激，令善神佑我而惡鬼遠避。為了
達到這樣的目的，可謂不惜犧牲，以人、牲為祭，以血薦之。

　　中國文化中神與鬼的意識理念往往沒有嚴格的區分，也可以從文字學
角度略加考辨。

　　關於鬼字，許慎《說文》載有一個神字別體，其字體結構，為從鬼從
申。許慎釋為「從鬼申聲」[221]，寫作鬽。段玉裁說，這個神字別體，「神
也。當作神鬼也。神鬼者，鬼之神者也，故字從鬼申」[222]。而申字，正
如前述，在甲骨卜辭中指干支的十二地支之一，有神性、靈性與巫性的意
義，它實際是後世神字的本字。可見這一別體，彰顯了一個不容忽視的意
義，就是在中國文化中，神性中含鬼性，鬼性中含神性，它與巫性相繫。

---

[219]　黃展嶽《中國古代的人牲人殉》，第 107 頁，文物出版社，1990 年版。
[220]　鄒衡《夏商周考古學論文集》，第 79 ～ 80 頁，科學出版社，2011 年版。
[221]　許慎《說文解字》，第 188 頁，中華書局影印本，1963 年版。
[222]　段玉裁《說文解字注》，第 435 頁，上海古籍出版社，1981 年版。

錢鍾書先生曾經指出，古時往往「鬼神」渾用。

> 皆以「鬼」、「神」、「鬼神」渾用而無區別，古例甚夥，如《論語‧先進》：「季路問事鬼神，子曰：『未能事人，焉能事鬼？』」《管子‧心術》：「思之思之，思之不得，鬼神教之。」而《呂氏春秋‧博志》：「精而熟之，鬼將告之。」《史記‧秦本紀》由余對繆公曰：「使鬼為之，則勞神矣，使人為之，亦苦民矣……」[223]

這種「『鬼神』渾用」的文字現象，正可證明「鬼」與「神」的概念在中國文化的邏輯上未曾徹底分化，它表現了中國文化一向尚「巫」的特點，在先秦沒有得到真正的宗教文化的嚴格洗禮，沒有在文化位格上，以「神」區別於「鬼」或以「鬼」區別於「神」，有時甚至在觀念上，使「鬼」上升到主要的地步。「中國文化在這一面的情形很與印度不同，就是於宗教太微淡」[224]。中國文化觀念中的神性是嚴重不足的，在印度佛教文化入漸中土之前，「神」與「鬼」往往糾纏不清。中國文化中的「神」，並非伊斯蘭教那樣的「先知」。

> 像中東、伊朗或印度那種在社會上有勢力的先知（Prophetie —— 原注），在中國是聞所未聞的。這裡從來沒有一個以超世的神的名義提出倫理「要求」的先知。中國宗教始終如一的不間斷性的排除了先知的存在。[225]

這裡暫且勿論所謂「儒教」是否是一種宗教，而馬克斯‧韋伯關於中國文化沒有宗教「先知」的看法，是正確的。中國文化中的「神」與「鬼」，都是由原始巫術、神話與圖騰所哺育的，千百年間，沒有也不可能

---

[223]　錢鍾書《管錐編》第一冊，第 183 頁，中華書局，1979 年版。

[224]　梁漱溟《東西文化及其哲學》，《梁漱溟全集》第一卷，第 441 頁，山東人民出版社，1989 年版。

[225]　［德］馬克斯‧韋伯《儒教與道教》（*Konfuzianismus und Taoismus*），第 151 頁，洪天富譯，江蘇人民出版社，2010 年版。

褪去中國原始「信」文化的烙印。

第二節　中國巫文化的「靈」

與神（鬼）範疇相繫的，是「靈」。巫靈、靈巫的意識理念，在中國原巫文化中表現得很是典型而突出。

● 靈的感應

英國文化人類學家泰勒首倡「萬物有靈」說。[226] 理解中國巫文化本質的關鍵之一，其實只是和鬼、神與巫觀念相關聯的一個字：靈。

靈字從巫從霝。霝，雨䨕也。由於靈字從巫，顯然是古人專門為了表達巫靈、靈巫的特殊意義，而創構的一個漢字。學界一般認為，在甲骨卜辭中，迄今尚未真正發現靈字。于省吾主編《甲骨文詁林》與徐中舒主編《甲骨文字典》等，都沒有靈字的條目。何金松《漢字形義考源》一書，曾經將郭沫若主編、胡厚宣總編輯，中國社會科學院歷史研究所《甲骨文合集》編輯工作組集體編輯《甲骨文合集》八九九六「從龜從雨」[227] 的甲骨文字，讀為「靈」，但是這一文字是否確為靈字，學界意見尚為不一。

這當然不等於說，中國原巫文化不是以「靈」為其人文底蘊和靈機的。許慎以為，靈或從玉，並從巫的角度釋讀靈的字義，稱「靈，巫以玉事神」，「靈或從巫」[228]。戰國屈原《九歌·東皇太一》云：「靈以蹇兮

---

[226]　按：英國文化功能主義人類學家馬凌諾斯基說：「將宗教（按：實際指原始巫術等）加以人類學研究基礎的人，當推泰勒（Edward B. Tylor，西元 1832 年～ 1917 年 —— 原注）。他的著名學說認為原始宗教的要點乃是有靈觀（animism），乃是對於靈物的信仰。」（布朗尼斯勞·馬凌諾斯基《巫術科學宗教與神話》，第 4 頁，李安宅譯，上海社會科學院出版社，2016 年版）

[227]　按：參見何金松《漢字形義考源·釋巫神靈》，第 474 頁，武漢出版社，1996 年版。

[228]　許慎《說文解字》，第 13 頁，中華書局影印本，1963 年版。

姣服，芳菲菲兮滿堂。」這個靈，實際指女巫。《九歌·湘夫人》有「九疑繽兮並迎，靈之來兮如雲」的歌唱，這裡是指群巫之多。《詩經·大雅·靈臺》有「經始靈臺，經之營之」的歌吟。靈臺是中國先秦的重要建築類型，要建造得盡可能高巨，作為神性與巫性的祭天之需，自然不會是靈的缺席。考辨《周易》本經頤卦初九爻辭「舍爾靈龜，觀我朵頤，凶」的靈龜之靈，為巫性之靈而無疑。龜是一種靈物，早在殷代先民就是十分虔信的，而對於牛骨等靈性的開始崇拜，還在龜甲之前的一些時候。否則就不會有甲骨占卜興起而且繁盛於殷代的歷史了。與靈相繫的漢字有「雩」，《甲骨文合集》六七四〇有「戊戌雩示九屯」語。許慎釋雩，稱「夏祭樂於赤帝，以祈甘雨也」[229]。這是指以祭祀神靈的儀式來求雨，是巫術的一種。《左傳·桓公五年》，有「龍見（現）而雩」的記敘，《禮記·月令》云，「仲夏之月」，「大雩帝，用盛樂」[230]。東漢鄭玄注云：「雩，吁嗟求雨之祭也。」大雩帝的大雩，指「作法」求雨的大巫師。帝，禘義，祭祀的意思。

　　與神（鬼）、巫一樣，靈是中國原巫文化的核心意識。原始大巫以「有靈」自居，將世間的一切都看成是有靈即是有生命的而且神通廣大。最初的巫術建立在靈與靈相互感應的關聯上，他們將靈和日常生活的事件——狩獵、採集和捕魚等勞動連結在一起。一旦如此，巫術便有了一個產生的契機。由於堅信靈的隨心所欲、反覆無常即絕對的「自由」，初民會在整個生活過程中，不斷的重複自己心中強烈的情感、聯想、幻想和願望，甚至以呼喚、叫囂、詛咒與許願以及誇張的表情、狂亂的歌舞動作等等，來加強巫的靈力與效用，以便在公眾面前樹立一個神祕而權威的偶

[229]　許慎《說文解字》，第 242 頁，中華書局影印本，1963 年版。
[230]　《禮記·月令第六》，楊天宇《禮記譯注》上冊，第 256、259 頁，上海古籍出版社，1997 年版。

像，從而加強對於巫的信仰。

於是，最初的巫咒和巫性歌舞就誕生了。許多次的施巫「靈驗」，初民對於巫術便深信不疑，強大而持久不衰的巫術傳統就形成了；如果巫術失靈而心中之願望不能實現，也不會去懷疑、反思巫術本身是否真的靈驗，而只是檢討自己在施行巫術過程中的種種可能的失誤。無論成功或失敗，都歸因於諸多巫術禁忌的嚴格遵守或是不遵守。嚴格、虔誠的儀式、過程及其咒語、歌舞和禁忌等，是早期巫術最基本的形態、特徵，靈在其中，發揮了關鍵性的作用。中國巫文化的發展，主要是由對於靈的體驗、認知的加深而生起的。所謂「自我之靈」和「萬物之靈」，實際是同一個靈，靈不分內外，顯示了初民巫性人文眼界的拓寬和巫術經驗的累積。初民誤認為，無論所謂成功或失敗，都是由於靈的巫性之力發生作用或反作用的緣故。所以施行巫術時，情感和態度一定要絕對虔誠，種種禁忌必須絕對嚴格的遵循。對於初民來說，這個世界及其環境中到處是鬼神和精靈，它們的神祕莫測的超強靈力，隱匿在可感的形體之中。葛洪《抱朴子·至理》說：「形者，神之宅也。」形也是靈之所在。所謂靈，是以物質形體為宅舍的，靈也存在、活動於虛空之中。靈是整個世界、事物、環境與人的命運存在、改變、走向和結局的人文根因。

中國原巫文化所堅信和奉行的，是普泛的拜靈主義。中國風水文化的所謂「四靈」，即左（東）青龍、右（西）白虎、前（南）朱雀、後（北）玄武，構成了一個巫性的「靈力場」。時當仰韶文化期的河南濮陽西水坡45 號墓葬所出土的「龍虎」蚌殼所塑圖形，雖然僅為「龍形在東，虎形在西」，卻與後世的風水「四靈」觀的「青龍、白虎的方位完全相合」[231]。地上的四靈，實際與天上二十八宿四個方位的分布相對應。東南西北每方七

---

[231]　李學勤《走出疑古時代》，第 144 頁，遼寧大學出版社，1997 年版。

宿，作為神祕天象，與人事相感應，所依靠的便是靈。它是屬巫的原始天文思想和思維的蒙起，此《易傳》之所以說「天垂象，見吉凶」[232]232。

在原巫時代，巫術一開始並非單純是所謂「自我之靈」單方面對於環境的控制，而是靈與靈之間的一場「交易」。巫術的施行，沒有靈的感應，是不可設想的。靈的結構，是「天人合一」的。靈有善、惡兩種。善性巫術是善靈對善靈、善靈對惡靈的感應和爭鬥；惡性巫術是惡靈對惡靈、惡靈對善靈的感應和爭鬥。對於初民而言，所謂「自我之靈」，似乎是巫師能夠自知即自我認同的，因為它就在他的心中。而所謂「他物之靈」雖然實際上就是巫師自己心中所想像的靈，然而人一旦處於逆境、遭遇重大困難時，就透過虛幻的想像和幻想，將其自己所認同的靈，變成了異己性的靈，它好像是外在於我的，總是與我作對的，實際上所謂自我之靈與外在之靈，都是心造的幻影。於是，透過巫師的「作法」，來試圖降服外在之靈或者獻媚於它。如巫性祭祀，就是一種獻媚方式。卜辭「乙卯卜即貞王賓報乙祭亡禍」[233]的「祭」，就是為了討好鬼神、精靈而進行的。《說文》：「祭，祀也。從示，以手持肉。」[234]有學者曾經說，實際上「甲骨文祭不從示，示為後加之意符」（按：但凡以示為偏旁的漢字的本字，都有祭祀、祝福等意思，但是它們作為本字，都不從示，示作為偏旁是後加的），甲骨文的祭字，寫作ᵁᶻ，的確象「以手持肉」形，「或以數量不等之點象血點之形，會祭祀之意」[235]，此是。《禮記》所說的「禮」，不僅在其〈月令〉篇中，而且〈祭法〉、〈祭義〉、〈祭統〉等篇，都大講巫性的「祭問

[232]　《易傳‧繫辭上》，朱熹《周易本義》，第 315 頁，怡府藏版影印本，天津市古籍書店，1986 年版。

[233]　胡厚宣《甲骨續存》一、一四八六，群聯出版社，1955 年版。

[234]　許慎《說文解字》，第 8 頁，中華書局影印本，1963 年版。

[235]　徐中舒主編《甲骨文字典》，第 18 頁，四川辭書出版社，1989 年版。

題」。凡是祭禮，都是對於自然神靈和祖宗神靈的崇拜和獻媚，都是對於神靈的感激與敬誠，以求得神靈的保佑從而趨吉避凶。《禮記》說：「凡天之所生，地之所長，苟可以薦者，莫不咸在，示盡物也。外則盡物，內則盡志，此祭之心也。」[236] 祭禮的施行，為的是巫性意義上的吉利與樂生。

　　誠然，巫術的主旨，是對於外在環境與對象的「控制」，但是這種控制，絕對不是單向的，實際上，是施行法術者（按：巫師、祭司等）與環境和對象之間的控制和反控制。這就是說，巫性之靈具有兩重性。巫師等既是人又通神，他或她本來是人這一點是實在的，而通神則是虛擬的。神漢巫婆稱其自己有通神的本領，實際是對於神祕之靈的崇拜，只有在一個到處是絕對信仰靈的社會文化和環境中，巫師等通神的把戲，才不會被拆穿。巫師等樹立權威和偶像的心理基礎，是靈。在一個信巫的環境中，巫師等的社會與文化形象，是半人半神的，巫師是神化的人、人化的神，他們搶占了社會信仰的高地，甚至可以聳動輿論，造成風氣，成為神靈的代言人。巫是神與人之間的一個中介和「模糊」狀態，富於非黑非白、又黑又白的文化的灰色。在人 —— 巫 —— 神 —— 靈的四維結構中，巫是一種從人到神、從神到人之際傳遞靈之「資訊」的特殊角色。

　　巫靈，既降神又拜神，既瀆神又媚神，是一種神人合一的原始心靈結構。當然，這裡的神，是與鬼在一起的。但是在巫文化的迷氛中，所謂人的自我之靈，始終占據了主導地位，這便是《尚書·泰誓》之所以說「惟人，萬物之靈」[237] 的緣故。

---

[236]　《禮記·祭統第二十五》，楊天宇《禮記譯注》下冊，第 829 頁，上海古籍出版社，1997 年版。
[237]　《尚書·周書·泰誓上》，江灝、錢宗武《今古文尚書全譯》，第 204 頁，貴州人民出版社，1990 年版。

● 巫術之靈與宗教之靈

大凡宗教文化及其崇拜，蘊含著靈（按：也可以稱為靈氣）這一人文意蘊是其通則。西方基督教教義稱上帝為「聖靈」（按：God the Holy Ghost），《聖經‧創世記》說：起初上帝創造天地。地是空虛混沌，淵面黑暗，上帝的靈在水面上運行。上帝說「要有光」，於是便有了光。基督教有「靈感」（按：Inspiration，也稱「默感」）說，指上帝與信徒在精神上所達成的感應和默契，認為《聖經》之所以成文，是因為作為信徒的《聖經》寫作者，深受上帝之靈的召喚、啟迪和撫愛的緣故，《聖經》就是上帝聖諭的紀錄。靈，在後起的宗教文化中顯得特別活躍而重要。這正可證明，宗教之靈，主要源於巫術之靈（按：同時還有原始神話之靈和圖騰之靈），並且超越了原巫之靈，而提升為宗教信仰及其哲學本體精神的人文核心。

作為中國土生土長的宗教即道教，是一個尤為崇靈的宗教。道教早期經典《太平清領書》即《太平經》，首創「靈寶」一詞，成為魏晉道教另一經典《靈寶經》流行和靈寶派創立的一個歷史性契機，後世道教「三清」之說中的「靈寶天尊」即由此而來。什麼是靈寶呢？「氣謂之靈；精謂之寶。寂然不動、感而遂通曰靈；上無復祖、惟道為身為寶。」、「靈寶者，精氣也。」[238] 這指明了靈與氣的內在關聯。無論靈抑或氣，皆源於巫。道教之所以大談鬼神、靈異，施行齋醮、靈符與讖緯之類，是因為道教尤其未能脫淨其文化母胎之一的原巫文化傳統的緣故。道教崇尚神仙，其文化原型便是巫祝與神話的講說者、圖騰的崇拜者。魯迅先生說：「前曾言中國根柢全在道教，此說頗為流行。以此讀史，有多種問題可以迎刃而解。」[239]

---

[238]　陳觀吾〈度人經注解序〉，《道藏》第二冊，第 392 頁，文物出版社，1988 年版。

[239]　魯迅〈致許壽裳（1918 年 8 月 20 日）〉，《魯迅書信集》上卷，第 18 頁，人民文學出版社，1976 年版。

魯迅之所以說「中國根柢全在道教」，是因為他敏銳的看到了道教觸及了中國文化的「根柢」主要在「巫」而且「中國本信巫」的緣故。

「中國本信巫」，使得道教文化帶有過多的「巫術的孑遺」。《抱朴子》、《太平經》之類，不乏關於「巫風鬼氣」的敘述。道教尤其推崇符籙的所謂法力和靈力。據《正統道藏》所載，後世道教保存了屬巫的許多關於「請神」的符籙儀式，諸如「淨壇符」、「敬香符」、「獻酒符」、「急救符」、「召萬靈符」與「百無禁忌符」等，祛災有「解厄符」、「解三災符」、「解四煞符」與「解冤結符」等，都被看成是絕對「靈驗」的。似乎世間一切矛盾、困難、苦厄甚至死亡，都可以因符籙的施行而消解殆盡。如所謂「驅鬼符」的「功能」是，制百邪百鬼及老精魅，持符、執劍，甕中盛水，口念咒語，於中視其形影。凡行出入，率逢非常怪物，於日月光中視其形影，以丹書制百符，浮於甕水之上，邪鬼見之，皆自然消去矣。這便製造了無數迷信的無有不靈的宗教神話，可以讓信徒深信不疑的，這實際與崇拜巫術之靈沒有多大區別。道教以老子為教祖，將哲學的老子變成了道教的太上老君。而老子哲學、道教老子的文化之根，其實主要是種植在原巫文化的土壤之中的。

老子哲學，自當是對於巫術等原始文化和精神意蘊的超越，但是它依然帶有某些巫文化的胎記。通行本《老子》第二十一章云：「道之為物，惟恍惟惚。惚兮恍兮，其中有象。恍兮惚兮，其中有物。窈兮冥兮，其中有精。」[240] 這一關於「道」的描述的「物」、「精」的原型，顯然還是那個似乎神出鬼沒的靈。作為哲學的道，所以是「惟恍惟惚」的，是因為在道中還殘留著巫性的「象」、「物」、「精」等因素的緣故，所以老子之道，並非絕

---

[240]　《老子》第二十一章，王弼注《老子道德經》上篇，第 12 頁，《諸子集成》第三冊，上海書店，1986 年版。

對形上、絕對純粹的，毋寧可以說，還殘留著巫性文化的一些殘餘。

這涉及原巫文化與宗教以及作為「準宗教」的中國先秦儒家「史」文化的關係問題。馬凌諾斯基說：「巫術與宗教都是起自感情緊張的情況之下」。「因為在理智的經驗中沒有出路，於是藉著儀式與信仰逃避到超自然的領域去」。又說，「巫術與宗教都嚴格的根據傳統，都存在奇蹟的氛圍中，都存在奇蹟能力可以隨時表現的過程中。巫術與宗教都被禁忌與規條所包括，以使它們的行動不與世俗界相同」[241]。此言是。

巫術與宗教，都宗於「有靈」的超自然觀，都包含非理性而悖於理智的因素，都嚴守傳統與相信奇蹟，都不敢逾越禁忌和規矩而堅守信仰等等。然而，巫術與宗教的同中之異，又是顯然的。

弗雷澤說：「我所謂的宗教，是被認為能夠影響和控制自然與人生進程的超自然力量的信仰或撫慰。這就將宗教分為理論與實踐兩大方面：一是對超自然力量的信仰；二是討神歡心、安撫憤怒。顯然，信仰是先導，若不相信神的存在，就不會想要取悅於神了。當然，如果這種信仰並沒有帶來相應的行動，那它便只能被定義為神學，而不是宗教。」[242]

這裡，可以將巫術與宗教加以簡略的比較。

巫術與宗教，都屬於人類「信文化」的一種，但是在文化品味上，宗教顯然要比巫術高階得多。巫術信鬼神、精靈與吉凶休咎之兆等，宗教所信仰的是教主、諸神、彼岸（天國）與教義等。然而兩者信仰的人文核心，都是基於靈的。巫術之信，即貫徹於拜神又貫徹於降神的全過程中，屬於相對的信仰，巫術既信靈力又信人智；宗教之信，為絕對的信仰。如

[241] 〔英〕布朗尼斯勞·馬凌諾斯基《巫術科學宗教與神話》，第 108 頁，李安宅譯，上海社會科學院出版社，2016 年版。

[242] 〔英〕詹姆斯·喬治·弗雷澤《金枝》上冊，第 56 頁，陝西師範大學出版總社有限公司，2010 年版。

果說，人在巫術中在神靈面前僅僅是半跪的話，那麼宗教的信仰，就是向神、上帝的雙膝跪下。從巫術崇拜到宗教崇拜，人相對的軟弱無力，變成了絕對的軟弱無力。宗教的「神是非人格的，或者說是超人格性的，因為人格由於是某種確定性的東西，似乎是有限性的，而知的神性卻是無限的」[243]。這裡所謂「神是非人格的」、「超人格的」，實際指神格，具有無限性。而且，具有神性的宗教規範和踐行，往往都是一種成系統甚至成體系的理論形態，比如基督教、佛教的教義就是如此。巫術儘管是一種意識與有理念的行為，它也有一定的思想和信仰，然而沒有建構起相應的理論系統。宗教信仰本身是非理性的，而宗教信仰以及有系統的理論形態的建立，還有上帝這一宗教主神的被創造，卻是基於理性的，所以西方學者說，但凡宗教，都是某種意義上的「理性的勝利」。

正因如此，宗教有其自己一定內在的「自我解構」的力量，或者不妨可以說，宗教有一定的自我反思的精神，而巫術並非如此，它只是依靠傳統的力量而代代相傳。當然，隨著時代的發展，由於其外在的科學等因素的進步，巫術也在不斷的消解之中，或者改變其存在方式，然而正如宗教一樣，它是永遠不會徹底消亡的，這是因為人類所面對的，總是有不可克服的生存困難甚至遭遇悲劇的緣故。

巫術是人類企圖解決所遭遇的生活、生存的難題而誕生的，孜孜以求的是一定的「實用功利」。它雖然有一定信仰即相信神、鬼與靈的存在及

---

[243]　[美] 休斯頓·史密斯《人的宗教》，第 33 頁，劉安雲譯、劉述先校訂，海南出版社，2013 年版。按：這裡所謂「知的神性」，指「理性」的神性。西方一些學者認為，比如基督教的誕生與盛行，是「理性的勝利」，而並非非理性的氾濫。美國學者羅德尼·斯塔克 (Rodney Stark) 說：「奧古斯丁 (Augustine) 承認，『信仰 (按：指基督教信仰) 必須先於理性，對心靈進行淨化，使之做好接受理性的強大光芒的準備』。他接著又說，儘管『在一些不能掌握的重大時刻，信仰先於理性，那說服我們相信這一點的一小部分理性，卻必須先於信仰』。經院學者對理性的信仰比今天大多數的哲學家更堅定。」其實，這也便是「知的神性」。（見羅德尼·斯塔克《理性的勝利——基督教與西方文明》，第 6 頁，管欣譯，復旦大學出版社，2013 年版）

其強大作用，但是巫術對於人類的終極關懷提不出什麼中肯的意見。或者可以說，在巫術「思想」中，沒有終極關懷這一層，它的人文智力，尚沒有能力具備如此抽象的形上思維。而宗教則更多的出於靈魂的撫慰、嚮往終極的精神需求。「巫術要早於宗教登上歷史的舞臺。巫術僅僅是對人類最簡單、最基本的相似聯想或接觸聯想的錯誤運用；而宗教卻假設自然的背後還存在著一個強大的神。很顯然，前者要比後者的認知簡陋得多。後者認定自然進程取決於有意識的力量，這種理論比那種認為事物的發生只是由於互相接觸、或彼此相似的觀點深奧得多。」[244] 顯然，巫術與宗教的區別之一，在於兩者遠不在同一歷史與人文水準的文化智慧及其理性深度中，前者的粗淺與後者相對的精緻，尚不可同日而語。當然，由於宗教源於原始巫術、神話與圖騰等原始「信文化」，因而巫術、神話與圖騰等文化因素與傳統，在一定程度上又在宗教文化中得以延續或者變形。

從人文思維角度分析，巫術與神話、圖騰等，都是原始意義上的「天人合一」的文化形態。《尚書》所說的所謂「八音克諧，無相奪倫，神人以和」，首先表現在原始巫術的文化形態之中，當然也存在於原始神話與圖騰文化之中。我們常說巫術是靈力與人智的結合（按：同時是對抗與妥協），這對於中國原始文化形態而言，實際主要指巫術的天人合一這一文化方式。在人類文化史上，最原始的天人合一，其實也或多或少的存在於巫術文化之中。宗教也是崇尚天人合一的，不過，它往往意味著信徒對於教主的服膺及其對於教義的皈依，信徒的崇拜宗教主神及其諸神，更多的是信徒發自內心的「愛」，但在信徒與神之間，依然保持著一定的心靈距離。

---

[244]　詹姆斯·喬治·弗雷澤《金枝》上冊，第60頁，陝西師範大學出版總社有限公司，2010年版。

《人的宗教》說：

水能把自己喝乾嗎？

樹能嘗到它們自己生長的果實嗎？

崇拜神的人必須跟祂分得一清二楚，

只有這樣他才能知道神歡樂的愛；

因為如果他說神跟他是一，

那歡樂、那愛，就將即刻消失掉。

不要再祈求與神為一了，

倘若珠寶和鑲嵌是一的話，那麼美麗何在？

熱和蔭是二，

若非如此，哪來蔭的舒適？

母親和孩子是二，

若非如此，哪來的愛？

當分割開來之後，他們相遇，

他們感到多麼的歡樂呀，母親和孩子！

倘若兩者是一，何來的歡樂？

那麼，不要祈求完全與神合一了。[245]

神和信徒的關係，首先好比「母親和孩子是二」，必須「分得一清二楚」，因為只有首先是二，爾後才能談得上合二而一，才能談得上神對信徒的愛以及信徒對神的愛，如果原本「兩者是一」，在基督教看來相互之間的「歡樂」也就不存在了。

同時，巫術的禁忌多如牛毛，有許多所謂禁區，人透過巫術的種種儀式約束自己的思想、言語和行為，是不得已而為之的，為的是能夠確保施

---

[245]　［美］休斯頓·史密斯《人的宗教》，第 34 頁，劉安雲譯、劉述先校訂，海南出版社，2013年版。

巫的所謂靈驗與成功，達到對他人和環境的控制。宗教的戒律很多，而且也很嚴格，它是宗教生活的重要部分，它源於巫術的禁忌，由此而提升為宗教戒律。然而，宗教戒律具有嚴肅的種種規定，要求信徒自覺遵守，有些是強迫性的，是啟悟信徒的自覺性與強迫性相結合的。首先是嚴格，所以樹立一定的規矩是必須的，在外在強迫的前提下，透過修持逐漸轉變為信徒出於內心的自覺自願，則意味著宗教修行的成功。宗教規條的嚴肅性與強迫性，展現了神的意志與崇高權威，神聖不可侵犯。

中國以巫卜、巫筮為代表的巫文化尤其是後者，可以說是世界上發展得很高階的一種原巫文化形態。卦爻符號系統和卦爻辭的文脈關聯，構成了世上獨一無二的象數體系。象數原本蘊含著可以發展為陰陽哲學的文化基因，「吉凶」作為二元對待之巫性的人文心靈的根因，凝聚為靈，達到陰陽哲學的本體即氣的程度。可是中國哲學的氣，並非西方基督教那般的上帝，它是拖著巫性之長長的人文陰影的。

一般而言，從原巫文化走向宗教，是人類文化歷史發展的一般通則，如猶太教、基督教、伊斯蘭教與印度教、佛教等，大抵都是如此。中國文化實在有些特別。大致始於老聃、孔丘之春秋末期至戰國中國文化的所謂「理性化」[246] 時期，中國文化完成了主要由巫向「史」的歷史性轉換，這

---

[246]　[德] 馬克斯·韋伯《中國的宗教、宗教與世界》，第 309 頁，康樂、簡惠美譯，廣西師範大學出版社，2004 年版。按：韋伯說：「要判斷一個宗教所代表的理性化水準，我們可以運用兩個在很多方面都相關的主要標準。其一是：這個宗教對巫術之斥逐的程度；其二則是它將上帝與世界之間的關係以及它本身對應於世界的倫理關係，有系統的統一起來的程度。」又說：「就第一點而言，禁欲的基督教所具有的種種印記，表示其已進入到（斥逐巫術的 —— 原注）最後階段。基督教最具特徵性的形式已將巫術完全徹底的掃除盡淨。原則上，連在形式已被昇華的聖禮與信條裡，巫術也被根除了，以至於嚴謹的清教徒在自己心愛的人被埋葬入土時都不行任何儀式，為的是要確證迷信的完全摒除。就此而言，這表示斬斷了所有對巫術運作的信賴。」（該書第 309 ～ 310 頁）一些中國學人根據韋伯的關於「理性化」的見解，也說中國先秦春秋戰國時期，由原巫等文化形態轉嬗的「史」文化，也是一個「理性化」的過程，好像中國的「史」文化也是與西方基督教一樣的「理性化」。其實，這是誤讀了韋伯的見解。中國的「史」文化，固然具有理性化的因素，但是不能等同於西方的「理性化」，中國的「史」文

便是雅斯佩斯所說人類「軸心時代」所發生的「中國事件」。

「史者，巫也，史是從巫中發育、分化出來的。」[247] 這有兩個階段：其一，「巫史」。以施行巫術、從事占事為主，兼擅「史」事。陳夢家說：「祝即是巫，故『祝史』、『巫史』皆是巫也，而史亦巫也。」[248] 其二，「史巫」。「史」由巫轉化、提升而來。史者，史官之謂，是參與、輔佐甚至主持朝廷、王府種種政事的人物。《禮記·玉藻》說：「卜人定龜，史定墨。」楊天宇解讀為：「卜人，為君掌卜事之官。定龜，據孔《疏》說，龜甲有多種，占卜不同的事項當用不同的龜甲，故須定之。」又，「據江永引吳氏說，灼龜甲後，由史官用墨塗其坼裂處（即所謂兆紋 —— 原注），其裂廣而深者，則墨可滲入而顯，其裂細微者則墨不可入而不顯，然後根據其顯裂之兆紋以斷吉凶」[249]。繼而，在龜甲占卜之後，將卜辭鏤刻於龜甲最後加以收藏，這是由巫而來的「史」的工作。後來，「史」的職責有了轉移和專業化，由單純從事巫「墨」的事項等，逐漸成為一個在帝王之側「記事」、「記言」的角色，同時仍舊兼擅巫事。《禮記·玉藻》說，關於封建帝王的言行，是專門由史官來加以記錄的，有了明確的分工，此即所謂「動則左史書之，言則右史書之」[250]。這便是許慎《說文解字》所說的「史，記事者也」[251]。故而，後世的史官以及輔佐帝王的宰相等人物，實際源於巫。

「巫史」與「史巫」二者在文化本質上區別不大而所從事的「事業」有別，它昭示了由巫到史的歷史與文化過程。「巫史」在前，「史巫」在後。「史巫」是周人對於巫師的稱謂。「但周人將『史』置於『巫』前，稱『史巫』

化，並沒有像西方的基督教那樣，「將巫術完全徹底的掃除乾淨」。

[247]　拙著《中國美學的文脈歷程》，第 27 頁，四川人民出版社，2002 年版。

[248]　陳夢家〈商代的神話與巫術〉，《燕京學報》1936 年第 8 期。

[249]　《禮記·玉藻第十三》，楊天宇《禮記譯注》上冊，第 495 頁，上海古籍出版社，1997 年版。

[250]　《禮記·玉藻第十三》，楊天宇《禮記譯注》上冊，第 492 頁，上海古籍出版社，1997 年版。

[251]　許慎《說文解字》，第 65 頁，中華書局影印本，1963 年版。

而不稱『巫史』，卻大可注意。」[252] 這是為什麼呢？因為，從「巫史」到「史巫」的轉變，後來逐漸形成了一個中國獨特的所謂「巫史傳統」的文化景觀。

中國文化在「軸心時代」由「巫」向「史」的轉嬗，是中國歷史、文化的必由選擇。

雖然中國文化曾經經歷過與世界其他一些民族同樣的「軸心時代」，可是中國「精神上的重大突破」，並非表現在形上的創造一個西方上帝那樣的宗教主神、諸神體系和彼岸世界，而是由「巫」走向「史」，即直接從巫文化與神話、圖騰等文化形態，開啟了一個中國式的道學、禮學、仁學與心學的新時代，且綿綿瓜瓞影響深遠。這一「重大突破」，實際上並非真正的走上西方宗教那般的「外在超越」的道路，只能說是實現了心靈的「超脫」。李澤厚先生說：「沒有上帝信仰的中國學人大講『內在超越』，又能『超越』到哪裡去呢？這種所謂『內在超越』，平實的說，大多是一種離棄世俗的心境超脫，少數是某種神祕體驗。」[253] 此言是。

中國文化之所以未能創立一個形而上之上帝，其主要的原因，是因為巫文化傳統及其思維在追求「實利」上過於強大而執拗的緣故。凡事力求其實用，實用便是這一偉大民族的心靈一貫的強烈的歸趣。崇尚實用性的生活經驗與尊重「實用理性」，是這一民族之基本的價值觀。從文化根源上說，「實用理性」，主要由原始巫術所孕育和培養。「實用理性」源遠流長，它熔鑄在民族文化的靈魂骨髓之中。這一文化意識、理念和精神，自古以來作為依據和出發點，缺乏嚮往、提升至彼岸、天國之足夠強大的精神「超越」的原動力。

[252]　汪裕雄《意象探源》，第 96 頁，安徽教育出版社，1996 年版。
[253]　李澤厚《由巫到禮、釋禮歸仁》，第 126 頁，三聯書店，2015 年版。

　　先秦儒、道兩家文化，之所以終於將大致在兩漢之際東漸的印度佛教逐步「中國化」、「本土化」，是在史前原巫文化與神話、圖騰的歷史與人文前提下進行的，尤其居於基本、主導地位的原巫文化傳統，總在發揮它那超穩定的心靈結構及其功用。

　　儒家推崇禮樂、仁德，這是由於繼承、發揚了原巫文化傳統的緣故。儒家所謂禮的本始意義，指初民在原巫文化中獻祭於天帝與鬼神（按：包括祖神）的祭禮，其文化核心是巫性的靈的感應與交流，本具神與人之間的階差與等級意識。原本的樂，指巫者（按：也包括神話的講說者和圖騰的崇拜者），獻祭於神靈所舉行的儀式和請神、召神、娛神、降神等的樂歌、樂舞，這其實本是巫性、神性與靈性「施法」的文化儀式。所謂仁德之仁，孟子釋為「仁者愛人」[254] 自當不錯，然而「仁」的發生之初，本指人對於神靈的「愛」。儒家治理天下、社稷、家國與修持自身人格，推「仁德」的人治為上，作為人際道德及其踐行，其原初的文化基因，主要是由巫術所培育的吉善的意識與巫者向善的道德巫格的養成。

　　《老子》（王弼注本）云，道兼四重意義：「可以為天下母」（本源，見《老子》第二十五章）；「道法自然」（本體，見《老子》第二十五章）；「反者，道之動」（規律性，見《老子》第四十章）；「道生之，德畜之」[255]（形上之道最終落實於形下之德，見《老子》第五十一章）。道的第四種意義，便是《老子》哲學的目的論。戰國中期太史儋所編纂的通行本《老子》[256] 的哲

---

[254]　《孟子·離婁章句下》，焦循《孟子正義》卷八，第 350 頁，《諸子集成》第一冊，上海書店，1986 年版。按：孟子的原話是：「君子所以異於人者，以存其心也。君子以仁存心，以禮存心。仁者愛人，有禮者敬人。愛人者，人恆愛之，敬人者，人恆敬之。」

[255]　《老子》上篇，王弼注《老子道德經》，第 14、14、25、31 頁，《諸子集成》第三冊，上海書店，1986 年版。

[256]　按：據考古，1993 年 10 月，在湖北省荊門市沙洋區四方鄉郭店村出土的楚簡本《老子》，是迄今所發現的最古的《老子》抄本，通行本（今本）《老子》，為戰國中期太史儋所編纂。「據《史記·秦本紀》『十一年，周太史儋見獻公』之記可知，這位編纂通行本《老子》的太史儋

學之道，宗「玄無」、「虛靜」與「陰柔」的意義，而一般未染宗教的風色，它實際是以相對性的形上之道，來言說「致用」的合法性和合理性。起於東漢的道教，以哲學的老子為教主，其儀規、踐行有太多的巫術子遺，它不是西方那樣典型的宗教樣式。

「它就在近處，的確就在我們身邊；不過卻是難以捉摸的，一種你伸手去拿卻拿不到的東西。它似乎如無限的極限那樣的遙遠，可是它卻不遠；每一天我們都在用它的力量。」、「它去了，可是並沒有離開。它來了，卻又不在這裡。它是無聲的，不曾發出可以被聽見的音符，可是突然之間我們發現它就在我們心中。」[257] 這個「它」指什麼？指老子所說的「道」。這個「道」神通廣大，它的文化原型，實際是巫性之靈。西方學者根據《老子》本義所描述的「道」，是詩性與巫性雙兼的，依然保留了道、靈「在」「我們身邊」的生活，而且每日「在用它的力量」影響我們的人文生活。這一生活，的確主要是由原巫之靈所種植的。

筆者一直以為，「做怎樣的人以及怎樣做人」，是先秦儒、道學說的共同主題；處世為人，講究「實際」效用，是儒、道兩家所共同追求的人生目的，僅僅其角度、品格、程度與方式不同罷了。中華強大而悠久的巫文化傳統，由於其原始理性一開始就鍾情於「實用」，難以由此有宗教的創立所必須的形上理性與靈魂的「超越」，這便使得由巫到「史」，成為中國歷史與人文的必然。

從原巫文化走向宗教的另　個重要條件，便是原巫須具備充分的非理

與秦獻公同時。獻公十一年，即西元前 374 年，處於戰國中期，離老聃所處的春秋末期約百年時間。」楚簡本《老子》的篇幅，只有通行本《老子》的五分之二。通行本《老子》與楚簡本《老子》在論「道」問題上的見解與歸趣大相徑庭。（請參見拙文〈郭店楚簡《老子》的美學意義〉，《學術月刊》2001 年第 11 期）

[257]　[美] 休斯頓‧史密斯《人的宗教》，第 190 頁，劉安雲譯，劉述先校訂，海南出版社，2013 年版。

性基因與迷狂意緒。宗教由原始巫術與神話、圖騰等文化發展而來，從原巫崇拜到宗教崇拜須有一條牢不可破的情感、意緒之鏈。原巫的迷狂與熱情，作為宗教由此而起的心靈助推器，必不可缺。

　　不能說中國原巫文化沒有屬於非理性的情感意緒，否則，巫術本身便不可能誕生與發展，須知情感因素是巫術得以發蒙、育養的重要心靈條件之一，是不可或缺的。問題是，從考察中國巫術文化的基本特徵可知，其情感意緒的含蘊與方式，確實是相對平和、冷靜而一般並非極度迷狂的。或者可以說，中國原巫文化，是傾向於「日神」型而不是「酒神」型的。一個遠古歐洲原始氏族的農夫，可以為祈求豐年而在田野裡日夜蹦跳，他堅信，自己能跳多高多久，那麼他的莊稼便能長多高，而年年豐收便能保持長久，於是竭力蹦跳，直到筋疲力盡昏死過去，這才意味著「作法」的「成功」和「靈驗」。一個非洲原始部落的男子成丁禮，以一、二百根鈍而糙的骨針滿刺全身，最後一根要橫穿舌頭，其痛苦之極無可比擬，就看這位年輕人能不能拚死抵抗，如果抗住了，就是巫術的大獲成功，從此便有神靈的無比之力灌注於男子的身心，變得戰無不勝。初民堅信，這樣做一定會感動神靈、受神靈的憐憫而施恩於人類。這一類巫術，殘酷的程度與精神意緒的迷紛狂亂、驚心動魄，在中國古代一般是極其少見的。雖然，比如中國神話傳說有無頭顱的「刑天」狂舞「干戚」的巫術，確也曾經有過情緒趨於狂熱的「厭勝」之類的「黑巫術」，甚而有「取人性命」的蠱術、邪術與咒術等，在歷史上不絕如縷，然而整體來說，中國古代巫術是以「白巫術」為主流的，而且起源悠久、歷時彌遠，具有普遍性。最典型的，便是盛行千百年之久的殷代占卜和周代占筮，還有日占、星占、風占、候占、夢占、祭祀、堪輿和骨相等，這些都是善意的「白巫術」。其施法時，人的心情都是相對平和而且很虔誠的，其儀式一般都慢條斯理、

溫文爾雅，那些以甲骨占卜、《周易》占筮的巫者，大有「君子風度」，其主旨在於趨吉避凶、祈求平安，是善意的面對世界的挑戰，而企圖解脫苦厄以求自保，不是要主動出擊去攻擊別人。而且巫術的所謂「感應」，既是天道影響人道、又是人道影響天道的，強調巫者個人的道德操守。道德操守良善，才有可能保證巫術的「成功」與「靈驗」。這類巫術，是靈與靈的交相回互，將天之所以災變的原因歸罪於人，歸於人道忤逆的巫例，早在《尚書》和《周易》中就有記載。

　　一般宗教文化，都具有強烈而深沉的苦樂意識。基督教有對天國的無限憧憬。《新舊約全書·彼得全書》這樣描繪天國：黃金鋪地，寶石蓋屋，眼見美景，耳聽音樂，口嘗美味，每一官能都有相稱的福樂。《新舊約全書·馬太福音》有所謂「真福八端」說：「虛心的人有福了，因為天國是他們的」；「哀慟的人有福了，因為他們必得安慰」；「溫柔的人有福了，因為他們必承受地土」；「飢渴的人有福了，因為他們必得溫飽」；「憐恤人的人有福了，因為他們必蒙憐恤」；「清心的人有福了，因為他們必得見上帝」；「使人和睦的人有福了，因為他們必稱為上帝的兒子」；「為義受逼迫的人有福了，因為天國是他們的」[258]。上帝的「福音」，是信眾無限福樂的不盡泉源。基督教教義說，天堂福海無比深廣而崇高，信眾在未受洗之前原本的罪錯、苦厄，卻是無比深重的，天國的無限福樂，便是信眾原罪的解構之力。至於佛教教義，也一再的宣說，「從是西方過十萬億佛土，名曰極樂」；「極樂國土，有七寶池、八功德水，充滿其中。池底純以金沙鋪地」；「池中蓮華，大如車輪。青色青光，黃色黃光，赤色赤光，白色白光，微妙香潔」[259]。凡此宗教天國、彼岸的許多無上幸福歡樂以及

---

[258]　按：參見卓新平主編《基督教小辭典》（修訂版）關於「八福」的條目，第 355 頁，上海辭書出版社，2008 年版。在基督教教義中，所謂「八福」，也稱「真福八瑞」。

[259]　《阿彌陀經》第 33、44、47 頁，鳩摩羅什譯，黃智海白話解釋，上海古籍出版社，2014 年版。

死滅之絕望的人文胚素，其實早在一些從善的原始巫術文化中存在了許多個世紀，只是程度不一而且透過相關宗教教義將其系統化、理論化和審美化了。

在原巫文化中，巫者的苦樂，來自其對於巫術成敗的絕對自信或不自信。巫文化肇始於人類童年稚淺的心智及其不成熟的情感因素等，他們堅信自己就是神靈、神靈就是自己，靈是神、人之間的共通因素，於是便不知天高地厚而堅信自己無所不能。盲目的自信，催激起巫性的心靈、心境與心態的極大快樂，從而憧憬未來而實際是虛幻的夢境。巫術「帶給人們同樣強烈的吸引力，把美好未來的憧憬化作雙翼，去引誘那些疲倦的探索者和追求者，帶他穿越密布的烏雲和失望的現實，翱翔於碧海藍天，俯瞰天國（按：這裡所謂「天國」，是喻指，並非宗教意義上的）美景」[260]。

巫術「施法」的失敗，總是讓人吃盡了苦頭，甚而讓巫師為此付出生命的代價。儘管人類曾經幾乎無有不卜不筮的，總要試試自己的命運究竟如何，企圖不費吹灰之力而令人間的一切苦難迎刃而解。可是殘酷的現實處境，總是困難無數，生死未卜，舉步維艱，苦痛不堪。巫術禁忌的多如牛毛，正是人類所面臨之無數艱難困苦如大山壓頂的一大明證。基督教《舊約》教義稱亞當夏娃偷食禁果，從而犯下天條而所稱的「原罪」，實際曾經是人類原巫文化一個重大禁忌的宗教說法。正因人類所遭遇的困難和死滅無有窮時，所以巫術的禁忌是永不可廢除的。

與西方相比，中國文化有所不同。中國的「史」文化在這一點上，樂觀的繼承了源於巫文化等的所謂「樂生」性，而將人生所遭遇的無盡死苦，大致的遺棄在歷史的塵埃裡。

---

[260]　詹姆斯・喬治・弗雷澤《金枝》上冊，第 55 頁，陝西師範大學出版總社有限公司，2010 年版。

據不全面的檢索，甲骨卜辭有「生」、「樂」[261] 二字，有「死」[262] 字，但未見「苦」字。可見，中國人關於「生」、「樂」與祈求「不死」的意識意緒發蒙較早。雖然有「死」這個字，而占卜的目的，是希望人自己能夠「不死」。至於「苦」的意識意緒，儘管其啟蒙也是較早的，但是在卜辭中是否已經存有，可以闕疑。這或許可以證明，在中華原始文化中，初民以「生」、「樂」為主流意識，而有關「死」、「苦」一類的意識，不一定已經體會得強烈而深切，或者可以說，在一定程度上，誠然深切的體會到苦難與死滅，卻採取了力圖迴避的人生態度，這也便是巫術的所謂「趨吉避凶」。其原因之一，大約正是由於頑強而持久的巫文化以及巫性意義的盲目自信與樂觀所遮蔽的。

　　作為中國「史」文化的重要文本、大致成篇於戰國中後期的《易傳》，曾經反覆論及關於「生」之「樂」這一關乎中國文化全面性的問題，如「天地之大德曰生」[263]、「生生之謂易」[264] 與「樂天知命故不憂」[265] 等便是。這是將「生」與「樂」看作易理的根本。其實，如果說「生生之謂易」這一命題具有真理性的話，那麼，「死死之謂易」這一命題，也是具有真理性的。可是，《易傳》的「史」文化意識，是盡可能忌言「死」的。為什麼？在原巫文化中，「死」是不吉利的，應當盡力避免，導致在《易傳》中，將「死」打入了「另冊」。《易傳》說到「生」的地方甚多，只有一處說

[261]　按：郭沫若《殷契萃編》（科學出版社，1956 年版）：「其獲生鹿」；羅振玉《殷虛書契前編》（上虞羅振玉日本永慕園影印本，1912 年版）：「乙未卜在樂貞王步亡災」。

[262]　按：郭沫若主編、胡厚宣總編輯，中國社會科學院歷史研究所《甲骨文合集》編輯工作組集體編輯《甲骨文合集》四し〇：「貞不死」，中華書局，1978 ～ 1982 年版。

[263]　《易傳・繫辭下》，朱熹《周易本義》，第 322 頁，怡府藏版影印本，天津市古籍書店，1986 年版。

[264]　《易傳・繫辭上》，朱熹《周易本義》，第 295 頁，怡府藏版影印本，天津市古籍書店。1986 年版。

[265]　《易傳・繫辭上》，朱熹《周易本義》，第 292 頁，怡府藏版影印本，天津市古籍書店，1986 年版。

到「死」。此即「原始反終，故知死生之說」[266] 一語。這是將這一問題的邏輯原點設定於「生」，僅將「死」看作天下、家國與人生的群體生命的一種「暫態」，從人的群體生命來看，「子子孫孫未有窮盡矣」。這一「死生之說」，確實與文化性格獨特的中國巫術文化，總也自信的鍾情於「生」之「樂」、力避「死」之「苦」一脈相承的。

世界上，有的民族文化以「死」為思之原點；有的以「生」為思之原點；有的綜合「生、死」，抑或以「生」為主結合於「死」，或者以「死」為主結合於「生」，來思考生死問題等等，它們作為民族之不同的文化基因，會在整個民族文化的園地上，開放出各自不同的燦爛之花。中國文化的基型，確是以「生」為思之原點的。這種原點，早在原巫文化中，已經存在。中國文化的基因偏重於巫性，巫所做的事情，總在於趨吉避凶即趨生避死，所以這個思之原點，在很大程度上，培育了中國人「樂生」的文化性格與傳統。所以如西方基督教那樣的宗教，就難以在古老的中華大地上誕生。正如梁漱溟先生在近百年前說過的那樣，「中國文化在這一面的情形很與印度不同，就是於宗教太微淡」。什麼緣故呢？因為中國原巫文化實在太頑強、太持久了。

● 原巫之靈：「科學的『偽兄弟』」

弗雷澤說：「巫術最致命的缺陷，在於它錯誤的理解了控制規律的程序性質，而不在於它假設是客觀規律決定事件程序的。」、「它們是對思維兩大基本規律的錯誤運用，即錯誤的對空間或時間進行『相似聯想』以及『接觸聯想』。」並說，「聯想得合理，科學就有望獲得成果。稍有偏差，收

---

[266]　《易傳・繫辭上》，朱熹《周易本義》，第 291 頁，怡府藏版影印本，天津市古籍書店，1986 年版。

穡的只是科學的偽兄弟 —— 巫術」。[267] 巫術與科學的關係十分微妙。原巫作為一種「信文化」、「偽技藝」，本質上無疑是反科學的。巫術總是發生、存在於知識、科學達不到的地方，巫術對於知識與科學，是敵對的。然而，巫術又並非有意要與知識、科學為敵，僅僅因為初民的智力十分低下，卻又要試圖改變人自身的命運、控制其所處的環境，便只能藉助靈力以及在與神靈感應、感召的條件下，透過巫的「法術」，以求達到人自己的目的。

但是巫術文化，一定意義上又往往是知識與科學的同行者，有相鄰的地方。兩者都尊重經驗與因果律，都承認事物運行的規律性，都堅信人類可以掌握必然而達到其自己的目的等等。

巫術與科學的分野在於：

其一，巫術始終處於經驗與錯誤因果律的錯誤理解之上；科學從經驗出發，尊重經驗，標立理性，遵循事物之間的本然關聯和因果律、矛盾律與排中律等一切原於經驗與實驗的理性判斷，以求達到對於真理的掌握。

其二，巫術將事物的規律性，誤認為是天命、神靈的既定安排，以及與由神靈、人力相衝突、相結合的巫性意志，實際繫於巫者錯誤的主觀「聯想」即幻想、臆想等之上；科學認為，一切事物的規律性只能被發現、被掌握，而不能被創造出來。正如牟宗三所說，科學所發現的是「外延真理」。「凡是不係屬於主體（Subject —— 原注，下同）而可以客觀的肯斷（objectively asserted）的那一種真理，統統都是外延真埋。科學的真理是可以脫離我們主觀的態度的。」[268] 科學研究繫於主體，而科學真理本身，

---

[267]　［英］詹姆斯・喬治・弗雷澤《金枝》上冊，第 55 頁，陝西師範大學出版總社有限公司，2010
　　　　年版。

[268]　牟宗三《中國哲學十九講》，第 20 頁，上海古籍出版社，1997 年版。

是將主體的想像、意志和情感態度等排除在外的，力求排除不利於發現與證明真理的不良人格因素，包括情感等心理對發現和證明真理的干擾與阻礙。這當然不是說，在科學真理的掌握中，科學家是沒有或者不需要富於情感、意志和聯想的。

其三，「巫術與科學站在一起的地方，乃在有一個清楚的目的」，「巫術是用來達到實用目的的」[269]。科學的目的，除了追求其一定的實用價值和實際用途 —— 科學技術的運用等，還有重要的科學理性、科學哲學與科學美學等對於宇宙、生命與人生等無盡奧祕的不息探尋、掌握及其人文關懷。

在文化本質上，巫術的反科學性是毋庸置疑的。可是它又在一定條件與程度上，對知識、科學和理性等，採取某些寬容與尊重的人文態度，或者將其放在巫術施行的背景之上。巫師為信巫的病人「施法」治病，有時會成功的袪除病魔，似乎能夠證明「通靈」的威力。可是實際是在暗中施行某種有療效有科學根據的醫術使然，這也便是為什麼發生於原始時代的「巫醫同源」的原因。

這裡有對於一定知識、科學技術的掌握以及對於客觀規律的尊重與運用，或者起碼將一定的知識、理性與科學，暗中作為「巫術靈驗」的背景，實際是知識、科學的勝利。這種情況，有類於魔術的表演，那些不可思議的魔術表演的大獲成功，除了表演者表演技巧的出神入化和大用障眼法等之外，往往還有觀賞者所不了解的一定科學技術的暗中運用。這裡順便說一句，今天作為藝術審美的魔術，是起源於原始巫術的。因此，巫師一方面大力渲染巫術的神祕和靈驗，好像巫術的力量是超越在科學之上

---

[269] ［英］布朗尼斯勞‧馬凌諾斯基《巫術科學宗教與神話》，第 106 頁，上海社會科學院出版社，2016 年版。

的，實際上巫師自己的心裡是很清楚的，他們是在暗中請來了科學這一「尊神」，從而博得巫術的「成功」，以便維護、發揚巫術「無有不靈」和巫師本身的權威。在巫性文化中，詭異、神祕的巫的幕布總是低垂著，人們往往難以發現參與其中的知識、科學因素那明麗的面容和燦爛的微笑。巫術，的確是「科學的偽兄弟」。

中國原巫文化，並非絕對拒絕知識與樸素理性的參與，那些在巫術的施行中，讓人感到不可思議、神出鬼沒的地方，往往有科學知識在發揮實際的作用。清代作家吳趼人《二十年目睹之怪現狀》第三十一回，記錄了一個茅山道士，在大庭廣眾間所施行的所謂「探油鍋」的巫例：

燒了一鍋油，沸騰騰的滾著，放了多少銅錢下去，再伸手一個一個的撈起來，他那隻手只當不知。看了他，豈不是仙人了嗎？豈知他把些硼砂，暗暗的放在油鍋裡，只要得了些暖氣，硼砂在油裡面要化水，化不開，便變了白沫，浮到油面，人家看了，就猶如那油滾了一般，其實還沒有大熱呢。[270]

這一騙人的巫術，不就與魔術差不多嗎？

不過，原巫文化中的知識理性甚或科學因素，一般並非以其獨立的形態出現。中國的「數的巫術」即《周易》占筮中的巫性筮數，作為後世自然科學意義的數學之數的萌芽意識，遠不是獨立而自存的。「在初民的原始智慧中，不存在純粹是數的數，也不存在純粹是現象的自然現象，兩者通常總是被某種神祕的氛圍所籠罩著。可以這樣說，原始初民對數的知識掌握，處於半具象半抽象的智慧發育階段，並且受到某種神祕觀念的支配。」[271] 這種情況，用清初王夫之的話來說，叫做「象數相倚」。這也正

[270]　吳趼人《二十年目睹之怪現狀》，第 237 頁，人民文學出版社，1982 年版。
[271]　拙著《周易的美學智慧》，第 12 頁，湖南出版社，1991 年版。

如法國人類學家列維 - 布留爾所說，每當初民運用巫文化中的「數」施行法術時，「他就必然把它與那些屬於這個數的、而且由於同樣神祕的互滲而正是屬於這個數的神祕的性質和意義一起來想像」，「因此，每個數都有屬於與它自己的個別的面目、某種神祕的氛圍、某種『力場』」[272]。

誠然，中國原巫文化中與「象」相倚的「數」，一定意義上固然開啟了後世自然科學中數學的歷史之門，但是巫術中的「數」，同時有「天命」、「命理」等思想因素，比如《周易》占卦，是被稱為「術數」（按：或稱為「數術」）的，而且古人將所有的巫術，都叫做術數，其間的「數」，遠不是具有獨立的理性品格的。

至於科學，比較而言，中國古代偏重於數理技術的發明與運用。關於這一點，從中國巫文化傳統的悠遠、強大與普遍性的角度來加以審視，顯然是合適的。眾所周知，諸如指南針的發明與磁偏角的發現，有賴於古時屬巫的堪輿術所謂「辨方正位」，即相土嘗水的實踐與思考。《周禮·冬官·考工記》有「惟王建國」（按：這裡的「國」，指都城）、「辨方正位」之說。《韓非子》說過，「故先王立司南，以端朝夕」[273]。「司南」就是指南針的原型。漢代所發明的「栻盤」，用以「端」即辨正「朝夕」之陽光照射的方向與位置。栻盤以二十八宿、二十四向（二十四路）、十天干與十二地支相配，其人文原型，是《周易》八卦九宮方位的觀念。東漢王充《論衡·是應篇》說：「司南之杓，擲之於地，其柢指南。」[274] 指南針的發明和運用，始於風水巫術，爾後才用於航海，在古老的術數的泥淖中，培育了關於空間、方位等技術理性的萌芽。北宋沈括《夢溪筆談》指出，方技

[272]　[法] 列維－布留爾《原始思維》，第 201 頁，丁由譯，商務印書館，1981 年版。

[273]　韓非子《韓非子·有度》，王先慎《韓非子集解》卷二《有度第六》，第 25 頁，《諸子集成》第五冊，上海書店，1986 年版。

[274]　王充《論衡·是應篇》，第 173 頁，《諸子集成》第七冊，上海書店，1986 年版。

家以磁石引針鋒，便能產生「指南」的效果。實際上，針鋒所指，並非正南，而是偏向東 7.5 度，稱為磁偏角。古時金屬磁性的發現，與巫文化相繫。巫師在行巫的活動中，偶爾發現金屬間因為磁性而相互吸引，驚為神異，繼而以此「作法」，在知識短淺與信巫的人群中，演出不無「神祕」的把戲，進而革新了自漢之前的「司南」，成為指南針的技術理性。

技術理性，屬於實用理性的範疇。李澤厚曾經說：「所謂『實踐（實用 —— 原注）理性』，首先指的是一種理性精神或理性態度。」、「對待傳統的宗教（按：實指巫術等），鬼神也如此，不需要外在的上帝的命令，不盲目服從非理性的權威，卻仍然可以拯救世界（人道主義 —— 原注）和自我完成（個人人格和使命感 —— 原注）；不厭棄人世，也不自我屈辱、『以德報怨』，一切都放在實用的理性天平上加以衡量和處理。」又說：「這種理性具有極端重視現實實用的特點。即它不在理論上去探求、討論、爭辯難以解決的哲學課題，並認為不必要去進行這種純思辨的抽象。」[275] 原巫文化因其重視巫性之靈與原樸實用理性的緣故，一定程度上，遮蔽了形上而純粹抽象之理性的發蒙和運用。主要始於原巫的實用理性，既接引一定的科學理性、技術理性得以啟蒙與發展，又在某種意義上，阻礙了原始時代科學理性的開發。

[275]　李澤厚《中國古代思想史論》，第 30 頁，人民出版社，1985 年版。

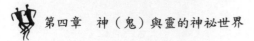

第五章
「巫史文化」的「中國」

　　人類原始文化，一般都要經歷盛行原始巫術、神話與圖騰的漫長歷史時期，這一原始文化的溫床，是爾後民族與時代文化的孵化器，為後世文化的發展，提供了許多可能。就中國原始文化而言，儘管在其前進的道路上，不是沒有可能由原始「信文化」走向宗教的，可是，中國的歷史偏偏選擇了一條由「巫」向「史」的文化之路，從而把自己與希臘、印度和中東等民族的文化區別開來。李澤厚說，中國文化「在孔子之前，有一個悠久的巫史傳統」[276]。此言是。所謂「巫史傳統」的文化，究竟具有哪些文化特質，由「巫」向「史」的文化轉嬗，是偶然抑或必然等等，都是值得我們思考的問題。

第一節　「巫史傳統」的文化特質

　　任何原始「信文化」，都是由巫術、神話與圖騰所構成的，三位一體又各具特質與功能，這種文化態勢，世界許多民族都是如此。巫術作為一種追求「實用」的「偽技藝」，以控制環境與他人為目的；神話作為「話語」系統，顯示了以口頭言語所表達和傳播的氏族的歷史；圖騰尋根問祖，將並非真正的血緣祖先，認作氏族自己的「生身父母」，從而達到群團部落、氏族的目的。作為原始信仰，巫術、神話與圖騰，一般都是宗教文化誕生的文化土壤，為宗教的發生提供一般的歷史累積沉澱和思想資源。宗教與巫術、神話和圖騰相比，在文化性質上是大不一樣的，從原始巫術、神話和圖騰到宗教，是人類智慧的大步跨越。弗雷澤說：

　　我所謂的宗教，是被認為能夠影響和控制自然與人生進程的，超自然力量的信仰或撫慰。這就將宗教分為理論與實踐兩大方面：一是對超自然

---

[276]　李澤厚《說巫史傳統》，《由巫到禮、釋禮歸仁》，第4頁，三聯書店，2015年版。按：拙著《中國美學的文脈歷程》，曾從中國「巫史文化」角度，論述「巫史傳統」與「審美初始」的關係這一學術課題，見該書第1～76頁（四川人民出版社，2002年版），請參閱。

力量的信仰，二是討神歡心、安撫憤怒。顯然，信仰是先導，若不相信神的存在，就不會想要取悅於神了。當然，如果這種信仰並沒有帶來相應的行動，那它便只能被定義為神學，而不是宗教。[277]

宗教與巫術文化等都有對於超自然力量即「神」的「信仰」，都對自然和人生進程有「影響和控制」的功能。兩者的區別在於，在巫術等原始文化形態中，所謂神靈是無限多的。天有天的神靈，地有地的神靈，山川動植以及各個部落、氏族等等，都各有各的神靈，總之「萬物有靈」，而且往往具有鮮明的地域和時代特色。當然，這許多的神靈具有共同性，都是部落、氏族成員所崇拜的對象。各個宗教的神，雖然各有不同，然而每一宗教的神及其神譜，實際是由本宗教的教義所組織起來的。一般的宗教必有一個主神，圍繞主神組織神譜，這種組織是相對的牢固而持久的，而且出現了各種不同的有系統的教義，便是宗教理論。原始巫術等都有崇拜儀式，儀式的施行，是為了「討神歡心」。除此以外，巫術儀式施行，還有很重要的「控制」對象的目的。而宗教的「實踐」部分，比巫術要單純而專一，其中便是「討神歡心，安撫憤怒」。這裡所謂「憤怒」，指信徒在未信仰宗教前的主觀心靈狀態，與淨化、平和、虔誠等宗教情感相對立，指尚未經過宗教教育和洗禮的一般民眾的精神世界。正如前述，大凡宗教，一般具有五大要素：教主、教義、教團、教規和終極信仰。原始巫術等沒有主神（教主）；沒有教義即沒有它自己的「理論」建構的自覺；有人批信眾卻沒有被組織起來成為教團；雖然有無數禁忌，卻沒有教規，不是成系統的宗教戒律；相對而言，巫術等作為原始「信文化」的信仰，帶有原初的、盲目的文化性質。而一般宗教，在理論建構上，總是有一定的自覺性的，

---

[277] ［英］詹姆斯·喬治·弗雷澤《金枝》上冊，第56頁，陝西師範大學出版總社有限公司，2010年版。

因而被西方學者稱為「理性的勝利」。

特土良在 2 世紀時說道：「理性是屬神（按：指宗教之神）的事，造物主用理性創造、處理和命令萬物，沒有什麼他不要求用理性去處理和理解的。」亞歷山大的克萊門特同樣在 3 世紀時告誡道：「不要認為這些東西只能用信仰來接受，它們同樣為理性所斷言。真的，如果排斥理性，將其僅僅歸諸信仰，那是靠不住的。真理離不開理性。」

因此，奧古斯丁主張理性和信仰不可分離，只是說出了當時流行的看法：「但願上帝不會憎恨那使我們超越禽獸的東西。但願上帝阻止我們的信仰走上不接受、尋求理性的道路，因為如果靈魂不是理性的，我們甚至不能有信仰。」奧古斯丁承認，「信仰必須先於理性，對心靈進行淨化，使之做好接受理性的強大光芒的準備」。他接著又說，儘管「在一些不能掌握的重大時刻，信仰先於理性，那說服我們相信這一點的一小部分理性，卻必須先於信仰」。[278]

巫術等與宗教相比，雖則同樣是「信仰」，而宗教的信仰，往往是與「理性」相連而不是盲目的。這可以看作巫術等「信文化」與宗教的根本區別之一。宗教信仰一般包含著終極關懷的精神，而巫術等根本沒有這一點。在一些宗教中，理性的成分有時表現得很是突出。比如印度佛教，就是一種以宗教哲學為特徵的「理性的勝利」。日本學者中村元曾經說過，「事實上，印度的佛教是以哲學的沉思為基礎的。而它的哲學與宗教是難以區分的」，「印度民族在傳統上是一個宗教民族，同時也是一個哲學民族」[279]。此言是。

---

[278] ［美］羅德尼·斯塔克《理性的勝利 —— 基督教與西方文明》，第 5 ～ 6 頁，管欣譯，復旦大學出版社，2013 年版。按：這一段引文，本書前文曾有部分引錄。

[279] ［日］中村元《東方民族的思維方法》，第 41 頁，林太、馬小鶴譯，浙江人民出版社，1989年版。

從雅斯佩斯「軸心時代」說的角度看，中國原始「信文化」，終於沒有走上真正成熟的宗教的道路，而是走上了「史」文化的古代東方的獨特之路，從而形成了一個「巫史傳統」。在筆者看來，所謂「巫史傳統」，是一種簡約的說法。實際上，形成於中國「軸心時代」（按：大約在西元前800～西元前200年之際）的「巫史」文化，充分接受、消化和提升了原始巫文化的精神資源，而且汲取了原始神話與圖騰的文化基因和文化訴求。只是因為在古代中國，原始巫文化的因素尤為重要的緣故，才簡約的概括為「巫史文化」及其「巫史傳統」，培育其「實用理性」的民族精神。李澤厚談到「巫史傳統」問題時說：

> 我以前曾提出「實用理性」、「樂感文化」、「情感本體」、「儒道互補」、「儒法互用」、「一個世界」等概念來話說中國文化思想，今天則擬用「巫史傳統」一詞統攝之，因為上述我以之來描述中國文化特徵的概念，其根源在此處。[280]

從文化形態學角度看，當原始巫術、神話與圖騰文化來到世間，就意味著人類包括中國文化，從此結束了文化的最原始狀態，走向一個全新的歷史時期。巫術、神話與圖騰都是原始意義的「天人合一」，實際是神人合一，用《尚書》的話來說，叫做「神人以和」。不過，其合一、相和的內在機制與指向，巫術與神話、圖騰三者，是不盡相同的。三者都與原始先民的生活、生存與生命息息相關，都與先民的狩獵、採集與捕魚等勞動生產和人自身的生產繁衍相連。由於巫術與先民「兩種生產」的連結尤為密切，由於巫術的施行，即為了控制環境、克服困難，從而可以安身立命，所以它在先民的生活中作為頭等大事，是比神話的宣說和圖騰的崇拜更為經常而重要的。巫術實際是先民生活、生存與生命活動的一種文化常式。

---

[280]　李澤厚《說巫史傳統》，《由巫到禮、釋禮歸仁》，第3頁，三聯書店，2015年版。

先民除了已經能夠掌握的，在凡是遭遇困難、感到疑惑、前途渺茫、遇到實際上無力掌握的事物時，便有巫術的施行。馬凌諾斯基說：

土人沒有作芋園而不用巫術的。可是有幾等重要的耕作，如養椰子，培植香蕉、檬果與「麵包果」（bread fruit，一種樹上的果，似桑葚似橘，燒成似麵包，故名 —— 原注）等，並沒有巫術。漁業這只（種）次於農業的重要經濟活動，有的有發展很高的巫術。如打鯊魚的危險活動，追不可必得的「迦拉拉」（kalala —— 原注）或「脫烏蘭」（to ulam —— 原注）等工作都是充滿了巫術的。可是用毒獲魚這同樣重要但比較容易比較可靠的辦法，便什麼巫術也沒有。造獨木舟，因有技術上的困難，需要有組織的勞動，預備的又是永遠危險的事業，所以儀式（按：指巫術儀式）是複雜的，與工作深切的連在一起，而認為絕對必不可少。[281]

中國原始時代的情況也是如此，除了很少已經可以靠知識、技術所掌握的領域以外，巫術支配了先民的整個生活與生產。馬克思（Marx）所說「勞動創造美」的「勞動」過程，在上古都是往往貫穿了巫術禮儀、巫術「作法」甚至是神話與圖騰因素的。在這方面，殷代占卜的盛行與周代占筮的繁榮，都已經充分說明了問題。比如占卜，我們隨意偶拾，便有「癸酉卜巫寧風」[282]、「庚戌卜巫帝一羊一犬」[283]、「壬午卜巫帝」[284] 與「癸亥貞今日帝於巫豕一犬一」[285] 等卜辭的記載。迄今所出土的約 16 萬

---

[281]　［英］布朗尼斯勞‧馬凌諾斯基《巫術科學宗教與神話》，第 174 ～ 175 頁，上海社會科學院出版社，2016 年版。

[282]　羅振玉《殷虛書契後編》下四二、四；郭沫若主編、胡厚宣總編輯，中國社會科學院歷史研究所《甲骨文合集》編輯工作組集體編輯《甲骨文合集》三三〇七七，中華書局，1978 ～ 1982年版。

[283]　郭沫若主編、胡厚宣總編輯，中國社會科學院歷史研究所《甲骨文合集》編輯工作組集體編輯《甲骨文合集》三三二九一，中華書局，1978 ～ 1982 年版。

[284]　［日］貝塚茂樹《京都大學人文科學研究所所藏甲骨文字》三二二一，京都大學人文科學研究所，1959 年版。

[285]　［日］貝塚茂樹《京都大學人文科學研究所所藏甲骨文字》二二九八，京都大學人文科學研究

片甲骨，都是與占卜相繫的。我們甚至可以說，原始巫術以及神話與圖騰等文化因素，往往成了原始先民進行生產勞動的先導，要是沒有這些文化因素，生產勞動便可能無法展開。對於中國原始文化而言，巫術是先民生活、生存與生命之文化大舞臺上經常演出的「第一提琴手」。

李澤厚將其多年關於中國文化研究的種種見解，以「巫史傳統」說來加以歸結，無論「實用理性」、「樂感文化」、「情感本體」、「儒道互補」、「儒法互用」還是所謂「一個世界」等的看法，在他看來都是可以歸源於「巫史傳統」說的。這是試圖追根溯源，從文化根因、根性上來解讀中國文化的特質。

關於「實用理性」，以前我們只是將其看作儒家道德精神的根本點。其一，從道德講善，所謂「善」的，就是好的；任何事物，一旦對人對社會而言是好的，便是有用而實用的。其二，從精神實質來看，所謂「實用理性」，是一種滿足於經驗層次的「埋性」，人的物質生活也罷，精神生活也好，只要是實用或者趨向於實用的，就是值得肯定的。其三，因為這一理性所追求的，只是「實際」、「實在」的效果，一般不作玄虛的精神嚮往，僅僅滿足於人格道德的自我實現，不像德國康德那樣將道德問題，做形上的思辨，從而預設了一個上帝一般的「純粹理性」。康德將至善的道德，透過「實踐理性」而最終上升到「純粹理性」的高度來加以認識，讓至善道德通向神性的天國。康德說：

有兩樣東西，越是經常而持久的對它們進行反覆思考，它們就越是使心靈充滿常新而日益成長的驚讚和敬畏：我頭上的星空和我心中的道德法則。[286]

所，1959 年版。

[286] 〔德〕康德《實踐理性批判、判斷力批判》，《康德著作全集》第五卷，第 169 頁，李秋零主編，

這是將我心中的「道德法則」，提升到「我頭上的星空」一般崇高而靜穆的高度。為什麼能夠做到這一點？這是因為康德的心中始終有一個上帝存在的緣故。所謂「純粹理性」（按：知，道德的形上的根因根性），實際是上帝這一尊神的哲學的精緻化。比較而言，「實踐理性」（按：意，道德的現實的根因根性）在位格上，是比「純粹理性」要低一層次的。

早年李澤厚談到儒門仁學即倫理學問題時，曾經將康德的「實踐理性」一詞移栽到他的論述中。他說：「所謂『實踐理性』，首先指的是一種理性精神或理性態度。與當時無神論、懷疑論思想興起相一致，孔子對『禮』做出『仁』的解釋，在基本傾向上符合了這一思潮。不是用某種神祕的熱狂而是用冷靜的、現實的、合理的態度來解說和對待事物和傳統；不是禁欲或縱欲式的扼殺或放縱情感欲望，而是用理知來引導、滿足、節制情欲；不是對人對己的虛無主義或利己主義，而是在人道和人格的追求中獲得某種均衡。對待傳統的宗教鬼神也如此，不需要外在的上帝的命令，不盲目服從非理性的權威，卻仍然可以拯救世界（人道主義 —— 原注）和自我完成（個體人格和使命感 —— 原注）；不厭棄人世，也不自我屈辱、『以德報怨』，一切都放在實用的理性天平上加以衡量和處理。」[287]

不久李澤厚發現，康德的「實踐理性」與儒家倫理所具有的「實用理性」不是同一件事，於是改稱「實用理性」。李澤厚說：

所謂「實用理性」就是它關注於現實生活，不做純粹抽象的思辨，也不讓非理性的情欲橫行，事事強調「實用」、「實際」和「實行」，滿足於解決問題的經驗論的思考水準，主張以理節情的行為模式，對人生世事採取

中國人民大學出版社，2007年版。按：關於康德的這一段哲學名言，鄧曉芒譯為：「有兩樣東西，人們越是經常持久的對之凝神思索，它們就越是使內心充滿常新而日增的驚奇和敬畏：我頭上的星空和我心中的道德律。」（人民出版社，2003年版，第220頁）

[287] 李澤厚《中國古代思想史論》，第29～30頁，人民出版社，1985年版。

一種既樂觀進取又清醒冷靜的生活態度。它由來已久，而以理論形態呈現在先秦儒、道、法、墨諸主要學派中。[288]

不僅是先秦儒家，而且道家、法家與墨家的基本思想，都不離於道德倫理的「實用理性」。道家的哲學之道，是相當形而上的，然而正如前述，「道」是「其中有象」、「其中有物」、「其中有精」[289]的，並非純粹形上。老莊之道，為「德」尋找和奠定了一個哲學基礎，最後還是要現實的下落到「德」上。

「實用理性」的文化之根，主要在於原巫文化。巫就是最講實用的一種文化。李澤厚將道德的「實用理性」歸源於「巫史傳統」，是順理成章的。正如前引，馬凌諾斯基說過，對於原始初民而言，實用之外的事物，是關於實用的馬馬虎虎的背景，站在背景以上而顯得有地位的，只是有用的東西，它主要是指可吃的動植物。圖騰在於尋找和認同「他的親族」，在「尋找」這一點上，也是具有一定的實用性的，如澳洲原始部落的「圖騰宴」，「又表現在吃的儀式上」[290]。先民把某些作為圖騰物的動植物吃了，是慎終追遠、認同它們是他們的「祖神」，而且在實際上，也達到了果腹的實用目的，這真是圖騰崇拜與實用理性的奇妙的結合與妥協。

在一定意義上，圖騰是「實用」的，就更不必說巫術的實用性了。每一個巫術的施行，都有明確的目的（按：不管這目的能不能達到）。驅鬼巫術的目的，是為了透過驅鬼而祛除病魔祈人康復；狩獵前的巫術儀式，是要決定到什麼地方去捕獲野獸，試試今天的運氣究竟如何；造房子前拜祭

[288]　李澤厚〈漫談「西體中用」〉，《孔子研究》，1987 年第 1 期。按：該文收入李澤厚《中國現代思想史論》一書，東方出版社，1987 年版。

[289]　老子》上篇第二十一章，王弼注《老子道德經》，第 12 頁，《諸子集成》第三冊，上海書店，1986 年版。

[290]　[英] 布朗尼斯勞·馬凌諾斯基《巫術科學宗教與神話》，第 38 頁，李安宅譯，上海社會科學院出版社，2016 年版。

宅神，是期望房子一旦建成而不至於倒塌；女子生孩子前祭祀鬼神，目的在於母子平安。如果沒有實用這一目的，巫術本不可能產生也沒有必要。

這個「實用」的意思是說，比如巫醫替人看病，以符咒之術「作法」，在於祛除致病的鬼靈、妖孽，而那符咒本身實際並無什麼驅鬼的實用性，所謂的鬼妖實際也是沒有的，不過是「心造的幻影」而已，更不會使人致病。可是由於病人相信人間有妖鬼，相信自己生病是由於妖鬼在作祟，更堅信符咒驅鬼祛病的神異性，以至於在巫醫以符咒「作法」驅鬼之後，提高了病者的自信心，有可能導致病人真的康復了，或者這種病即使不請巫師來驅鬼捉妖，本會自然的痊癒，然而這一切的「療效」，都歸源於巫師的「作法」，於是更迷信巫術的神奇無比、法力無比。實際上的情況卻是，並不實用的巫術，由於人們相信它的所謂實用性，即將一定的實用目的賦予巫術，於是其結果，可能真的發揮了一種「實用」的功能。

這有點類似於醫道中的「暗示療法」。英國學者湯瑪斯（Thomas）曾經說：「科學的研究暗示在治療中的作用只是最近才開始的事情，但是其驚人的效果，已足以使歷史學家不敢小視 17 世紀治療者僅用符咒而產生的真正神效了。現代醫學中稱為『心理治療』的作用早已充分顯現出來，儘管其原因還不很清楚，並對此事還有爭議。」[291] 巫術給人一種「暗示」的力量，因為相信這種「暗示」（按：信奉者不知道這是「暗示」），於是這「暗示」便可能發揮出神奇的功效。中國古代醫家曾經所施行的「祝由」[292]

---

[291] 〔英〕基思‧湯瑪斯（Keith Thomas）《巫術的興衰》，第 40 頁，上海人民出版社，1992 年版。

[292] 按：古時中國醫家有所謂「祝由」術，最早載於《黃帝內經‧素問》的〈移精變氣論〉。其文云：「黃帝問曰：『余聞古之治病，惟其移精變氣，可祝由而已。今世治病，毒藥治其內，針石治於外，或癒或不癒，何也？』岐伯對曰：『往古人居禽獸之間，動作以避寒，陰居以避暑，內無眷慕之累，外無伸宦之形。此恬澹之世，邪不能深入也。故毒藥不能治其內，針石不能治其外，故可移精祝由也。』」（《黃帝內經‧素問》，第 31～32 頁，人民衛生出版社，1956 年版）所謂「祝由」，往往便是對病妖進行巫性的詛咒，這種詛咒可能增強了病人戰勝病魔的勇氣，有時可能對康復有利。

之術，有與此相通的一面。從字面上來說，所謂「祝由」的「祝」，是巫的別稱而已。《說文解字》說：「巫，祝也。」[293]《說文解字》又說：「祝，祭主贊詞者，從示從人口。」[294] 所謂「從示」的「示」，「天垂象，見（按：現）吉凶，所以示人也。」[295]

另一種情況是，正如前文所說，所謂巫術「作法」靈驗的背後，可能有一定知識與科學技術的支撐，真正發揮功效的是知識和科技，不過在巫醫替人治病的表面上，使人相信是巫術產生了奇效。我們知道，只有在那些知識、科學不能到達的地方和領域，才可能有巫術的用武之地，可是一定的知識和科學技術，在某種場合，也可以在暗地裡助巫術一臂之力，讓巫術體體面面的獲得「成功」，從而維護了巫術、巫師在公眾面前的權威，使得人們堅信巫術的「實用」[296]。

「巫史傳統」中的「巫」，是具有一定的「實用性」的。所謂「實用理性」的「實用」，無疑是其人文意義之一。它由非理性的巫術引起，然而其本身卻是一種人文理性或者是趨於理性的。「由於民間巫術不是一種系統的宗教，實用主義是其最高的原則，所以，巫師們所通的鬼神也是十分龐

---

[293]　許慎《說文解字》，第 100 頁，《說文解字》，中華書局影印本，1963 年版。

[294]　許慎《說文解字》，第 8 頁，《說文解字》，中華書局影印本，1963 年版。

[295]　許慎《說文解字》，第 7 頁，《說文解字》，中華書局影印本，1963 年版。

[296]　按：劉黎明《灰暗的想像 —— 中國古代民間社會巫術信仰研究》說：「巫術雖然是科學的對立面，但二者還是有一些相通之處。它們都追求對『自然規律』的理解與控制，都承認事件的演變是有規律的，都主張依靠自己的力量控制自然過程。巫術與科學的本質區別則是不言而喻的。孟慧英先生說得十分精彩：『巫術乃是在缺乏達到某一目的實際方法的情況下的一種代用品，其功能要麼是宣洩性的，要麼是激發性的，它給予人勇氣、安慰、希望和韌性。』中國古代民間巫術還在自然科學方面深深的留下了自己的印記。即使是沈括也沒有擺脫中國古代的科技著作中為巫術保留位置的傳統，在那部被今人視為科學巨著的《夢溪筆談》中，依然為巫術保留了一席之地。《夢溪筆談》卷二〇、卷二一分別為『神奇』、『異事』，其中所記之事，有不少與巫術相關。」（《灰暗的想像 —— 中國古代民間社會巫術信仰研究》下冊，第 1205 頁，巴蜀書社，2014 年版）

雜。歸根結柢，這是由民眾對神靈的實用主義態度所決定的。」[297]

那麼，「巫」又是如何走向「史」的呢？

從文字學角度看，「巫史傳統」的「史」，是與「巫」相繫的一個字。甲骨文中的「史」這一漢字，寫作 ✦（按：〔日〕貝塚茂樹《京都大學人文科學研究所藏甲骨文字》三〇一六），從中從又。這裡的「中」，表示古時原始晷景的裝置；又，指手。「這『中』的中間一豎，表示標杆，中間一豎與方框『囗』表示裝置，『〜』表示具有方向性的移動的日影。測日影的標杆必須豎得很直，垂直於地面，否則測得的結果就不會準確。標杆垂直於地面說明其方位與形象得『正』，測得的結果準確說明得『中』。」[298] 李圃《甲骨文選讀·序言》，將這一個「中」，解讀為「古代晷景裝置」之義。爾後在其與臧克和、劉志基合著的《古漢字與中國文化源》一書中，重申了這一見解：甲骨文中已出現「中」這個字形，寫作 ✦，據學者們考定為測天的儀器：既可辨識風向，也可用來觀測日影。且以姜亮夫先生的相關論述作為論據。姜氏說，所謂中，日中之謂。杲而現影，該影子，正可為一日計度之準則，所以中者為正，正者必直。故中字本義，並非指「徽幟」（按：唐蘭《殷墟文字記》所持之見），而象巫性測天的晷影裝置。

所謂晷影，《周髀算經》稱周代晷影為，周髀長八尺。夏至之日，晷一尺六寸。髀者，股也。正晷者，勾也。這種晷影方式，用以測日，爾後同時測風。由於原始時期，先民對於日影與風向深感神祕，甚至深感畏怖，所以設立這一個「中」，為的是企望從巫的角度，來掌握日神與風神的動向，企圖以此造福於人類自己。卜辭有「立中」之記，如胡厚宣《甲

---

[297]　劉黎明《灰暗的想像——中國古代民間社會巫師信仰研究》上冊，第 223 ～ 224 頁，巴蜀書社，2014 年版。

[298]　拙著《巫術——〈周易〉的文化智慧》，第 21 頁，浙江古籍出版社，1990 年版。

骨六錄》雙一五，「無風，易日」、「丙子其立中，無風，八月」，王襄《簠室殷契徵文》天十：「立中，無風。丙子立中，允無風」[299] 等都是。

甲骨文的史字「從又」的「又」，是手的象形。史字從中從又，即表示卜辭所說的「立中」之義。「立中」的目的，是為了要從巫的角度進行預測，以掌握日神、風神的神祕動向，而不僅僅內含一定素樸科學意義的測定陰晴與風向以及風力大小的因素。古時巫、史二字連用，或稱「巫史」或稱「史巫」。陳夢家指出：「祝即是巫，故『祝史』、『巫史』皆是巫也，而史亦是巫也。」[300]「巫史」是殷人的說法，實際指巫師；「史巫」是周人的說法。

這裡提到的「史」是值得注意的。最早的巫的占卜做出占斷之後，往往便把占斷何事、占斷結果和占斷時間等，鏤刻在甲骨上，這一切都是巫祝的「工作」，這種鏤刻，已經是「史」文化的萌芽了。後來有了墨的發明和使用，使得「史」進一步從巫覡那裡分化出來，專門做墨塗這一件事情。

爾後隨著巫術文化的發展，使得懂得巫的道理、從事巫術活動的「史」（巫史、史巫），再進一步從巫事中漸漸獨立出來，專門做那種《尚書》所說的「史乃冊」[301] 的「工作」。這裡「史」的本義，是記載的意思。「史」者，史官之謂，有了專業的分工，成了記錄國家大事、帝王言行的史官。漢代司馬談、司馬遷父子，都任朝廷太史令，他們實際是帝王、朝廷的幕僚，也是歷史的記錄者，爾後成為歷史的敘述者，如司馬遷。

---

[299]　按：以上所述，請參見拙著《中國美學的文脈歷程》第 23 ～ 26 頁，四川人民出版社，2002年版。

[300]　陳夢家〈商代的神話與巫術〉，《燕京學報》第 20 期。

[301]　《尚書·周書·金縢》，江灝、錢宗武《今古文尚書全譯》，第 253 頁，貴州人民出版社，1990年版。

　　無疑，後代的史官以及史官文化，起源於巫。

　　「巫史傳統」說揭示了由巫到「史」的歷史真實，整個中國古代文化及其傳統，都由伴隨以神話與圖騰、由處於基本而主導地位的巫文化所醞釀、培育和推進。後代的所有社會意識形態，包括哲學、禮學、仁學、史學與美學等，實際都從這樣的「巫史文化」等發展而來。別的暫且勿論，大致成篇於戰國中後期《易傳》這一以倫理為主而綜合的文化意識形態，源自大致成書於《周易》本經的巫性文化，則是毫無疑問的。

　　李澤厚先生曾經提到「樂感文化」這一點，自然是有道理的看法。中國文化在印度佛教尚未東來之前，的確以「樂」為其基本特質之一。所謂「樂感」，實際是一種對待生活、生存與生命的「樂觀」情結，也是一種基本的生活態度。《左傳‧襄公十一年》說：「夫樂以安德，義以處之，禮以行之，信以守之，仁以屬之，而後可以殿邦國，同福祿，來遠人，所謂樂也。」[302] 處義、行禮、守信、屬仁等，都屬於「安德」之「樂」。唯有踐行了義、禮、信、仁等道德規範，才能享受「殿邦國，同福祿，來遠人」的「樂」。《國語‧周語下》說：「夫政象樂，樂從和，和從平。」、「於是乎氣無滯陰，亦無散陽，陰陽序次，風雨時至，嘉生繁祉，人民和利，物備而樂成，上下不罷，故曰樂正。」[303] 「樂」是氣韻生動，陰陽和諧，生命繁茂，人民安居樂業，上下都是生氣勃勃的一種心靈感受。《論語‧泰伯篇》記孔子名言，叫做「興於詩，立於禮，成於樂」[304]。「樂」，兼有三義，指音樂、藝術美與天人、人際關係以及人內心的和諧。《老子》說：「是以

---

[302]　《左傳‧襄公十一年》，《春秋左傳集解》，杜預注，上海人民出版社，1977 年版。

[303]　《國語‧周語下》，鄔國義、胡果文、李曉路《國語譯注》，第 94 頁，上海古籍出版社，1994年版。

[304]　《論語‧泰伯第八》，劉寶楠《論語正義》卷九，第 160 頁，《諸子集成》第一冊，上海書店，1986 年版。

天下之樂推而不厭，以其不爭，故天下莫能與之爭。」[305] 人生的大樂，在於玄無、虛靜、不爭的心境與態度，「是以天下之樂」存矣。《墨子》有「非樂」之說，但是並非「非」一切的「樂」。《墨子》說：「是故子墨子之所以非樂者，非以大鐘、鳴鼓、琴瑟、竽笙之聲，以為不樂也；非以刻鏤文章之色，以為不美也；非以芻豢煎炙之味，以為不甘也；非以高臺、厚榭、邃野之居，以為不安也。雖身知其安也，口知其甘也，目知其美也，耳知其樂也，然上考之，不中聖王之事，下度之，不中萬民之利。是故子墨子曰：為樂非也！」[306] 墨子並非反對「樂」本身，他僅僅反對「不中聖王之事」、「不中萬民之利」的那種「樂」。《孟子·離婁上》說：「樂之實，樂斯二者（按：指「事親」、「從兄」），樂則生矣。」[307]《莊子·天道篇》也非常肯定「樂」的人生與境界。「與人和者，謂之人樂；與天和者，謂之天樂。」[308] 至於在《易傳》中，最重要的人文命題之一，便是「樂天知命故不憂」[309]。

梁漱溟曾經指出，由於先秦儒家十分強調人的生命、人生現實的快樂，而這一快樂的根本，源自對於生命的肯定和歌頌。所以「這一個『生』字是最重要的觀念，知道這個就可以知道所有孔家的話。孔家沒有別的，就是要順著自然道理，頂活潑流暢的去生發」[310]。其實不僅是儒

[305] 《老子》第六十六章，王弼注《老子道德經》，第 40 頁，《諸子集成》第三冊，上海書店，1986 年版。

[306] 《墨子·非樂上》，孫詒讓《墨子閒詁》卷八《非樂上第三十二》，第 155 頁，《諸子集成》第四冊，上海書店，1986 年版。

[307] 《孟子·離婁章句上》，焦循《孟子正義》卷七，第 313 頁，《諸子集成》第一冊，上海書店，1986 年版。

[308] 《莊子·天道篇第十三》，王先謙《莊子集解》卷四，第 82 頁，《諸子集成》第三冊，上海書店，1986 年版。

[309] 《易傳·繫辭上》，朱熹《周易本義》，第 292 頁，怡府藏版影印本，天津市古籍書店，1986 年版。

[310] 梁漱溟《東西文化及其哲學》，《梁漱溟全集》第一卷，第 448 頁，山東人民出版社，1989 年版。

家，道家與墨家等，都是肯定生的快樂的。儒家強調人類群體生命的快樂；道家強調人類個體生命的快樂。墨子講了那麼多關於「死」與「鬼」的話，其目的也是為了更好更快樂的「生」，墨子以「兼愛」為「樂」[311]。

無論儒家、道家與墨家等的思想文化傳統，都以「樂」為其題中應有之義。問題是，這種「樂」與「樂感文化」源於什麼？一言以蔽之，源於中國未文化等所崇尚的「生」。

中國人以為，生是人生快樂的淵藪，死是痛苦的根由。因而人生總是嚮往生而力避死的。人一旦死去，親族便悲痛欲絕。《易傳》說，「天地之大德曰生」[312]，這裡的「大」，即「太」的本字，「大」有原始、原本義；這裡的「德」，通性。「大德」即原德即本性。生是天地的本性，或者可以說，生，是天經地義的。《易傳》又說，「生生之謂易」[313]，易理的根本，指生而有生、生生不息，生是沒有窮盡的，因而，與生俱來的快樂，也是沒有窮盡的。

難怪《易傳》一再強調生，正如前引，只有一處地方說到死字，「原始反終，故知死生之說」。意思是，血族家庭的父親死了，還有兒子；兒子死了，還有孫子，從而綿綿瓜瓞。所以「愚公移山」的偉業，總有一天會實現。人的個體生命總是會死的，而人的血緣群體生命，是不死的。尤其

---

[311]　按：《墨子·法儀第四》說：「天之行廣而無私，其施厚而不（丕）德，其明久而不衰。故聖王法之。既以天為法，動作有為，必度於天……天必欲人之相愛相利，而不欲人之相惡相賊也。」「文王若日若月，乍照光於四方，於西土，即此言文王之兼愛天下之博大也。譬如日月兼照天下之無有私也。」（孫詒讓《墨子閒詁·法儀第四》，第 12 頁；《墨子閒詁·兼愛天下第十六》，第 75 ～ 76 頁，《諸子集成》第四冊，上海書店，1986 年版）墨子確以「兼愛天下」之「樂」為樂。

[312]　《易傳·繫辭下》，朱熹《周易本義》，第 322 頁，怡府藏版影印本，天津市古籍書店，1986 年版。

[313]　《易傳·繫辭上》，朱熹《周易本義》，第 295 頁，怡府藏版影印本，天津市古籍書店，1986 年版。

在儒家看來，血族家庭或者從一個氏族、民族來看，死只是一種生命的暫時狀態，歸根結柢是「原始反終」，生是永恆的。這種關於中國人的群體生命的「樂觀主義」，在世界民族之林中，是獨特的。

正如前述，中國文化是以「生」及其「快樂」為原點的。殷墟甲骨卜辭有樂字。卜辭說：「丙午卜在商貞今日步於樂亡（按：此「亡」，讀為「無」）災。」又：「乙未卜在樂貞王步亡災。」徐中舒主編《甲骨文字典》指出，「卜辭中樂無用作音樂義之辭例」[314]，此是。樂，羅振玉《增訂殷虛書契考釋》說：「此字（按：指樂）從絲附木上，琴瑟之象也。」《甲骨文字典》稱：「按羅說可備一說。」[315] 這一個「樂」，本指樂器，轉義為音樂。問題是，殷人是否已經發明了琴瑟這樣結構相當複雜的樂器，須有殷代樂器考古實證才是。審視樂字的甲骨文寫法，為 🎵（按：見郭沫若主編、胡厚宣總編輯，中國社會科學院歷史研究所《甲骨文合集》編輯工作組集體編輯《甲骨文合集》三三一五三），可能是禾稼之上果實累累的象形，轉義指豐收的快樂，或者是企望豐收的快樂。所以，前引兩條卜辭中的「樂」字，並非指「地名」[316]。

如果這一解讀合乎歷史與情理的話，那麼，卜辭所謂「樂」，可能指快感或者指「樂感」。它是從巫卜文化中培育起來的中國人的快樂的情感。從前引兩條卜辭所見，「亡禍」、「亡災」，即無禍、無災。無災無難，便是殷人所祈求的人生大樂。

---

[314]　徐中舒主編、常正光伍仕謙副主編《甲骨文字典》，第 650 頁，四川辭書出版社，1989 年版。按：這兩條卜辭，又依次見於郭沫若主編、胡厚宣總編輯，中國社會科學院歷史研究所《甲骨文合集》編輯工作組集體編輯《甲骨文合集》三六五〇一，羅振玉《殷虛書契前編》二、八、一。

[315]　徐中舒主編，常正光、伍仕謙副主編《甲骨文字典》，第 650 頁，四川辭書出版社，1989 年版。

[316]　徐中舒主編，常正光、伍仕謙副主編《甲骨文字典》，第 650 頁，四川辭書出版社，1989 年版。

關於「一個世界」，李澤厚先生說：

「巫」的特徵是動態、熱情、人本和人神不分的「一個世界」。相比較來說，宗教則屬於更為靜態、理性、主客分明、神人分離的「兩個世界」。[317]

按照李澤厚的邏輯，巫術是「人神不分的『一個世界』」，而宗教是「神人分離的『兩個世界』」，由此見出巫術與宗教的根本區別。當李先生稱宗教的世界是「兩個世界」時，實際說的是兩個「一個世界」——一個是神的世界，一個是人的世界，兩者「神人分離」，似乎井水不犯河水。當其說巫術的世界是「一個世界」時，實際說的是「人神不分」。這在關於「一個世界」說前後的邏輯上，似乎有些不夠統一。宗教所包含的兩個「一個世界」，要麼是神的世界，要麼是人的世界。而巫術的所謂「一個世界」，卻是「神人不分」的。

筆者以為，用「人神不分的『一個世界』」與「神人分離的『兩個世界』」之說，來區別巫術與宗教，看來值得做進一步的討論。

實際上，無論巫術還是宗教，都既是「一個世界」又同時是「兩個世界」。當我們稱巫術是「一個世界」時，是強調了巫術的文化特性具有「人神不分」的一面，然而這種「人神不分」，是建立在人與神相分的基礎上的。當我們稱宗教是「兩個世界」時，又是強調了宗教的文化特質具有「神人分離」的一面，卻並非否定宗教的文化實質，也具有「人神不分」的另一面。

實際上，宗教也是「人神不分」的。當一個虔誠的宗教徒的精神世界真正的進入宗教天國——高度的淨化或是迷狂狀態之時，你不能不說他

---

[317]　李澤厚《由巫到禮、釋禮歸仁》，第 13 頁，三聯書店，2015 年版。

的精神是「人神不分的『一個世界』」。相反，巫術也並非總是在「人神不分的『一個世界』」中。這裡暫且不說在巫術活動中，確實有那麼一些巫者的精神沉浸在「作法」的迷狂之中，然而通常的情形是，巫覡在「作法」——比如以筮策以古筮法為人算卦時，其精神是那樣的既虔誠又冷靜，那樣的慢條斯理，要經過所謂「十八變」的儀程才能筮得結果，在這相當長的時間內，其精神狀態其實是相對清醒的，雖然此時的算卦者並非放棄關於巫筮的神祕信仰。

因而，如果要說此時的巫覡即算卦者的精神已經進入「人神不分的『一個世界』」，是缺乏說服力的。更不用說，還有一些巫者在施行「法術」比如為人驅鬼治病、進行扶乩活動時，他們的內心實際往往是很清醒的，他們有些知道這是「騙人」的把戲，所以要他們進入「人神不分的『一個世界』」也難。從受巫者角度分析，其心靈也往往不是「人神不分的『一個世界』」。比方說，一個面臨大考的學子，請一位懂得占卦之理的人用一枚鎳幣為他占卦，要試試自己的運氣究竟如何。鎳幣分正反兩面，正為陽反為陰，占卦者隨意向桌上連丟六次鎳幣，可以得到一個六爻的卦，於是根據此卦來占斷吉凶。這裡所有過程的心靈狀態，當然是誠心誠意的（按：他相信占卦是「靈驗」的），可是在這占筮過程中的心靈與心態，其實也不是什麼「人神不分的『一個世界』」。

巫術與宗教的區別，不在於巫術是「一個世界」而宗教是「兩個世界」，兩者都既是「人神不分」又是「神人分離」的。僅僅兩者所謂「一個世界」「兩個世界」的內在機制、程度與內在結構不同罷了。其中關鍵的一點，是巫術與宗教在對待「神」的態度上的差別。對於一個虔誠的堅信巫術「靈驗」的巫師而言，巫術施行過程中的神靈，一方面是外在於「我」的作為「他者」的崇信的對象，另一方面，又是巫師自己。巫術的「作法」為

的是所謂降神，降神靠什麼？不就是因為巫覡堅信自己也是神（按：神靈附體）的緣故嗎？在能夠降神這一點上，作為「他者」的神靈與作為巫師自我的神靈，在巫師的「自我感覺」上，實際是同一個神靈，二者是平起平坐的。巫師承認自己的「神通」源自自己對於外在神靈的絕對信仰，然而這一「神通」之所以有效，乃是因為堅信自己的所謂異能，在一定程度上可以支配外在神靈為自己服務的緣故。巫術既然承認「萬物有靈」，那麼，難道巫覡反而不信自己具有靈異之能麼？因此在一定條件下，比如在巫覡「作法」達到迷狂狀態之時，外在的所謂神靈，是可以召之即來揮之即去的，否則，巫覡就不是所謂「神通廣大」的了。宗教的情形就有些不同。宗教不承認「萬物有靈」這一信條，靈、靈異只是主神的屬性，信徒是不具備的。基督教的信徒唯有絕對的信奉上帝，才能跟隨著來到天國，那也要在「滌罪所」徹底的洗滌自己的罪孽之後。如果說，巫術所宣揚的一半是「自救」一半是「他救」的話，那麼，基督教之類的宗教，只是崇尚「他救」而已。

總之，巫術與宗教的區別之一，並非前者是「一個世界」，後者是「兩個世界」，它們都既是「一個世界」又是「兩個世界」，僅僅在於兩者的內在文化機制、結構與程度不同。

第二節　必由之路：從「巫」走向「史」

這裡所謂必由之路，指的是中華民族及其歷史文化傳統的發展趨勢的必然性，從「巫」走向「史」，實際主要是由中國原巫文化的性質所決定的。本書已經多次強調，中國原巫文化的性質，在於追求功利的「實用理性」，從原巫的「實用理性」到春秋戰國基本完成轉嬗的「史」的「實用理性」，僅一步之遙。兩者都是講究功利即「善」的。然而前者的「善」是巫

性的，後者則以道德之善為文化核心。這裡所謂道德，指禮與仁。

巫術之善，表現在巫術施行的目的之中，趨吉避凶的巫的目的，只是一種良好的願望，實際上是虛擬的，由於堅信巫術的施行能夠趨吉避凶，因而千百年間，巫術在初民以及古人那裡運用得很是順手，成了試圖克服生活困難甚至悲劇的一大「法寶」。巫術是一種寄託著良好願望的盲目而粗鄙的信仰。巫術的善是假設性的，出於相信它是善的，因而是一個巫性的「烏托邦」。巫術的善，有時會引出一個「好」的結果。巫者不僅迷信神靈，同時也迷信巫者自己，極大的提高了巫者的盲目的自信。正如前引，巫術給予人「強烈的吸引力，把對美好未來的憧憬化作雙翼，去引誘那些疲倦的探索者和追求者，帶他穿越密布的烏雲和失望的現實，翱翔於碧海藍天，俯瞰天國（按：指相信施行巫術所能達到的境界）的美景」。一群原始捕魚者在出發前，占卜預示是吉利的，預示這次出海終於會順利而且會捕到很多的魚，於是漁民們信心百倍迎難而上。儘管實際上在捕魚時，不期而遇的是風浪的襲擊，卻由於堅信會平安無事，反而促成自己比以往更加小心謹慎而勇氣倍增的駕馭著漁船，敢與風浪搏鬥，結果平安的滿載而歸。一個病人由於堅信巫醫的法術是有效的，便提高了病人的自信力，這種心靈上精神性的所謂吉利的「暗示」，確實有利於病人的康復。

中國自古講究禮與仁。在道德意義上，禮規範了為人處世的一系列「天條」，實質是外在的意志整肅；仁是禮的發展，將被整肅的意志，轉化為人或群團的內心自覺要求。禮與仁的文化主題，是道德人格性的。仁是禮的高級形態，道德意義的禮以及仁，在中國古代的十三經中，以《周禮》、《論語》和《禮記》說得最全面、最透澈。

道德的禮以及爾後的仁，總有一個文化上的來源處，它主要來自巫術文化的禮。所謂巫性原禮，以祭祀山川、祖先等神靈為最典型。以祭祀為

儀式的巫術，在中國古代發展得很是充分。據考古發現，殷墟建築遺址有
所謂「安門墓」，在門下有「人祭」的現象，即建造時將人體埋在門址下，
以邀神靈保佑、以圖吉利。所謂祭祀，就是向種種神靈獻出人自己的愛
心。最虔誠的，要數「人牲祭」，或將人活埋以作祭禮，或是殺牲以祭，
總之是以「血」為祭，以便感動神靈。有一種巫性的祭禮儀式稱為「釁」。
許慎說：「釁（釁），血祭也。」段注：「《周禮‧太祝》注云，隋釁謂薦血也，
凡血祭曰釁。」、「凡言釁廟、釁鐘、釁鼓、釁寶鎮寶器、釁龜策、釁宗廟
名器皆同。以血塗之，因薦而祭之也。」[318]

　　古時中國的祭祀何其多。「燔柴於泰壇，祭天也。瘞埋於泰折，祭地
也。用騂犢。埋少牢於泰昭，祭時也。相近於坎壇，祭寒暑也。王宮，祭
日也。夜明，祭月也。幽宗，祭星也。雩宗，祭水旱也。四坎壇，祭四方
也。山林川谷丘陵能出雲，為風雨，見怪物，皆曰神。有天下者祭百神。
諸侯在其地則祭之，亡其地則不祭。」[319] 祭名、祭類、祭法與祭祀對象的
繁多，一言難盡，這裡從略。

　　禮，本是巫性的，崇高而重要，展現了人對於神靈的獻身精神。

　　孔子曰：誦《詩》三百，不足以一獻。一獻之禮，不足以大饗（按：指
太廟祭祖）。大饗之禮，不足以大旅（按：指祭五帝），大旅具矣，不足以
饗帝（按：指祭天）。毋輕議禮！[320]

　　禮，天地間最是神聖的事業[321]，以祭天為最高。北京作為明清首都

[318]　《說文解字注》，第 106 頁，許慎著、段玉裁注，上海古籍出版社，1981 年版。

[319]　《禮記‧祭法第二十三》，楊天宇《禮記譯注》，下冊，第 789 頁，上海古籍出版社，1997
　　　　年版。

[320]　《禮記‧祭法第二十三》，楊天宇《禮記譯注》，下冊，第 789 頁，上海古籍出版社，1997
　　　　年版。

[321]　《禮記‧禮器第十》，楊天宇《禮記譯注》，上冊，第 410 頁，上海古籍出版社，1997 年版。按：
　　　　《禮記》說：「一獻質，三獻文，五獻察，七獻神。」巫禮分四個等級，以獻神之禮為最神聖。

有天壇的建造以及帝王的親祭，斷不可抱著輕忽的態度。而且絕不可妄自評議，否則，便是褻瀆神聖而得罪於老天神靈。

原始巫禮，作為「史」文化道德之禮的原型，它為道德意義的禮，提供了歷史與人文資源。

道德之禮的神聖性，源自巫性之禮對於天神、山川與鬼靈等的獻敬，只是有些改變了獻敬的對象，而且往往提升為仁的境界。臣民對於天地、帝王、祖宗、父親、兄長與導師等的禮敬，作為一種道德行為，分天地君親師五大階級。如果說，在巫性之禮實踐中的人，對於神性對象的禮拜是全心全意、誠惶誠恐的話，那麼，道德之禮的施行，不僅繼承了巫性之禮的基因，成為百姓千眾日常生活的常式與生活情調，而且往往是自覺的。徐復觀說：

> 周初所強調的敬的觀念，與宗教的虔敬，近似而實不同。宗教的虔敬，是人把自己的消解掉，將自己投擲於神的面前而徹底皈歸於神的心理狀態。周初所強調的敬，是人的精神，由散漫而集中，並消解自己的官能欲望於自己所負的責任之前，凸顯出自己主體的積極性與理性作用。敬字的原來意義，只是對於外來侵害的警戒，這是被動的直接反應的心理狀態。周初所提出的敬的觀念，則是主動的，反省的，因而是內發的心理狀態。[322]

「周初」所「提出」和「強調」的「敬」，大致是巫性意義上的，指巫覡不僅敬神靈，而且自敬。在宗教祭司看來，這種自敬，是完全不能接受的，他們把它稱之為對宗教神靈的狂妄和挑戰。宗教「祭司在神面前卑躬屈膝，因此極其厭惡巫師驕傲的態度，和對權力的妄自菲薄。巫師自大的宣稱，自己擁有和神靈同樣的權力。在崇尚神權的祭司看來，巫師的態度

---

[322]　徐復觀《中國人性論史·先秦篇》，第 20 頁，三聯書店，2001 年版。

與行為是大不敬的」[323]。宗教的敬，是敬神主體即「人把自己的消解掉，將自己投擲於神的面前而徹底皈歸於神」。可是中國原巫文化等，並沒有走到宗教那裡去，而是把原巫文化等的敬神精神，轉化為對天地君親師的敬。在這種敬的精神結構中，誠然把天神、地祇、帝王、祖先與師長等，奉為龐大的崇拜對象，不過這些對象畢竟不是西方宗教那樣的上帝，因而人在這些中國式的崇拜對象面前，還能保持一點「主動的、反省的」自持與自敬之心。正因如此，才能在心靈上開啟由巫禮走向道德倫理而終於「歸仁」之門，讓「仁者愛人」「老吾老以及人之老，幼吾幼以及人之幼」[324]等倫理信條，成為人在道德倫理意義上的人內心的自覺要求。原先巫術禮敬中的無數巫術禁忌，沒有嬗變為宗教的種種戒律，而是被提升為道德倫理之做人的無數規矩。關於這一點，讀者只要去讀一讀《周禮》、《禮記》與《論語》之類的古籍，就可明瞭。

就巫性之禮而言，原先巫覡施行所謂法術時的舞蹈、歌唱之類的「樂」，只是作為巫術「作法」的儀式和方法而存在的。發展到後代道德倫理的「樂」，成為「禮」的重要元素（按：禮也成為「樂」的重要元素），或者可以說，道德倫理中的禮、樂二者的關係，既是二律背反又是合二而一的。

《禮記》有〈樂記〉篇。〈樂記〉說：「樂者為同，禮者為異。同則相親，異則相敬。樂勝則流，禮勝則離。合情飾貌者，禮樂之事也。禮義立，則貴賤等矣。樂文同，則上下和矣。」又說：「大樂與天地同和，大禮與天地同節。」、「樂者，天地之和也；禮者，天地之序也。和，故百物皆化；序，

---

[323] ［英］詹姆斯·喬治·弗雷澤《金枝》上冊，第 57 頁，陝西師範大學出版總社有限公司，2010年版。

[324] 《孟子·梁惠王章句上》，焦循《孟子正義》卷一，第 51 ～ 52 頁，《諸子集成》第一冊，上海書店，1986 年版。

故群物皆別。樂由天作，禮以地制。過制則亂，過作則暴。明於天地，然後能興禮樂也」[325] 禮而無樂、樂而無禮或是禮勝樂、樂勝禮，都不是「禮樂」的和諧境界。禮樂二者，作為中國文化在「軸心時代」經過祛魅之後的統治術兼樂心說，既是政治的、倫理的，又是藝術的、審美的，它的文化來源處，主要是中國式的原巫等文化傳統。

道德之善以及與道德相繫的中國哲學、美學與藝術學等，作為「史」的文化形態，源於中國上古原巫等文化形態，確實是以所謂「無功利」為其功利的。老子的哲學之道，最終卻要落實到「德」上，德者，得也。通行本《老子》第六十二章說：「道者，萬物之奧，善人之寶。」王弼注云，「奧，猶曖也，可得庇蔭之辭。」、「寶，以為用也。」[326] 孔子的仁學之道，實質為仁愛。「君子務本，本立而道生。孝弟（按：悌的本字）也者，其為仁之本與。」注云：「本，基也。基立而後可大成。先能事父兄，然後仁道可大成。」[327] 可以說，無論老子的道還是孔孟的仁，都是以德用為目的的。這一人文傳統，作為中國「史」文化的這一「生」的根基，在中國美學與藝術學中，是一直沒有被撼動過的。中國美學所說的「美」，按照李澤厚的說法，叫做合規律性和合目的性的統一。合規律即真，合目的即善。中國文學藝術所追求的，大抵首先都與合目的性即善的境界攸關。

這在大量的小說作品中，表現得尤為鮮明。中國古代「四大名著」即《紅樓夢》、《三國演義》、《水滸傳》與《西遊記》等，一般都是講述「好」的故事，揚善去惡，是其共同主題，唯《紅樓夢》因為寫到佛教的「色空」觀

[325]　《禮記‧樂記第十九》，楊天宇《禮記譯注》下冊，第 634、636、637 頁，上海古籍出版社，1997 年版。
[326]　王弼注《老子道德經》下篇，第六十二章，第 38 頁，《諸子集成》第三冊，上海書店，1986 年版。
[327]　劉寶楠《論語正義》卷一〈學而第一〉，第 4 頁，《諸子集成》第一冊，上海書店，1986 年版。

與易理之類而與其餘三者大有區別。至於現代的一批武俠小說，一般也是一篇篇「好」的故事，在道德之善上做文章。魯迅先生說，「我在朦朧中，看見一個好的故事。這故事很美麗，幽雅，有趣。許多美的人和美的事，錯綜起來像一天雲錦，而且萬顆奔星似的飛動著，同時又展開去，以至於無窮」，「但我總記得見過這一篇好的故事，在昏沉的夜」[328]。魯迅的〈好的故事〉，是一篇著名散文，借用在這裡，以說明絕大多數中國古代文學作品不易的主題。

世界上任何民族的原始文化，都由三位一體、各盡所能的巫術、神話與圖騰所構成而無例外，都普遍的由這一原始文化形態，爾後可能發育、成長為宗教。無論埃及、印度與希臘等，概莫能外。弗里茨・格拉夫說，往往與神話、圖騰相伴的巫術，「在古典時期（classical antiquity ——原注），巫術活動無處不在」。僅從所存的資料看，「它們遍布整個古代世界，從古典時代的希臘到希臘 —— 羅馬化的埃及」[329]，都是如此。從印度的吠陀時代看，巫術等的盛行，是不言而喻的。它們都主要的由原始巫文化走向了宗教。不管那些宗教文化的樣式、教義、結構與內在機理有多少差別，先於宗教而存在的原始巫術以及神話與圖騰等，為宗教的誕生都準備了文化土壤、資源與條件。

中國的情形與此大不一樣。儘管中國原始巫文化等似乎為宗教的誕生，準備了豐厚的文化沃土，然而在原始巫文化等盛行數千年之後，卻終於沒有真正能夠走向宗教，而是走向了一種稱為「史」[330]的文化形態。

---

[328]　魯迅〈好的故事〉，《野草》，人民文學出版社，1979 年版。按：魯迅該文，寫於 1925 年 1 月 28 日，初發於《語絲》第 13 期（1925.2.9）。

[329]　［瑞士］弗里茨・格拉夫《古代世界的巫術》，第 1、3 頁，王偉譯，華東師範大學出版社，2013 年版。

[330]　按：這裡所謂「史」，正如本書前文所述，主要指從原始巫術文化中所發育而成的政治倫理、禮樂文化系統等，是中國哲學、史學、禮學、仁學與美學等的一個總稱。

為此，德國學者馬克斯·韋伯，曾經提供了一個答案，稱之為中國的「理性主義」。

像中東、伊朗或印度那種在社會上有勢力的先知（Prophetie —— 原注），在中國是聞所未聞的。這裡從來沒有一個以超世的神的名義提出倫理「要求」的先知。中國宗教（按：實際指原始巫文化等）始終如一的不間斷性的排除了先知的存在。最高祭司長 —— 政教合一的統治者 —— 所要認真對付的是封建貴族，而非先知。任何讓人想到是先知發起的運動，政教合一的政權就會把它視為異端邪教而用暴力有計畫的加以撲滅。中國人的「靈魂」從未受到過先知的革命洗禮，也沒有私人的「祈禱」。受過禮儀（按：指倫理制度等）及文獻教育的官員，尤其是皇帝，照料著一切，而且也只有他們能夠如此。

而理性主義，無論是在中國還是在其他國家（按：指漢文化圈的一些東方國家），從內心深處就蔑視宗教。在中國，這種理性主義不需要宗教作為馴服民眾的工具……[331]

在韋伯看來，中國文化中，沒有「先知」而只有中國式的「理性主義」，兩者是相輔相成的。那麼，這指的是原始巫文化等的「理性主義」，還是「史」文化的「理性主義」？顯然是指後者。韋伯說：

在這種實踐理性（按：實指「實用理性」）主義的支配下，官吏階層擺脫了所有的競爭，沒有理性的科學，沒有理性的技藝訓練，沒有理性的神學、法律學、醫學、自然科學和技術，沒有神聖的權威或者勢均力敵的人類的權威；而只有一種切合於官僚體系的倫理，而這種倫理，只有在顧及到氏族內部的傳統勢力時，以及在對鬼神的信仰中，才會受到限制。[332]

---

[331]　［德］馬克斯·韋伯《儒教與道教》，第 151、152 頁，洪天富譯，江蘇人民出版社，2010 年版。
[332]　［德］馬克斯·韋伯《儒教與道教》，第 160 頁，洪天富譯，江蘇人民出版社，2010 年版。

　　這一論述說得相當絕對，有失公允。在時值春秋戰國所謂「軸心時代」，經過「祛魅」而達成的中國「史」文化，的確特別重視政治倫理、禮樂制度。這種文化形態，從天下家國的種種制度，到血親家族與個人的衣食住行等，沒有一項不具有禮的規範，而且用「樂」來作為禮的對應性的調和因素。然而，要說其絕對「沒有理性的科學」等，是缺乏說服力的，否則，英國學者李約瑟《中國科學技術史》這樣的皇皇大著所寫的內容，豈不成了虛構？當然，中國古代的科技文化走了一條不同於西方的路，它偏重於技術而較少科學理論體系的建構，這也是歷史的真實。

　　《中庸》引錄孔子之言稱，「道不遠人。人之為道而遠人，不可以為道」[333]。中國文化根本不承認有什麼離開了人而「客觀」的獨立自存的「好之理型」即「道」。

　　這裡且不用說先秦儒家所提倡的「人道」，無疑是人作為主體的道，經驗層次的，老莊之道，具有一定的形上品格，最後還得回歸於「德」的經驗層次。所謂形上，不能絕對排除其具有一定的超越性，不過這種超越，由於基本沒有外在的、來自彼岸的提拉之力，因而只能說是所謂「內向超越」。

　　這種「內向超越」的特質在於，如果說在原巫文化等盛行的時代，巫是神與人之間的一個中介的話，那麼在「軸心時代」，道德倫理的經驗之心，也是神與人之間的一個中介。從先秦孔孟的心性之說，到明代陽明心學的「良知」，都是道德層次的經驗之心的「超脫」。《左傳》稱，禮者，天之經也，似乎是「外在超越」，但是這個「天」並不外在於人，否則，所謂「天人合一」就不能成立了。

---

[333]　《禮記・中庸第三十一》，楊天宇《禮記譯注》下冊，第 903 頁，上海古籍出版社，1997 年版。

中國文化之所以只有所謂的「內在超脫」，是因為這種文化沒有一個「好之理型」即「太陽」即絕對形上之道，高懸於人文精神經驗層次之上的緣故。

如果說，古希臘在經歷了原始「信文化」漫長時代之後，導致「哲學的突破」而轉嬗為宗教時代，如果其根本源因，是因為原始神話、圖騰與巫術相比更為發達的話，那麼中國原始「信文化」的情況正好相反，中國原始巫文化的文化勢力，要遠遠的強於神話與圖騰。儘管原始巫術、神話與圖騰，一般都離不開「實用理性」，然而三者相比，最典型、最強有力的「實用理性」，必然呈現在原巫文化中。巫術、神話與圖騰三者，都具有一定的基於經驗層次的嚮往超驗世界的文化品格，可是三者相比，還是以原始神話與圖騰更顯得空靈些。

中國原始「信文化」由於是以原巫文化為其主角的，因而，唯有求其實用的「實用理性」，具備了基本支配整個文化發展趨勢的資格與意義，使得從實用經驗飛越到超驗世界的文化翅膀，變得相當沉重。

從中國原巫文化所崇拜的神靈來看，神靈的數量是極多的，這可以借用「遍地英雄下夕煙」這一句詩來加以形容，這也便是因為「泛神」而加得愈多等於減得愈多。

正如前述，中國原始文化關於神靈的概念，一向是與鬼的概念緊密的相連在一起的。「宰我曰：『吾聞鬼神之名，不知其所謂。』子曰：『氣也者，神之盛也。魄也者，鬼之盛也。合鬼與神，教之至也。眾生必死，死必歸土，此之謂鬼。』」[334] 神與鬼合一於人的生死。氣與魄的區別，僅僅前者為「神之盛」，後者是「鬼之盛」。人活著的時候是「神之盛」，人一旦

---

[334]　《禮記‧祭義第二十四》，楊天宇《禮記譯注》下冊，第 809 頁，上海古籍出版社，1997 年版。

死去，就變成了「鬼之盛」。「盛」，指氣與魄的存在狀態。按照莊子的說法，「人之生，氣之聚也。聚則為生，散則為死」[335]。人的生死，僅在氣的聚散之際。人活著時精神旺盛，此之謂「神之盛」，一旦死去，就「魂飛魄散」，是所謂「鬼之盛」的狀態。《禮記》所強調的，是「鬼之盛」，《禮記》的這一段話，又是針對祭鬼而言的。

卜辭有鬼字，如「庚辰卜貞多鬼夢不至禍」[336]，就是其中一例。《尚書》稱，「鬼神其依，龜筮協從，卜不習吉」[337]。當「鬼神」二字連用的時候，所強調的實際是鬼。《逸周書》說，昔者崇鬼道，廢人事天，龜策是從。在原巫文化觀念中，從來沒有將神靈與鬼靈兩個概念嚴格區分，正如前述，神字異體為魈，從鬼從申，申是神的本字。在文化理念上，鬼與神是緊密相繫的。神的人文意義，不能說絕無一點「外在超越」[338]的意思，它在春秋戰國時期，曾經經歷過一個「袪魅」過程，只是並未真正走上宗教的「外在超越」之路，而是走上了現實的、現世的「史」文化的道路。中國文化專注於人的實際生存問題的解決，透過禮樂、仁義與孝悌等的認知與踐行，試圖實現人倫、身心的和諧。天道遠，人道邇，這是中國人所堅信的。嚴格的說，在佛教東漸之前，中國文化沒有出現像西方古代那樣的宗教神學，一定程度上，僅存在於巫學之中與神的理念相繫的鬼神之學。

---

[335] 《莊子·知北遊第二十二》，王先謙《莊子集解·外篇》，第 320 頁，《諸子集成》第三冊，上海書店，1986 年版。

[336] 羅振玉《殷虛書契後編》下三、一八，1916 年版，見王宇信《甲骨學通論》增訂本，附錄二，中國社會科學出版社，1993 年版。

[337] 《尚書·虞夏書·大禹謨》，江灝、錢宗武《今古文尚書全譯》，第 44 頁，貴州人民出版社，1990 年版。

[338] 按：李澤厚《由巫到禮、釋禮歸仁》說：「在巫術禮儀中，內外、主客、人神渾然一體，不可區辨。特別重要的是，它是身心一體而非靈肉兩分，它重活動過程而非重客觀對象。」（見該書第 12 頁，三聯書店，2015 年版）為了證明其巫術文化是「一個世界」的說法，只強調「巫術禮儀」的「內外、主客、人神渾然一體」。其實，所謂「巫術禮儀」、「非重客觀對象」，不等於沒有「客觀對象」。實際在巫者心目中，總是有一定的預設的，便是天帝、祖神以及其他鬼魅等作為「客觀對象」，否則，巫性祭祀等禮儀活動便根本不可能發生。

斯塔克曾經說過，「要完整的評價神學，有必要去研究為什麼東方沒有產生神學。就拿道家來說吧，道是超自然的本質、潛在的神祕力量，抑或是生命的支配原則」。然而，「其間沒有理性（按：指宗教理性）的用武之地」。又說，「東方沒有神學家，本該探索此道的人們拒絕了神學的根本前提：一個有意識的、萬能的上帝的存在」[339]。先秦老莊的道，在一定意義上，確實是中國式的「超自然的本質、潛在的神祕力量」的一個哲學的表述，倘然沒有一點精神、意念上的「超越」的理性品格，則不足以為道家哲學。可是，本源本體之道的哲學理性，仍然不能說是由宗教主神意識轉變、提升而來的。老莊之道，不是被精緻化了的宗教主神，而是由巫而禮（按：這裡指道德倫理）的產物 —— 僅僅以其雄辯的哲學來為道德倫理的合法性提供證明而已，這也便是為何通行本《老子》上篇論「道」而下篇說「德」的緣故。只是由於中國原巫文化的「實用理性」十分頑強之故，才沒有讓中國文化在經歷「哲學的突破」即「軸心祛魅」之時，踏上如西方宗教一般的人文道路，而是讓「史」文化即中國式的政治學、倫理學及其哲學、美學等來演出歷史的新場面。不用說，中國「史」文化這一放飛的紙鳶，在哲學上究竟能夠飛得多高的那根繫繩，是牢牢的攥在巫性的「實用理性」的手裡的。

除了「實用理性」的頑強，巫性的非理性因素，也是嚴重影響中國文化沒能走上宗教之路的一大原因。

中國原巫文化等，並非沒有非理性的文化因素，否則原巫等文化形態就不可能發生。它包括熱情、衝動與意志的盲目，還有對於鬼靈、神靈的崇信與禮拜等。可是就中國原巫文化的主流來看，這種非理性的強烈程

[339]　〔美〕羅德尼·斯塔克《理性的勝利 —— 基督教與西方文明》，第 4 頁，管欣譯，復旦大學出版社，2013 年版。

度，顯然是不足的。

中國遠古巫術，開始之時也有充沛的非理性因素，如鑿齒、刺青、割禮與將人活埋以祭神靈等，神話傳說中刑天即使已經沒有頭顱也能舞動干戚的故事，可以證明其生命力的無比頑強。在巫術活動中，為了討好神靈，人對自身肉體的摧殘以至於作為「犧牲」的殘酷，到了何等程度，其中的非理性，是可想而知的。人之所以要如此殘忍的自我摧殘，是為了要感動神靈。

可是時至殷周，作為巫文化主流的占卜與占筮這些巫術儀式的非理性，卻不是很劇烈的。無論是殷代占卜還是周代易筮的施法過程，都是虔誠的然而也是平心靜氣、相對「文雅」的。拿占卜來說，陳夢家曾經據《周禮》卜官的相關紀錄，將整個占卜過程分為五個階段。（一）龜人 —— 取龜（捉龜）、攻龜（按：殺龜以及將龜版、龜甲進行加工如削、刮與磨等）。（二）菙氏 —— 所謂「掌共燋契」（按：所灼材料的準備）。（三）卜師 —— 作龜（按：舉火燒龜版、龜甲）。（四）大卜 —— 作龜、命龜（按：告訴龜靈所卜何事）。（五）占人 —— 占龜、繫幣（按：根據龜兆即裂紋占驗吉凶、在龜甲上契刻有關卜辭等）[340]。取龜、釁龜、攻龜、作龜、契龜、灼龜和卜辭鏤刻，占卜者的態度無疑是虔誠的，但是其情感的宣洩，又並非激越而迷狂。

周代易筮的情況也是一樣。按《周易》古筮法，五十根筮草握在手中，留下一根不用，以象徵太極。爾後隨意的將四十九根筮草，分成兩份

---

[340] 按：參見陳夢家《殷虛卜辭綜述》，第17頁，中華書局，1988年版。亦可參見王宇信《甲骨學通論》增訂本，第118頁，中國社會科學出版社，1993年版。考這一占卜過程，似需有所調整、補充。（一）可將「一」龜人「取龜」、「攻龜」分為兩個階段，因為取龜、攻龜往往不在一地、一時。（二）「三」、「四」的「作龜」、「命龜」，實際是同時進行的，可以合為一個階段。（三）在攻龜前，必須釁龜，以喚起龜靈的同意。（四）灼龜後還須淬龜，即將已經燒灼的龜甲，趁熱水浸，便引起爆裂之聲和裂紋，以備根據聲、紋而斷吉凶。

而分握於左右手，以象徵天地；從右手所持筮草總數中拿出一根夾在左手的小指與無名指之間，以象徵人；再以四根為一組來分，直到不能再分，以象徵四時。而雙手所留下的餘數，如果左手餘一，右手必餘三；左手餘二，右手必餘二；左手餘三，右手必餘一；左手餘四，右手必餘四，再將餘數之和，加上原先夾在左手小指與無名指間象徵「人」的那一根筮草，不是五根便是九根。再以四十九減去五或四十九減去九，得四十四與四十，到這裡，算是完成了算策的「一變」。再將四十四或者四十，拿出一根象徵「人」，再進行「二變」的運算。每「三變」可以決定一爻，算出全卦六爻，必須進行「十八變」的運算過程。這用《易傳》的話來說，叫做「大衍之數五十，其用四十有九。分而為二以象兩，掛一以象人，揲之以四，以象四時，歸奇於扐，以象閏。五歲再閏，故再扐而後掛」，「是故四營而成易，十有八變而成卦，八卦而小成。引而伸之，觸類而長之，天下之能事畢矣」[341]。整個算卦過程，既繁複又充滿對於易筮的虔誠的信仰。在古人心目中，象與數都是神祕莫測的，其中的數，包含了後代數學的理性因數，但其本身主要是指人之莫測的命運，是劫數的意思。關於數與象的關係，《易傳》稱「昔者聖人之作易也，幽贊（按：佐助義）於神明而生蓍，參（三）天兩地而倚數，觀變於陰陽而立卦」[342]。這一算卦過程，滿是巫性的誠敬，但是從情感情緒上看，是平心靜氣、相對安默而非理性相對稍弱。

從易筮這一術數看，其「非理性」的被壓抑以及理性抽象力的不足，讓巫性易筮的「頭腦」，難以向真正形上的「先驗」之域飛揚，難以將其自

[341] 《易傳·繫辭上》，朱熹《周易本義》，第 304 ～ 305、307 頁，怡府藏版影印本，天津市古籍書店，1986 年版。按：關於整個算卦過程的解讀，請參見拙著《周易精讀》，第 294 ～ 303 頁，復旦大學出版社，2009 年版。

[342] 《易傳·說卦》，朱熹《周易本義》，第 346 頁，怡府藏版影印本，天津市古籍書店，1986 年版。

己的人文精神，提升到宗教天國中去。中國原巫等文化，不能不說是中國後代哲學、禮學、仁學與美學等產生的沃土，然而由中國原巫文化和神話、圖騰等所培育的後代哲學之類，由於缺乏一個如西方那樣的宗教環節，一般沒有經過宗教風雨的洗禮，從而未能汰洗其從原巫等文化所帶來的「實用理性」的人文因子。

從中國的文化意緒看，從原始巫性文化的「娘肚子」裡所帶來的所謂「趨吉避凶」的文化「病根」，讓我們後代的民族哲學等，在印度佛教進入中土之前，大致徘徊於「樂天知命故不憂」的「樂生」和「趨善避惡」的境界，通常缺乏人之生命本是悲劇的看法。先秦中國人的悲，是生活之悲，並非生命之悲。是人格之悲，不是人性之悲；且由巫性「吉凶」而轉嬗的「善惡」倫理，一直是中國文化、藝術的重大主題。

《論語》說，「夫子之言性與天道，不可得而聞也」[343]；老子說，「無，名天地之始；有，名萬物之母」[344]。在孔夫子講學時，弟子們幾乎聽不到老師關於「性與天道」的超驗而形上的言說，那是因為在孔子的心目中，本來就沒有形上意義的「性與天道」意識的緣故；老子的哲學，確實預設了一個了不起的形上範疇「無」，然而這「無」，卻是與「有」相伴而存的，並沒有在邏輯上，與「有」作絕對分割而高懸於絕對超驗之域。無、有二者的區別僅僅在於，「無」名天地之「始」，「有」名萬物之「母」，僅在哲學位格上，前者稍高於後者而已。中國文化的原始特性，由於此後沒有真正的進入宗教天國，嚴重影響了哲學、倫理學與美學等的結構、機制與內涵的建構。在苦樂問題上，先秦原始所強調的，是人格而非人性本在意義的悲喜，是生活而非生命本在意義的苦樂。關於苦樂，顯然大致帶有中國原

---

[343] 《論語·公冶長第五》，劉寶楠《論語》卷六，第98頁，上海書店，《諸子集成》第一冊，1986年版。

[344] 《老子》第一章，魏源《老子本義》上篇，第1頁，上海書店，《諸子集成》第三冊，1986年版。

巫等文化的人文烙印。儒家的生死觀，所謂「天地之大（按：太之本字）德（性）日生」「殺生成仁」與「捨生取義」等，是道德倫理意義上的價值觀；原始道家所強調的，是人的個體生命的長存，過一種「為無為，事無事，味無味」[345] 的「自然」而快樂的生活。既然原巫文化的第一命題，是趨吉避凶 —— 在這裡，寄託著中國人的人生理想，那麼，所謂的趨吉避凶、趨生避死，同時便是趨樂避苦（趨喜避悲），而且人們堅信這是完全能夠做到這一點的。活在「史」文化裡的原巫文化的基因，培養了一大批「樂天派」，這在哲學、美學上，是缺乏真正悲劇意義的「憂患」意識的原巫文化傳統，所必然導致的精神成果。

中國文化所以沒有真正的走上宗教道路的另一個原因，是因為在這個主要由原巫文化所培養起來的文化基因中，沒有如西方那樣的「原罪」意識。基督教教義認為，自從人類始祖亞當夏娃，由於違背上帝的命令、受蛇的誘惑、偷吃禁果而犯下原罪之後，人便是生而有罪的，所以必須絕對的信仰、服膺上帝，才可能得到救贖。西方文化基因中的「人」，首先承認其自己本是具有「原罪」的。「原罪」說不啻是說，人的缺失與罪孽，是生而有之的，而且是不可彌補的，這為救世主上帝的「出場」，準備了邏輯上的絕對必要性。

中國文化在根本上，只說人性生而有善有惡、或者無善無惡、或者善惡相混，這是經過「軸心時代」祛魅之後所得到的普遍認知。那麼，人本身與世界是否有缺陷、有黑暗呢？在先秦時期，這個問題似乎沒有為哪位智者所深入思考與解答過，只是在原巫文化中，將人自身所遭遇的命運與處境，分為吉與凶兩大類，從而分辨出「吉」的世界與「凶」的世界。面對

---

[345] 《老子》第五十五章，魏源《老子本義》下篇，第 52 頁，上海書店，《諸子集成》第三冊，1986 年版。

「吉凶」不同的人的命運、前途與世界，原巫文化所意識到的，僅是怎樣在善性神靈的幫助下，用「巫」的特殊方式，趨吉避凶。人們相信，種種凶神惡煞與不佳的處境，一般的人是戰勝不了的，但是透過巫術可以加以驅除或者迴避，認為驅鬼巫術就是其中一種重要而「有效」的法術。即使不能驅除凶險的遭際，也可以做到迴避。

在宗教誕生之前，西方原始文化中的巫術等，同樣顯得很是活躍而重要，承認未與巫術法力相連的普通人以及巫術本身，都是「命裡注定」的有缺陷的，他們所處的世界，也是具有黑暗與醜惡的。人生而有罪，不是「巫」所可以改變的。所以在原始巫術、神話與圖騰文化盛行了千百年之後，有必要呼喚宗教上帝的到來。

上帝的原型，大約是西方原巫文化中的大巫、神話中的主角和作為圖騰的人類的老父親，他在原巫等文化中曾經顯示的法力，儘管神通廣大，可是他的神性兼巫性的法力，尚未來得及在創造世界與人類這一神聖領域，具有絕對而全部的合法地位，因而必須在宗教中加以蕩滌乾淨，爾後上帝才能像模像樣的獲得十全十美的創造力、支配權和合法性。

中國原始文化中的巫，儘管有種種禁忌卻不承認自己是有缺失會犯錯誤的，它把所謂的無所不能、十全十美的人的理想，十分信任的賦予了原巫這一角色，實際是借「巫」這一文化方式，極大的誇大了人的智慧和能力。所以「愚公移山」的愚公堅信自己以及子子孫孫，最終能夠把兩座大山搬走，而不指望於神的佑助。所以精衛自信能夠將海填平。所以居然能夠在原巫身上，虛幻的實現人的全部夢想。這是因為在巫與巫術的內在結構中，已經極大的誇大了巫化的人的智慧和力量。

於是，在古老東方中華的原巫等文化盛行之後，宗教上帝的「出場」

就是沒有必要的了，其實，在當時的文化儀式中，也不知道什麼是宗教的上帝。

於是在古代，將所謂無所不能的巫性、巫力等，賦予了「史」的文化體系，其中起決定作用的是歷代的王權。原先，在原巫文化中巫的虛幻的對於他人與環境的控制，變成了在「史」文化中，王權對於天下家國、社會人群及其他方方面面的實際的控制。在古代，所謂「萬歲」這一純粹是巫性的人文命題（按：因為只有在巫術中人活一萬歲是可以「實現」的），在漫長的中國封建文化的國度裡，一變而為對於皇帝獨一而無上的尊稱。與此相應的，是那些王爺什麼的，也被尊稱為什麼「九千歲」之類。

從靈與肉的關係角度看，靈、肉二分是西方基督教教義的基本要點之一。《聖經‧創世記》說，起初，上帝創造天地，地是空虛混沌，淵面黑暗。上帝的靈運行在水面上。儘管聖父、聖子與聖靈「三位一體」，而從另一方面看，上帝之靈即所謂聖靈，是絕對獨立而自由的，它是上帝能夠創造一切的唯一泉源與機樞。基督教教義說，所謂得救，就是聖徒的靈魂升入天堂，救贖則意味著，聖徒的靈魂分享了上帝至善至真至美的靈。可以說，基督教的「純靈」說，是對遠古巫性之靈肉說的改造與提升。靈、肉二分說的實質在於，唯有肉身才是萬惡之源。所以靈魂的得救，意味著起始於靈、肉二分。

德國學者雲格爾（Eberhard Jüngel）曾經指出，「因為而且只要他不只是肉體，還是有其他東西，是靈魂或精神，所以，人的不朽的靈魂（或不朽的精神──原注）與其必朽的肉體相對立」[346]。雲格爾又說，「在其《哲學箴言》中，青年亞里斯多德就人的靈魂與肉體生命的關係比較了人的靈魂與伊特拉斯坎海盜的俘虜的命運。伊特拉斯坎海盜尤其令人髮指，

---

[346]　〔德〕E‧雲格爾《死論》，第 37 頁，林克譯，三聯書店，1995 年版。

首先因為他們對待俘虜的方式。『為了折磨俘虜，海盜將其活生生的捆綁在死屍上，面對著面。就這樣迫使生命與腐屍結合，他們讓自己的犧牲品漸漸渴求死去。』亞里斯多德認為，人的靈魂生存在肉體之中，就像伊特拉斯坎海盜的俘虜被縛於死屍之上。按照這個令人心悸的譬喻，人的生命彷彿被迫縛於逝世。於是，人的真正的死就可以解釋為從這種束縛中解放，這種束縛使靈魂分有肉體的逝性」。[347]

這就是說，如果認可人的靈、肉不分，就好比海盜將活人與腐屍面對面捆綁在一起一樣殘忍而「令人髮指」。只有靈、肉二分，才能使得靈魂從肉體「這種束縛中解放」出來。西方基督教「上帝的靈」的人文原型，作為西方原始巫術、神話與圖騰中的靈，本來沒有與肉體分開，這在古希臘的亞里斯多德看來，好比海盜無比殘忍的把一個活生生的人和死屍面對面的捆綁在一起，是極不正常的不人道的，是必須遭到譴責的。所以在西方文化看來，所謂原始文化的靈、肉不分，是不合法的。只有靈、肉二分，像基督教文化一樣的靈、肉二分，才是靈魂的真正解放和形上性提升，這的確可以看作是一種所謂「理性的勝利」。由此開闢了從原巫等文化形態向基督教文化形態轉嬗的文化格局，對於原巫等文化而言，它無疑是顛覆性的。

這裡將中西文化進行比較，並非意在肯定西方而否定東方的中華，實際上中國文化的優長，正是西方文化包括基督教文化的局限與缺失，只是，在印度佛教文化東漸之前，中國的原生文化，由於原巫等文化的過於強大，由於其「實用理性」意識的根深蒂固，也由於中國遠古文化中的神性不足而鬼性的張揚，遂使原巫等文化形態中的靈魂與肉體二維，從一開始就無法分道揚鑣。不記得哪位偉大學者曾經說過，中國文化的一大特

---

[347] ［德］E·雲格爾《死論》，第38頁，林克譯，三聯書店，1995年版。

點，是從來沒有剪斷它與文化母體的生命的「臍帶」。正如神、鬼不分一樣，靈、肉不分也是中國文化一個象徵。這是因為，無論神鬼、靈肉，都合一於氣。正如前述，關於巫靈，作為一種粗鄙的信仰，尚談不上有什麼高階的人文思考，離真正的宗教尚遠。有學者說：「巫術對中國傳統文化的影響主要是巫術意識對中國人的思想觀念或中華民族心理的影響。這種影響在以下兩方面表現得尤為突出。首先，巫術的興盛導致了與巫術密切關聯的低階迷信觀念的發達，從而抑制了中國古代宗教的發展。其次，巫術的興盛使中國傳統思維方式中保留了更多的原始思維殘餘，由此形成了一種貶低概念分析、崇尚神祕直覺的風氣。」[348] 此言是。

[348]　胡新生《中國古代巫術》(修訂本)，第 73 頁，山東人民出版社，2005 年版。

第五章　「巫史文化」的「中國」

第六章
巫術禁忌與心靈感應

　　所謂巫術禁忌，指巫者（按：包括巫覡和一般信巫的人），人為的規定和施行的強制性禁絕，為的是確保施巫的所謂「靈驗」與「成功」。為此，中外古今的巫術文化，都有許多必須踐行，或者絕對不能說不能做，甚至也不能想的種種規定。禁忌就是巫術觀念中一個個心靈的「雷區」；巫術的心靈感應，指巫術的所謂靈驗、成功或者失敗的心靈根因與人文機制。禁忌和感應二者，是巫術文化長期累積沉澱而約定俗成的兩種粗淺的信仰。一主身一主心，一在外一在內，共同關乎巫術的文化原則與內在機理。

　　中國巫文化的巫術禁忌多如牛毛，它們往往是與巫術的心靈感應同時出現的。巫術禁忌，建立在天與人、人與人、物與人以及物與物之間相互感應的假設之上。巫術禁忌的文化底蘊是心靈感應；巫術的心靈感應，又往往表現在巫術禁忌之中。中國巫文化的禁忌與感應，在原則上或甚至有個別實例與世界相通，也具有自己民族文化的鮮明特點。

第一節　巫術禁忌

　　大凡巫術文化，都是有所禁忌的，巫者自以為哪些必須做（按：不做就要「倒楣」），哪些不能做、不敢做甚至也不敢想（按：做了、想了就要「倒楣」）的事項和領域，被稱為巫術禁忌。這不是說，既然巫者的言行總是有所顧忌、有所忌諱，那麼似乎可以證明，作為「神通廣大」的巫術，也有它所不能到達的時候與領域。不是這樣的。巫術總是自詡能夠遇山開路、逢水搭橋、呼風喚雨、改天換地，無所不能。可是，巫覡無比「異能」的施展與「豐功偉績」的實現，正如巫者所堅信的那樣，是必須要有一定的條件作為保證的。其中之一，便是人為的設立了許許多多的巫術禁忌，並且形成了強大的信仰傳統，而斷斷不可隨意玩忽。無論中外的所謂大巫，都是些自命不凡、甚至有些是道德高尚的人。他們相信「天將降大

任於是人」[349]，似乎肩負著管理與支配整個社會甚至自然界的神聖職責。他們相信一旦道德淪喪，必然會導致巫術的失敗、召神的不靈，而弄得自己顏面全無、灰頭土臉，甚至有巫覡因巫術失敗而自殺的。因此，他們把那些只是騙人錢財的俗巫，蔑稱為「妖巫」，而令人不齒。從受巫者這方面看，也有種種禁忌、規矩必須遵行。當巫覡施行法術時，受巫者必須抱著一顆虔誠的心，他堅信巫術是「靈驗」的，「誠則靈」、「信則靈」。假如三心二意，或者疑惑猶豫，那麼巫覡便會告訴你，是你的心不誠、信不堅而導致了巫術的失敗，從而維護了巫覡自身的權威。

巫術禁忌，劃定了巫者不能進入、不能觸碰的禁區。英國文化人類學家弗雷澤的《金枝》一書，較早的記述了人類先民那些奇奇怪怪的巫術禁忌的實例，這裡不妨引錄一些，以饗讀者。比如關於牙齒的巫術禁忌，就頗有趣。

新南威爾斯（按：現為澳洲的一個州）達林河邊的部落，會把敲掉的牙放在長在水邊的（按：樹的）樹皮下。樹皮長起來蓋著這顆牙，或牙齒掉到水裡，被當作是平安的預兆；但倘若那顆牙露出來，並被螞蟻爬過，就預示男孩必將受到口腔病的折磨。同樣在新南威爾斯，梅林部落及其他部落則先由一位長者保管被敲掉的牙齒，然後在公社的頭人中一個接一個的傳遞，規定牙齒絕不可以放進已裝有某種魔法物件的袋子裡，不然此人會遭大劫……

據說德意志人都知道這樣一句話 —— 把掉了的牙塞進老鼠洞裡。據說這樣處理幼兒換下來的乳牙，還可以避免孩子牙疼。為保持牙齒堅固完好，也可以走到火爐後面，向後越過頭頂扔出牙齒，並說：「老鼠啊，我

[349] 《孟子·告子章句下》，焦循《孟子正義》，第 510 頁，《諸子集成》第一冊，上海書店，1986年版。

把我的骨牙給你，你把你的鐵牙給我吧。」位於太平洋上的拉拉通加島，幼兒拔掉牙齒後背誦下面的禱文，向老鼠祈福，並把這顆牙扔到孩子家舊屋頂上 —— 據說那裡肯定有老鼠窩。[350]

筆者忽然想起，小時候大概七、八歲換乳牙時，母親告訴我必須把掉下來的牙齒自己親自扔到自家的屋頂上去，但是沒有念禱文這一說。我當時就問為什麼，母親說沒有為什麼，她說她小時候也是這麼做的，老輩所留下的規矩是不能破的。於是，後來我每一次掉牙，都把它扔到屋頂上去了。真想不到在遙遠的太平洋拉拉通加島上，居然也有和我家鄉上海浦東大致相同的扔牙風俗。

弗雷澤又記述了澳洲土著的母親，必須將嬰兒的臍帶扔進河裡的巫例，相信這樣做會決定「一個人的游泳技巧」。其實人的游泳技巧的養成，與怎樣處理嬰兒出生時的臍帶，根本沒有任何關係，然而澳洲土著的母親卻堅信兩者是攸關的。蘇門答臘的巴塔克人，「把胎盤看成是他（她 —— 原注）的兄弟或姐妹」，「它被視為這個孩子體外的靈魂，和孩子一生的幸福」，因此，必須把胎盤「埋在房子下面」。弗雷澤說，「直到今天，許多人仍然相信，一個人的命運或多或少跟他的臍帶或胞衣有密切關係」。在法國西北部地區的博斯和帕徹，「人們不能把臍帶扔到水裡或火中，因為這預示著孩子會溺水或被燒死」。弗雷澤還記述了這樣一件事，美拉尼西亞人一旦受傷，英國大科學家培根曾說，「只要在致傷的武器上塗油膏，傷口就會自動痊癒」。在英國薩福克郡，「曾有一個男人修籬笆時，手不慎被刺扎，傷口化了膿，他去看醫生，還特別強調自己已經在拔

---

[350]　[英] 詹姆斯・喬治・弗雷澤《金枝》上冊，第 42 ～ 43、43 頁，陝西師範大學出版總社有限公司，2010 年版。按：關於孩子乳牙的禱文是：「大大小小的耗子，奉上我的舊牙齒，求你給我新牙齒。」（見該書上冊，第 43 頁）

出的刺上塗了脂肪，對為何還會化膿表示不解」。[351]

　　這裡，願讀者諸君原諒我有些不厭其煩的引錄，其實關於巫術禁忌的書面資料，是不勝枚舉的。

　　這種巫術禁忌，在中國古代也是舉不勝舉的。李零指出，「《隋志》所錄五行家書也有專講各種時令禁忌的曆書，如《雜忌曆》、《百忌大曆要鈔》、《百忌曆術》等。可見它們在古代是何等流行」，「這些禁忌涉及極廣，幾乎包括古代日常生活的一切重要方面」[352]。

　　正如前述，首先是作為巫術禁忌，對巫覡本人的「作法」過程來說，有許多的約束和限制。拿《周易》算卦的「筮儀」來說，無論環境、布置、方位以及儀式本身等，都必須端嚴莊重，一絲不苟，為的是表達對於神靈的誠敬，否則，似乎會引起神靈的不悅從而導致巫術的失敗。

　　朱熹《周易本義》一書，記錄了一則「筮儀」，相當繁複，擇要如次：「擇地潔處為蓍室，南戶，置床於室中央。蓍五十莖，韜以纁帛，貯以皂囊，納以櫝中，置於床北。設木格於櫝南，居床二分之北。置香爐一於格南，香合一於爐南，日炷香致敬。將筮，則灑掃拂拭。滌硯一，注水，及筆一、墨一、黃漆板一，於爐東。東上，筮者齊潔衣冠，北面，盥手焚香致敬。兩手奉櫝，蓋置於格南爐北。出蓍於櫝，去囊解韜，置於櫝東。合五十策，兩手執之，熏於爐上。命之曰：假爾泰筮有常，假爾泰筮有常，某官姓名，今以某事云云，未知可否？爰質所疑於神於靈，吉凶得失，悔吝憂虞，惟爾有神，尚明告之。」[353] 由此可以見出宋代「筮儀」的大概。其虔誠之心一點也不亞於和尚誦讀佛經，「復次持誦之者，不得太急，亦

[351]　按：參見［英］詹姆斯·喬治·弗雷澤《金枝》上冊，第 44～49 頁，陝西師範大學出版總社有限公司，2010 年版。

[352]　李零《中國方術考》（修訂本），第 163 頁，東方出版社，2001 年版。

[353]　朱熹《周易本義》，第 28～30 頁，怡府藏版影印本，天津市古籍書店，1986 年版。

勿遲緩，使聲和暢，勿高勿默；又不得心緣異境及與人雜語，令誦間斷；
又於真言文句勿使缺失。文句缺失，義理乖違。」[354] 雖然說巫術「作法」
的禁忌與宗教誦經並非同一件事，到底佛教是從巫術等文化發展而來的，
佛徒誦讀佛經時，是把佛經看作神靈一般的，所以畢恭畢敬，不敢稍有造
次，其中肯定蘊含著巫性文化關於禁忌的因素。

　　在中國道教的許多儀規形制中，也滲透了大量巫性的禁忌。道教尤其
注重符籙。為了獲得符籙的「靈驗」效果，達到「靈契」的境地，道士書寫
符籙時有種種嚴格的規矩，不遵守不行，最重要的是收攝心神，不使旁
騖，務必「心與神合，神與炁（按：氣字異體）合。炁與真合，陰與陽合。
陽同日曜，陰同月曜。三天運明，斡旋造化。帝真合靈，洞達杳冥。如日
之升，回轉無窮」[355]。一旦心猿意馬，便會失去巫的「法力」，縱然是稱
為「靈符」的東西，據說也便不「靈」了。清代袁枚《新齊諧》記述有云：

　　萬近蓬言：聞胡中丞寶瑔病劇時，忽語家人曰：「明日慎閉吾戶，勿
喚勿入也。」如其教。明日日將暮，亦不喚啟鑰。夫人疑之，自往從穴隙
窺，見房內列二桌，南北相向。南向桌上，有一人頭大如十石罋，金目巨
口，灼灼翕動。北向桌上，中丞坐與相對，桌上列紙筆，方握管，似與問
答，欲作書狀，第見口動，亦不聞聲。遂大驚，排闥入。中丞擲筆而起
曰：「汝敗吾事矣！不然，可得尚延歲月。然此亦天數也，速備我身後事，
三日內當死。」已而果然，究不知此大頭屬何神怪。時張六乾在座，乃

---

[354]　《妙臂菩薩所問經·說金剛杵頻那夜伽分》，法天譯，《大正藏》第 18 冊，第 752 頁。按：《符
　　　咒全書》記「書符」有「十戒」云：「一戒心有二念，二戒葷口，三戒手穢，四戒筆墨不淨，五
　　　戒方向不正，六戒造次，七戒復筆，八戒口不應筆，九戒吐痰作惡，十戒改筆。」（見劉黎明
　　　《灰暗的想像 —— 中國古代民間社會巫術信仰研究》上冊，第 368 頁，巴蜀書社，2014 年版）
　　　這是將巫術禁忌，發展為佛教戒律，巫術禁忌是宗教戒律的人文原型。
[355]　《靈寶玉鑑》卷一九〈合明符〉，《正統道藏》第 17 冊，第 240 頁，涵芬樓影印本，文物出版社、
　　　上海書店、天津市古籍書店，1987 年版。

曰：「此名靈符，文昌宮宿也。凡有文名才德者，喜往依獲。昔朱紫陽注《四書》，每見之而义思日進，後能召之來，麾之去，遇疑義輒與剖晰。中丞蓋欲召之來以祈祿命，不意為婦女所敗。」[356]

在一個千百年盛行巫文化的古老國度裡，這一類虛構故事的出現，並不令人奇怪，無非意在渲染種種巫術禁忌的「神聖不可侵犯」，以維護巫術的神祕性和權威性。為此，種種關於故事的編造，可以荒誕不經，在一種十分迷信巫文化的社會環境與氛圍中，似乎話說得越是離譜，便越會讓人虔信。「女人入月，惡液腥穢，故君子遠之。為其不潔，能損陽生病也。煎膏治藥，出痘持戒，修煉性命者，皆避忌之，以此也。《博物志》：『扶南國有奇術，能令刀斫不入，惟以月水塗刀便死。』此是穢液壞人神氣，故合藥忌觸之。此說甚為有據。」[357]

說到中藥治病的禁忌，亦頗有趣。魯迅先生的作品中，曾經寫到他小時候家道中落，父親有癆病，中醫開的藥方中，特地用「蟋蟀一對」來做藥引子，而且告誡說，那一對蟋蟀，一定要是「原配」的，否則藥效全無。蟋蟀有雌雄大概不假，一旦入藥，一定要求一對「原配」的蟋蟀，這種禁忌真的絕了！且不說在荒草瓦礫之間捉到一對蟋蟀已屬不易，即使僥倖被你捉到了，又怎麼知道是「原配」的呢？筆者讀小學時，清晨出門往往會看到，早有熬過的中藥藥渣，已經分散的倒在鄉間的小路上，意思是這藥渣必須讓人踐踏才能有藥效，卻從未見過是何人傾倒在這裡的，想來那藥渣的傾倒，一定要起身很早、趁四下無人的時候。問大人究竟為什麼，得到的回答是，小孩子你不懂的，藥湯的渣子，要不是一大清早偷偷

---

[356] 袁枚《續新齊諧》卷八〈靈符〉，《新齊諧·續新齊諧》，第 723 ～ 724 頁，沈習康點校，人民文學出版社，1996 年版。

[357] 李時珍《本草綱目·人部·婦人月水》，《本草綱目》卷五十二，下冊，第 1930 ～ 1931 頁，商務印書館，1954 年版。

拿去倒在路上，讓人路過踐踏一下，那你喝的藥湯還有療效嗎？

古代有「祝由」科，所謂「祝由一科，起於黃帝，禁咒治病，伊古有之」。看來其歷史是很悠久的。「祝由」治病，是很講究巫術禁忌的。

今擇余所知而驗者，錄之。治蜈蚣螫，咒云：『止見土地，神知載靈，太上老君急急如律敕。』以右手按螫處，一氣念咒七遍，即揮手作撮去之狀，頃刻痛止。治蛇纏，咒云：『天蛇蛇地蛇蛇，青地扁，烏梢蛇。三十六蛇，七十二蛇，蛇出蛇進，太上老君急急如律敕。』凡人影為蛇所啄，腰生赤癗，痛癗延至心，則不可救，名蛇纏，又名纏身龍。治法：以右手持稻稈一枝，其長與腰圍同，向患處一氣念咒七遍，即揮臂置稻稈門檻上，刀斷為七，焚之，其患立癒。[358]

這是對「蜈蚣螫」與「蛇纏」（「纏身龍」）兩種疾病的施法「治療」，據稱「頃刻痛止」、「其患立癒」，十分有「奇效」的。法術的主要「情節」，是「一氣念咒七遍」。「念咒」是為了召喚、脅迫神靈降臨。連續念咒七遍這一施法規定，是一點也不能改變的，六遍或者八遍，行不行呢？當然不行。這便是嚴厲的巫術禁忌。

從巫文化角度看，人的生老病死、衣食住行，到處都是禁忌。凡此種種禁忌條規，是萬萬不能觸犯的，一旦觸犯，據說人就會倒楣的。

就拿「住」這一點來說吧，東漢王充《論衡》舉例說：「俗有大諱（按：即大忌）四」，其中之一便是：

一曰諱西益宅。西益宅謂之不祥，不祥必有死亡。相懼以此，故世莫敢西益宅。防禁所從來者遠矣。傳曰：「魯哀公欲西益宅，史爭以為不祥。魯哀公作色而怒，左右數諫而弗聽，以問其傳宰質睢曰：『吾欲西益宅，

---

[358] 《庸閒齋筆記》卷一一，第 275～276 頁，見劉黎明《灰暗的想像——中國古代民間社會巫術信仰研究》下冊，第 1148～1149 頁，巴蜀書社，2014 年版。

史以為不祥如何？』傅宰質睢曰：『天下有三不祥，西益宅不與焉。』哀公大悅。有頃復問曰：『何謂三不祥？』對曰：『不行禮儀，一不祥也；嗜欲無止，二不祥也；不聽規諫，三不祥也。』哀公繆然深惟，慨然自反，遂不益宅。」[359]

因為迷信其「不祥」，所以所謂「西益宅」的情形，古人是一定要禁止的，從巫文化的觀念來看，符合巫術禁忌這一條。

所謂「西益宅」，無非在一個原有宅舍西臨的地方，再造一處宅舍時，房子造得比原有宅舍高或者低，都被認為是不吉利的。房子造高了，原有的房主不允許，認為對他不利；房子造低了，自己覺得被人壓了一頭，也不吉利。在不信風水的今人看來，這是相互爭強好勝的鄰里衝突的表現。解決的方法也很簡單，在原有宅主宅舍的西鄰，如果某人想再造一棟，只要造同樣造型、立面、體量和色彩的宅舍就可以了。

可是相信巫術禁忌的古人並不這麼看，認為所謂「西益宅」無論對人或者對己，都是凶險無比的。[360]

在《黃帝宅經》一書中，有許多關於堪輿的巫術禁忌。

《宅經》說：「犯者有災，鎮而禍止，猶藥病之效也。」、「所以，人犯修動，致令造者不居。卻毀陰陽，而無據效，豈不痛哉！」、「作天地之祖，為孕育之尊。順之則亨，逆之則否。何異公忠受爵、違命變殊者乎。」又如：「再入陰入陽，是名無氣。三度重入陰陽，謂之無魂。四入謂

---

[359]　王充《論衡‧四諱篇》，第 227 頁，《諸子集成》第七冊，上海書店，1986 年版。

[360]　按：堅持唯「物」的王充倒是不信所謂「西益宅」的迷信的。他說：「夫宅之四面皆地也，三面不謂之凶，益西面獨謂不祥何？西益宅何傷於地體，何害於宅神？西益不祥，損之能善乎？西益不祥，東益能吉乎？夫不祥必有祥者，猶不吉必有吉矣。宅有形體，神有吉凶，動德致福，犯刑起禍？今言西益宅，謂之不祥，何益而祥者，且惡西益宅者誰也，如地惡之？益東家之西，損西家之東，何傷於地？如以宅神不欲西益，神猶人也。人之處宅，欲得廣大，何故惡之？」（王充《論衡‧四諱篇》第 227 頁，《諸子集成》第七冊，上海書店，1986 年版）

之無魄。魂魄既無，即家破逃散，子孫絕後也。」、「墓宅俱凶，子孫移鄉絕種。」、「失地失宮，絕嗣無蹤。行求衣食，客死蒿蓬。」[361] 這在今人聽起來，似乎是有點嚇人的。

在《葬書》中，同樣有不少關於堪輿的巫術禁忌。

《葬書》說：「葬得其法，則為生氣；失其道，則為殺（煞）氣。」、「立穴若還裁不正，縱饒吉地也徒然。高低深淺如葬誤，福變為災起禍咎。」墓地「夫乾如聚粟，溼如刲肉，水泉砂礫，皆為凶宅（按：這裡指陰宅）」[362]。

在迷信巫術禁忌的古人看來，無論所謂「陽宅」、「陰宅」，是不能不重視和施行風水術的，種種巫術禁忌，一言以蔽之，為的是「趨吉避凶」。堪輿術規定了十大煞氣，什麼「割腳煞」與「孤峰煞」等等，都是要力避的。

在吃的方面，也是禁忌無數，其中除個別頗有營養學依據外，大多出於巫術禁忌。這裡試舉關於女子妊娠期間不能吃什麼的例子，以饗讀者。

古代著名醫家孫思邈說：「兒在胎日月未滿，陰陽未備，腑臟骨節皆未成足。故自初迄於將產，飲食居處，皆有禁忌。妊娠食羊肝，令子多厄；食山羊肉，令子多病；妊娠食驢馬肉，令子延月；食騾肉，產難；妊娠食兔肉、犬肉，令子無音聲並缺唇；妊娠食雞子及乾鯉魚，令子多瘡；妊娠食雞肉、糯米，令子多生白蟲；妊娠食甚並鴨子，令子倒出心寒；妊娠食雀肉並豆醬，令子滿面多黑子；妊娠食雀肉、飲酒，令子心淫情亂、

---

[361] 《黃帝宅經》卷上，《風水聖經——〈宅經〉〈葬書〉》，第 32、34～35、36、40、45、46～47 頁，王振復導讀、今譯，白話經典奇書系列一，臺灣恩楷出版股份有限公司，2003 年版。

[362] 《葬書》內篇、外篇，第 102、110、166～167 頁，王振復導讀、今譯，白話經典奇書系列一，臺灣恩楷出版股份有限公司，2003 年版。

不畏羞恥；妊娠食鱉，令子短項。」[363]

時至今日，常常聽到一些營養學醫生要病者注意，什麼食品與什麼食品不能同食，比如豆腐與菠菜不能燒在一起、螃蟹與柿子不能同食等等，否則對身體健康不利，是有一定營養學依據的吧？所謂缺啥補啥，比如「腎虛」者要多食豬腰子，「肺虛」的多食豬肺湯，患有心臟病的應該多吃炒豬心等等，這究竟有什麼科學根據，還是關於飲食方面的巫術禁忌傳統使然，是可以進行探討的。

在中國古代，迷信命相不一的人關於住房的朝向有所謂「宜」或者「忌」那樣，屬相不同，比如所穿衣服和所服藥物的顏色，也有「宜忌」之分。

劉黎明根據敦煌相關文獻，將十二屬相的人適宜穿什麼顏色的衣服、服用什麼顏色的藥物的材料，作了歸納和整理：

> 屬鼠者，命屬北方黑帝，宜著黑衣，有病宜服黑藥。屬牛者，命屬北方黃帝，宜著黃衣，有病宜服黃藥。屬虎者，命屬東方青帝，宜著青衣，有病宜服青藥。屬兔者，命屬北方青帝，宜著青衣，有病宜服青藥。屬龍者，命屬東方黃帝，宜著黃衣，有病宜服黃藥。屬蛇者，命屬南方赤帝，宜著赤衣，有病宜服赤藥。屬馬者，命屬南方赤帝，宜著赤衣，有病宜服赤藥。屬羊者，命屬西南方黃帝，宜著黃衣，有病宜服黃藥。屬猴者，命屬西南方白帝，宜著白衣，有病宜服白藥。屬雞者，命屬西方白帝，宜著白衣，有病宜服白藥。屬狗者，命屬西北方白帝，宜著白衣，有病宜服白藥。屬豬者，命屬北方黑帝，宜著黑衣，有病宜服黑藥。[364]

---

[363]　孫思邈《備急千金要方》卷二，《文津閣四庫全書》，第735冊，第46頁，商務印書館，2008年版。

[364]　按：參見《敦煌寶藏》第128冊，第169～172頁，見劉黎明《灰暗的想像——中國古代民間社會巫術信仰研究》下冊，第1132頁，巴蜀書社，2014年版。

　　根據中國古代五行五方五帝五色相配之理，應為：北方 —— 黑帝 —— 黑衣 —— 黑藥；東方 —— 青帝 —— 青衣 —— 青藥；南方 —— 赤帝 —— 赤衣 —— 赤藥；西方 —— 白帝 —— 白衣 —— 白藥；居中 —— 黃帝 —— 黃衣 —— 黃藥。這裡，根據所整理的敦煌文獻的相關資料，可能由於以十二生肖與五方五帝五色相配很難做到處處巧合，便出現了諸如「北方黃帝」、「東方黃帝」、「西南方黃帝」、「西南方白帝」與「西北方白帝」，卻沒有「居中黃帝」等牽強的說法。由於以十二生肖與五方五帝五色相配，總有不周之處，所以不得已，古人也就勉為其難了。既然由於屬相不同而所宜所忌不一，也就等於說，有所宜而必然有所忌，比如屬鼠之人的所宜，僅僅與屬豬的人相同，卻與其餘十種屬相的人都不同，可見其所忌的方面是很多的，包括黃衣、黃藥，青衣、青藥，赤衣、赤藥，白衣、白藥等，都是應當禁忌的，以此類推。如此苛刻的「宜」、「忌」，一旦實行，究竟還讓不讓人活？

　　中國古代還有根據陰陽五行相生相剋的道理而講究飲食宜忌的習俗。如果不折不扣的遵照五行相剋的道理，那麼所謂命相不同的人，在飲食上一輩子都有許多東西不能吃，那也活得太不自由太艱難了。比如根據「木剋土」的道理，那些屬於「土命」的人，便似乎永遠不能品嘗木本植物所長出的水果美味了；依照所謂「土剋水」的道理，那麼，對於那些屬相為「水命」的人來說，凡是從土壤中長出來的植物，就不能吃了；還有，比如按照「火剋金」的說法，屬相為「金命」的人，就只好一輩子吃生的東西了，因為凡是舉火而煮於鐵鍋的，就一定會對他們不利等等。這種「命裡注定」的所謂法則，讓我們的古人沒有活路。

　　還好，古人還是很聰明的，他們一方面說陰陽五行的相生相剋之理是一定要遵循的，另一方面又說，遵循古訓，不等於說遇到麻煩時不可以有

一點點變通，《周易》所說的易理，不就是講「變通」的嗎？種種巫術禁忌既然是人為規定的，根據巫術禁忌，也有實在繞不過去坎的時候，那麼就變通一下，或者久而久之，比如那些屬相為「土命」的人不能吃木本食物，「金命」的人不能食經火、鍋燒熟食物等的禁忌，就被廢止了，也被人遺忘了，所以我們今天就未曾實行過這樣的飲食禁忌。

禁忌太多，要不折不扣的實行，實在是一件很困難的事情，於是就遵行得不那麼嚴格了，或者用什麼「變通」之法，把自己和旁人蒙混過去，這是禁忌對人的一種妥協。隨著時代的發展、知識與科學的進步，多如牛毛的巫術禁忌，在不斷的被解構之中。當然，禁忌總是存在的，不會徹底絕跡，這是因為人與自然的本源矛盾，將永遠存在，人類克服了舊的矛盾，還會有新的矛盾產生，當新的矛盾新的生存困難產生而無力解決的時候，便有巫術及其禁忌滋生的可能。

正如巫術一樣，哪裡有巫術的施行，那裡便往往有相應巫術禁忌的存在與遵行。巫術禁忌是古人在經歷無數次巫術施行的失敗之後，才羅列、總結出來的，可惜並沒有減少與阻止巫術的失敗。正如巫術本身的盲目而稚淺一樣，巫術的禁忌，同樣是盲目的、稚淺的。因此中國古代無數的巫術禁忌，沒有也不可能具有成系統的理論形態。它廣泛的存在著並且發揮著實際的作用，這種文化的認知與行為，只是證明了古人生存處境的艱難和艱苦卓絕的努力。有學者說，積極性的是巫術，消極性的便是巫術禁忌，人應該知道自己該做什麼，也應該知道不該做什麼，前者是巫術，後者是巫術禁忌。

實際上，無論巫術本身還是巫術禁忌，在一定意義上，都是古人沒有能夠在困難、艱危與悲劇性的遭遇處境中，真正知道人應當做什麼、人應該到哪裡去與人究竟是什麼。

　　凡此一切也許可以見出，人在巫術境遇中的角色，某種意義還是一個「似主體」甚至是「偽主體」。當然，在漫長的數千年的巫術之苦難的掙扎中，巫的方式也慢慢的逐漸的讓人類覺醒，真正能夠改變人及其處境的知識與科學，也在潛生暗長，終於使巫術與巫術禁忌趨於解構和消亡，可是巫術與巫術禁忌永遠不會絕跡。

第二節　心靈感應

　　英國文化人類學家弗雷澤指出：「巫術的首要原則之一就是相信心靈感應。關於心靈之間具有跨距離感應的說法，很容易使野蠻人信服，因為原始人早就對此深信不疑。」[365] 巫術感應作為「巫術的首要原則之一」，在西方文化人類學關於巫學的研究中，其地位自然是相當重要的。[366]

　　讓我們來看一看弗雷澤《金枝》一書，怎樣豐富而有趣的列舉了許多根據田野調查所獲得的巫性心靈感應的實例。弗雷澤說：

　　在沙撈越的班丁沿海地區，達雅克的男人外出作戰時，女人要嚴格的遵守一系列順勢或者心靈感應原則的規則。有些規則是積極的，有些是消

---

[365]　[英] 詹姆斯·喬治·弗雷澤《金枝》上冊，第 27 頁，陝西師範大學出版總社有限公司，2010年版。

[366]　按：弗雷澤關於心靈感應是巫術的「首要原則之一」的見解，曾經受到馬塞爾·莫斯的批評。莫斯說：「我們必須要把巫術儀式跟宗教儀式加以區別。前面我們已經看到，弗雷澤提出了他自己的標準。第一個標準就是巫術儀式是感應儀式。但事實並不是完全如此。不僅存在著非感應巫術的巫術儀式，而且感應也不是巫術的特權，因為在宗教當中也存在著感應行為。在住棚節期間，當耶路撒冷教堂中的大祭司把雙手舉過頭頂、潑水於神壇的時候，他顯然在實施一個求雨的感應儀式。在一個神祭儀式中，在有奠酒相伴的巡遊之後，一個印度教的祭司根據自己的意願延長或縮短祭性的生命，這也是一個極富感應性的儀式。」「所以說，感應儀式既可以是巫術儀式，也可以是宗教儀式。」（馬塞爾·莫斯《巫術的一般理論、獻祭的性質與功能》，第 29 頁，楊渝東譯，廣西師範大學出版總社有限公司，2007 年版）其實，弗雷澤並沒有不分巫術與宗教，而莫斯所謂「存在著非感應巫術的巫術儀式」的說法，也是經不起推敲的。實際上，無論中外古今，人類的一切巫術，都是具有「感應」這一文化品格與內在機制的。當然，感應確實並非巫術的「特權」，在原始神話、圖騰和宗教中，也都是具有「感應」機制的。

極的。例如，女人必須天一亮就起床，然後立刻打開窗戶，否則她們遠方的丈夫就會睡過頭；女人的頭髮不可以油，否則她們的丈夫會容易滑倒；女人每天早上都要在走廊上炒玉米，然後分給大家，這樣她丈夫的行動才會迅速；女人要把房子收拾得整整齊齊，箱子全部擺放在牆角，避免有人被絆倒，因為那意味著遠方的丈夫也會因摔跤而被敵人俘虜；每頓飯都要剩下一些，這樣遠方的丈夫才可以不挨餓；女人絕對不可以坐著織布太久，以至於腿抽筋，否則她丈夫也會因為腿部僵硬、行動不便而被敵人捉住，相反，她們必須在走廊裡走來走去，以保證丈夫的行動敏捷；她們（睡時）不允許蓋住臉，否則丈夫會因為無法找到草叢和林中的道路而迷路；她們不可以用針縫紉，否則她們的丈夫便會踏上敵人陷阱的尖樁；如果女人在丈夫遠征時不忠（貞），她的丈夫就會客死他鄉。[367]

心靈感應，指的是巫術施行時的一種心靈機制和心靈根因。世界上沒有一種巫術是不具有心靈感應的，感應其實是巫文化的生命。感應忺往與巫術禁忌結合在一起，然而，不只有巫術禁忌才建立在感應的假設之上。感應的普遍性和深邃的心靈底蘊，是巫術所必須具備的。

感應也是原始神話與圖騰的心理機制與心靈底蘊之一。當原始酋長、長老與巫師等在集會、祭祀與教育後代向聆聽者講「故事」的時候，他們的心裡其實是有神靈存在的。他們的「故事」的確是講給傾聽者（按：比如後輩）聽的，同時也是講給祖神、亡靈等神靈、鬼怪聽的，某種意義上，神話是人借神靈說話，說的是神靈要說的話，它是先民與神靈進行思想、情感與意志等交流的一種文化方式，沒有心靈感應，這種交流也就不可能。神話不等同於歷史，但是神話與歷史具有同構的一面，神話是關於人類歷史誇張的一種記憶和敘述，這種歷史不排斥虛構與想像。只有在允

[367]　〔英〕詹姆斯‧喬治‧弗雷澤《金枝》上冊，第30頁，陝西師範大學出版總社有限公司，2010年版。

許而且必須進行虛構與想像的神話中，人類的漫長歷史才可以被記憶、被延續下來，神話不怕虛構與誇張甚至無中生有，可是在神話中所保留下來的，是人類歷史真實的核心。其中所謂感應，是先民講說神話、敘述歷史時與神交流的心靈潤滑劑。神話是原始人類進行天馬行空式的建立在感應心靈基礎上的想像的時空。

原始神話還參與了遠古政治機制的建構。當部落的酋長們以神話演說其祖上恢宏而令人自豪的歷史的時候，他們實際上是以氏族首領特具「通神」的本領與特權而自居的。遠古「政治家們使用神話讓公眾受制於有力的象徵。在風平浪靜的日子裡，神話確保現狀無虞，在風起雲湧的日子裡，神話則記錄變化的過程。在日常政治事務中，神話主導著大多數公眾的政策辯論」。[368] 神話參與了遠古統治者對於部落、氏族的意識形態意義的建構及其統治。神話與神話文化功能的發揮，如果離開關於神話的心靈感應，是不可設想的。

原始圖騰也是離不開心靈感應的。唯有圖騰崇拜者與崇拜對象之間建立起彼此感應的通道，才能進行崇拜儀式及其崇拜。雖說圖騰崇拜的對象即「祖神」是虛擬的，或者說其「祖神」是以被神化的山川動植等來替代的，真正的祖先其實並不「在場」，然而，圖騰崇拜過程中人與神靈的情感交流與心靈體驗，卻是真實的，而且以心靈感應為機制為底蘊。圖騰崇拜儀式中的心靈感應的指向性，明確而專一。它是子孫後代與虛擬的祖先之間所發生的一場心靈與心靈的「對話」，以一定的心靈感應為機樞。因此可以說，心靈感應不是巫術文化的「專利」，它在原始神話與圖騰以及宗教中同樣存在並發揮作用。

不過與神話、圖騰相比較，巫文化的心靈感應，自有其自身的特點。

---

[368] ［美］大衛・科澤《儀式、政治與權力》，第 17 頁，王海洲譯，江蘇人民出版社，2015 年版。

如果說，神話與圖騰的心靈感應是在一般的神與人之間進行情感交流，那麼，巫術的心靈感應，除具有作為情感交流的功用以外，它還是人與人、人與物以及物與物之間在「靈」意義上的相互應答。這正如前文所引錄的發生於丈夫與妻子之間的心靈感應那樣。古人相信，丈夫與妻子分隔兩地，無論相距多麼遙遠，他們之間的感應是超越時空的，顛撲不破的，這是發生在人與人之間的心靈感應。

馬達加斯加的一位老歷史學家曾經提道（到）：「從男人們遠赴戰場之日起，所有婦女就虔誠的遵循一種習俗，不停的跳舞，既不躺下，也不回房間吃飯。只要丈夫還在戰場上，即使她們動了情欲，哪怕再多的寶物也無法誘惑她們去和別的男人通姦。因為她們相信，自己的不忠會讓戰場上的丈夫非死即傷；她們同樣堅信舞蹈可以為丈夫帶來好運，所以她們的舞蹈一刻都不肯停歇。」[369]

丈夫離家而遠赴戰場，妻子便處處約束自己的行為，唯恐自己行為的不檢點，導致其丈夫在外遭受大難，她們堅信夫妻之間是有心靈感應的。這對於妻子而言，是一種典型的巫術禁忌；對於妻子與丈夫之間所發生的整個「事件」來說，是心靈感應。是的，「當男人在外打仗時，家中的女人要很早起床，假裝打仗，要把孩子想像成被俘虜的敵人，抓住孩子摔在地上。彷彿這樣就可以幫助自己的丈夫完成同樣的任務。如果妻子趁丈夫上戰場時對他不忠，那麼在外的丈夫就可能喪生。所有的女人都要躺在家裡整整十個晚上，頭部朝向丈夫征戰的方向；然後再掉轉頭躺著，意味著丈夫正在安全返航」[370]。

---

[369] 〔英〕詹姆斯·喬治·弗雷澤《金枝》上冊，第 31 頁，陝西師範大學出版總社有限公司，2010 年版。

[370] 〔英〕詹姆斯·喬治·弗雷澤《金枝》上冊，第 32 頁，陝西師範大學出版總社有限公司，2010 年版。

　　這裡所說的巫例，都在敘說男人外出作戰，在家女人在行為上所應遵循的種種禁忌，可見這些巫術，都可能發生在遠古男權社會而已經有了男尊女卑的倫理觀念以後，為了戰爭的勝利，彷彿只要求女人在巫術禁忌兼道德上不該做什麼，而對男人倒是沒有什麼禁忌似的。然則，巫性的禁忌兼感應，同時是一定的人際道德的孕育。

　　實際上大凡心靈感應，都是相互、普遍與絕對的。它不僅發生在人與人之間，也同樣發生在人與物、物與物之間，而且動物與植物等，都可以擬人化、都是通靈的。[371] 弗雷澤說，「人品格的好壞可以影響植物的發展；但是依據『順勢巫術』原則，這種影響是雙向的，即人可以透過感測影響植物，同樣的，植物也可以影響人」，「如果你吃了掉在地上的果子，你就會經常摔跤」，「如果一個女人吃了長在同一束香蕉上的兩根香蕉，她就會生出雙胞胎」[372]。這便是「靈」的「感應」。

　　這一切都是真的嗎？當然不是。正如巫術禁忌一樣，巫術的心靈感應，是一種巫術心靈現象。最原初的心靈感應，是巫師相信自己具有「通神」的「異能」，並且被信巫者信從，而建立起來的一種被公眾所信仰的「普遍意識」，實際上其開始，只是巫師心中的一種念想，這種念想，是建立在巫術信仰的心理基礎上的。當某個巫師第一個稱其自己具有心靈感應這一「特殊能力」的時候，由於整個社會輿論與氛圍，都是對巫術的信仰

---

[371]　按：李安宅說：「『巫術都只在人類手裡』，並不完全對。中國的狐狸與黃鼠狼（按：指一些文藝作品中「修煉成精」的狐狸與黃鼠狼），既善變化其形體，又慣於作弄人，又有『隱身草』使人看不見，又可與人事無關而自作把戲，都是靠著自身具有或修煉來的巫術本領。美洲的印第安人更相信許多動物都有禍福人的魔力，都可變化其形體。」因此可以說，「原始社會的信仰之中，本來是人而物而人鬧得一塌糊塗沒有邏輯的界限的。狐狸能變人會有『類乎人』的資格，不必說了。然而存『有靈觀』、『有生觀』、『擬人觀』很流行的原始社會這一切『觀』，又都相去只有一間，可以彼此互通，天下一切被人關心的事物，哪一個不可以『類乎人』呢？」（見李安宅譯、布朗尼斯勞‧馬凌諾斯基《巫術科學宗教與神話》一書的「譯者按」，該書第82～83、83～84頁，上海社會科學院出版社，2016年版）

[372]　[英]詹姆斯‧喬治‧弗雷澤《金枝》上冊，第34頁，陝西師範大學出版社，2010年版。

望風披靡的，所以很容易博得大家的盲目信從。這種心靈感應很容易被普泛化，由信從人自己的心靈感應開始，發展為人與人、人與物、物與物之間的超時空的感應，是順理成章的事情。

原始初民非常堅信這一切。他們要麼把做起來十分困難的事情，想像得很容易可以一蹴而就；要麼將在今人看來十分容易做的事情，想像得很困難，認為只有用巫術的方法，才能克服解決，堅信巫術的妙用。在原始初民的心目中，巫術之妙，全賴於「靈」。靈是與所有人攸關的，所有人的生前死後都有靈的存在。雖然原始人深信「萬物有靈」，但是靈之所以能夠成為「現實」，必須將那些沉睡狀態的靈加以喚醒，比如巫師對著某種對象念咒，就是喚靈、迫靈的一種神祕的儀式。為了喚靈、請靈與迫靈，種種限制人的自由的巫術禁忌，就是絕對必要的了。巫之靈，有時被稱為「怪」，怪實指惡靈。「巫術常是得自靈與怪，然而靈與怪之於巫術也是得來的，不是自行創作的。所以相信巫術是遠在荒古便已天然存在的，乃是普遍的信仰。與這種信仰相當的信條，便是只有在傳授的過程中絕對沒有改篡，才會保留巫術的效能；差一點原樣，便算完了。」[373]

按照弗雷澤的說法，心靈感應似乎僅僅屬於所謂「順勢巫術」的範疇。「在分析巫術思想時，發現可以把它們歸納成兩個原則——『相似律』和『接觸律』。」這裡暫且不說遵循「接觸律」的巫術，就遵循「相似律」的巫術來說，「指同類相生，即同果必同因。巫師根據『相似律』推導出，他可以僅透過模仿來達到目的；以此為基礎的巫術被稱為『模擬巫術』或『順勢巫術』」[374]。弗雷澤的這一說法，可能掩蓋了巫術心靈感應的普遍性。

---

[373]　〔英〕布朗尼斯勞‧馬凌諾斯基《巫術科學宗教與神話》，第82頁，李安宅譯，上海社會科學院出版社，2016年版。

[374]　〔英〕詹姆斯‧喬治‧弗雷澤《金枝》上冊，第16頁，陝西師範大學出版總社有限公司，2010年版。

　　清代袁枚的《新齊諧》一書，講了一個有趣的所謂求雨的「故事」，叫做「繩拉雲」：

　　山東濟寧州有役王廷貞，術能求雨。常醉酒高坐本官案桌上，自稱天師。刺史怒之，笞二十板。未幾，州大旱，禱雨不下。合州紳士都言其神，刺史不得已，召而謝之。良久許諾，令閉城南門，開城北門，選屬龍者童子八名待差使，搓繩索五十二丈待用。己乃與童子齋戒三日，登壇持咒。自辰至午，雲果從東起，重疊如鋪錦。王以繩擲空中，似上有持之者，竟不墜落。待繩擲盡，呼八童子曰：「速拉！速拉！」八童子竭力拉之，若有千鈞之重。雲在西則拉之來東，雲在南則拉之來北，使繩如使風然。已而大雨滂沱，水深一尺，乃牽繩而下。[375]

　　這一巫術「故事」編得相當完整。「天師」何等靈力，竟然能把「五十二丈」長的繩子「擲空中」而不落下來，八個「童子」「竭力拉之」竟不墜落，不料卻把大雨「拉」下來了。這個「故事」所遵循的是巫術的「相似律」，在於「童子」拉繩的「往下」動作，與下雨的「下」是「相似」的。至於必須用八個童子來做這件事，取其元陽未泄的緣故，而且必須是八個，多一個少一個都不行的，大概編「故事」者懂得《周易》八卦之理，八這個數在《周易》文化中，是吉利的。在這個所謂「繩拉雲」的巫例中，是不乏心靈感應的。「天師」的所謂「作法」之所以「成功」，是因為在他的念咒、擲繩等行為中，貫穿著一個巫性機制：心靈感應。似乎是「天師」具有「異能」的「心靈」，發揮了類似被說得神乎其神的那種所謂「氣功」一般的靈力，迫使那五十二丈長的繩索被投擲到空中而「竟不墜落」，那正待下雨的雲，倒是乖乖的聽憑「天師」的「作法」而大雨滂沱。這種巫性的「作法」之所以「有效」，是因為在這一巫例的每一環節，都存在「靈」而且

---

[375]　袁枚《新齊諧·續新齊諧》，第259～260頁，沈習康點校，人民文學出版社，1996年版。

據說是相互「感應」的緣故。

　　人類的一切巫術，都無一例外的具備心靈感應這一機制。天與人、人與人、人與物以及物與物之間的相互感應，是具有巫者所信從的所謂合法性與普遍性的。這是因為在巫術的文化觀念中，沒有一樣東西不具有生命力，一切對象，哪怕是山石、湖海與枯枝敗葉之類，都是富於「心靈」的，所以都可以相互感應。這用《易傳》的話來說，稱為「同聲相應，同氣相求」[376]。「略聞夏殷欲卜者，乃取蓍龜，已則棄去之，以為龜藏不靈，蓍久則不神。至周室之卜官，常寶藏蓍龜。」[377] 作為「寶藏」之物，之所以值得珍惜，是因為在殷周古人的心目中，「蓍龜」是天下第一靈物。就靈龜而言，「元王曰：『龜甚神靈，降於上天，陷於深淵，在患難中。以我為賢，德厚而忠信，故來告寡人。』」「靈龜卜祝曰：『假之靈龜，五巫五靈，不如神龜之靈，知人死，知人生。』」[378] 難怪龜卜之術要那般的盛行千百年。

　　在中國原始先民的心目中，易筮的一切及其儀式，自當也是相互感應的。其感應的根由，在於無處無時不在的「靈」，這也正如《易傳》所說「陰陽不測之謂神」[379]，實際是陰陽不測之謂靈。

　　《周易》古筮法所用的五十根蓍草（五十策），都被看作是有靈的，拿出一根「勿用」以象徵太極，這是根本之靈。朱熹〈筮儀〉說，「乃以右手取其一策，反（按：即返）於櫝中，而以左右手分四十九策」，取「一策，掛於左手之小指間」，這一策象徵「人」，也是具有靈氣的。再以「四扐

---

[376]　《易傳·文言》，朱熹《周易本義》第 48 頁，怡府藏版影印本，天津市古籍書店，1986 年版。

[377]　《龜策列傳》第六十八，《史記》卷一百二十八，《史記》第 738 頁，中華書局，2006 年版。

[378]　《龜策列傳》第六十八，《史記》卷一百二十八，《史記》第 741、744 頁，中華書局，2006 年版。

[379]　《易傳·繫辭上》，朱熹《周易本義》第 294 頁，怡府藏版影印本，天津市古籍書店，1986年版。

之」，即餘數「或一或二或三或四」等等，「三變」定一爻，「十八變」定一卦。[380] 再在這一卦六爻中，分出哪些是變爻、哪些是不變爻。老陽老陰為變爻；少陽少陰為不變爻。一共有七種情況，即一個爻變、兩個爻變、三個爻變、四個爻變、五個爻變、六爻全變與六爻全不變，而且在兩個爻變到五個爻變的各種情況中，具體指哪一卦，還有許多不同。僅僅一個爻變的情況，可以有第一爻位的爻變、第二爻位的爻變、第三爻位的爻變、第四爻位的爻變、第五爻位的爻變與第六爻位的爻變等六種可能，而且在這六種可能中，還有在爻性上陰變陽抑或陽變陰的不同情況。唯有六爻全變與六爻全不變，分別只有一種可能。拿一卦六爻全變來說，六十四卦的每一卦，都有全變的可能，則有 64 種變卦。[381]

通行本《周易》的下經第一卦咸（按：這裡的咸，是感的本字）卦，艮下兌（按：這裡的兌，是悅的本字）上之象，艮為少男，兌為少女，這是一個少男少女相感的卦。《易傳‧彖辭》說：「咸，感也。柔上而剛下。二氣感應以相與。止而說（按：悅），男下女，是以『亨，利貞，娶女吉』也。天地感而萬物化生，聖人感人心而天下和平。觀其所感，而天地萬物之情可見（按：現）矣。」[382] 不僅是咸卦，《周易》全書六十四卦的卦與卦以及每卦六爻之間，都是一個個靈氣相感的氣的「磁力場」。

這裡涉及一個氣字。「必是天地間本有這個氣，永遠瀰漫著」，無論在天地人以及一切事物中，都存有這個氣，「於是好像通了電流一樣，人天一體，與萬化同流，求其不充乎天地之間也不可能了」。所以，「巫力

---

[380]　按：〈筮儀〉，朱熹《周易本義》，第 28 ～ 34 頁，怡府藏版影印本，天津市古籍書店，1986 年版。

[381]　按：請參閱拙著《周易精讀》（修訂本），第 294 ～ 303 頁，復旦大學出版社，2016 年版。

[382]　《易傳‧彖辭》，朱熹《周易本義》第 164 ～ 165 頁，怡府藏版影印本，天津市古籍書店，1986 年版。

（按：即氣）是內外都有的」[383]。這用莊子的話來說，叫做「通天下一氣耳」[384]。這個氣，就是靈。無論在自然界還是人類社會及其人的心目中，都毫無例外的存在著，發揮其靈性的作用。「自然現象始終離不開其神靈性，慈雨甘霖是由天神所噴吐的靈氣之具象，雷電暴雨也是天神興奮時噴火吐水的神聖徵兆。」[385] 對人而言，這個靈，被《易傳》稱為「精氣」，它指的就是人或物的「心靈」。

　　中國人所說的氣與靈（心靈），在西方文化人類學關於巫學的理論中，稱為「摩那」（按：Mana，或譯為「馬那」）。據梁釗韜《中國古代巫術 —— 宗教的起源和發展》，「摩那」一詞，來自美拉尼西亞語[386]。這在澳洲原始部落，又稱為「阿隆吉他」，美洲印第安人叫做「瓦坎」、「歐倫達」或「摩尼圖」。「最原始的民族與一切落後的野蠻人，都信仰有一種（超）自然的力量作用於一切事物，支配世界上的一切東西，這種力量就是馬那。」[387]「馬那」（氣、靈）無奇不有、無孔不入，它神祕、神奇而神聖。原始初民對於巫術的崇拜，也就是對於「馬那」的崇拜。這種崇拜，起於心靈感應，便是所謂「夫物類之相應，玄妙深微，知不能論，辯不能

---

[383]　［英］布朗尼斯勞·馬凌諾斯基《巫術科學宗教與神話》譯者按，第 90、90 ～ 91 頁，李安宅譯，上海社會科學院出版社，2016 年版。

[384]　《莊子·知北遊第二十二》，王先謙《莊子集解》卷六，第 138 頁，《諸子集成》第三冊，上海書店，1986 年版。

[385]　郭靜雲《天神與天地之道 —— 巫覡信仰與傳統思想淵源》上冊，第 155 頁，上海古籍出版社，2016 年版。

[386]　按：高國藩《中國巫術通史》說：「人類學家兼傳教士英國人科德林頓（Robert Henry Codrington，西元 1830 年～ 1922 年 —— 原注）到中太平洋諸島之美拉尼西亞去，他發現當地土人信仰一種無人稱的超自然的神祕力量，它們透過客觀物體（如水、石、骨等 —— 原注）可以起作用。這種力量一旦被人們透過附著的物體而獲得，它就能轉移、丟失，甚至可以遺傳。」又說，這種神祕力量雖然還沒有被命名，「但是能被特殊的人物（即巫師 —— 原注）所溝通，巫師能藉助它的力量使別人獲福或獲災。」（該書上冊，第 5 頁，鳳凰出版社，2015 年版）故命名為「Mana」。

[387]　梁釗韜《中國古代巫術 —— 宗教的起源和發展》，第 33 頁，中山大學出版社，1989 年版。

解。故東風至而酒湛溢，蠶咡絲而商弦絕，或感之也。畫隨灰而月運闕，鯨魚死而彗星出，或動之也」[388]。

就巫術而言，「感應是巫術力量傳遞的路徑，它自身並不生成巫術力量」[389]。心靈感應是普遍存在的，雖然其自身並非巫術力量本身，而感應卻是巫術之內在的文化心理機制，而不僅僅是「傳遞的路徑」。這種神祕的感應，當然會發生在人與人、人與物以及物與物之間。

　　湖州有村嫗，患臂久不癒，夜夢白衣女子來謁曰：「我亦苦此，爾能醫我臂，我亦能醫爾臂。」嫗曰：「娘子居何地？」曰：「我寄崇寧寺西廊。」嫗既寤，即入城，至崇寧寺，以所夢白西舍僧忠道者。道者思之曰：「必觀音也。吾室有白衣像，因葺舍誤傷其臂。」引至室中瞻禮，果一臂損。嫗遂命工修之。佛臂既全，嫗病隨癒。[390]

這是一則有如佛教因果報應的「故事」。因果報應的人文原型，是巫術的感應。這位湖州村嫗，恐怕是一個虔誠的信佛者亦未可知。因為久病不癒，便尋思是否自己做錯了什麼事情對不起菩薩。於是夜夢觀音，弄出一個佛像之臂損而修復，於是其自己的臂患也隨之康復的好事來。

心靈感應是一個可以討論、可以研究的神學與心理學問題，所謂「心有靈犀一點通」，比如在一母所生的雙胞胎、三胞胎與難得一遇的四胞胎之間，可能會有心靈感應，值得腦科學進行研究、探討。中外古今巫文化中所出現、所談論、所信從的心靈感應，是盲目的迷信意義上的。古時中國人往往遵循「身體髮膚，受之父母，不敢有所毀傷」的古訓，以為這僅僅是尊敬父母的表現，是從倫理道德意義上來說的，其實從巫術文化角度

[388]　《淮南子·覽冥訓》，《淮南子》卷六，第 90 頁，《諸子集成》第七冊，上海書店，1986 年版。

[389]　[法] 馬塞爾·莫斯《巫術的一般理論》，第 121 頁，楊渝東譯，廣西師範大學出版社，2007年版。

[390]　《夷堅志》第一冊，第 88 頁，何卓點校，中華書局，1997 年版。

看，這一古訓可能還有另一層意義。人身體的每一部分，是代表這個人的全體的。古人以為，人身體的各部分、各個器官之間，是血肉相連、相互感應的，因而「身體髮膚，不敢有所毀傷」，否則人是會倒楣的。

所以中國人一貫的教育是，要善待從自己身上取下的任何東西，包括指甲、牙齒、頭髮甚至衣物等。在古代，尤其是年輕女子的衣服，不能隨便亂丟。如果一個無賴硬要與這個女子成婚，只要在妖巫的「作法」下，將她的衣服偷來，據說那女子就會失魂落魄，被無賴所控制，拍打其衣服，她就會感到渾身疼痛。後來發展到連人在陽光下所投下的影子，都不能隨便讓人亂踩了，否則人便會「倒運」的。凡此，都是巫術關於感應的迷信說辭。

唐代有一種巫術，民眾多有信從。「凡欲令夫愛敬，婦人自取目下毛二七枚，燒作灰，和酒服之，驗。」、「凡男子欲令婦愛，取女頭髮二十莖，燒作灰，以酒和成服之，驗。」[391] 一連兩個「驗」（按：靈驗的意思）字，說得非常輕鬆和肯定。這倒好，一旦遇到夫妻失和，家庭破裂，無論男方還是女方鬧離婚，就不必大費周折，弄得雞犬不寧，甚至對簿公堂，只要「自取」或「他取」自己或對方身上的「目下毛」與「頭髮」之類，「燒成灰」「和酒服之」就會破鏡重圓，夫妻復初，真是美麗的異想天開。

中國古時多有信巫之人，有望風披靡之勢，有時甚至聳動朝野。但也有不盲目信從的人物在，大概清代的紀曉嵐要算一個吧。紀昀《閱微草堂筆記》一書的相關記述，倒是戳穿了巫術的把戲：「女巫郝媼，村婦之狡黠者也。余幼時，於滄州呂氏姑母家見之。自言狐神附體，言人休咎。凡人

---

[391]　法藏伯（按：伯希和）（Paul Eugène Pelliot）二六一〇 V9.《攘女子婚人述祕法》(11-7)，上海古籍出版社、法國國家圖書館編《法藏敦煌西域文獻》第十七冊，第238頁，上海古籍出版社，2001年版。

家細務，一一周知。故信之者甚眾。實則布散徒黨，交結婢嫗，代為刺探隱事，以售其欺。」[392]

　　原來如此。世界上的許多事情，善良的人們總是想不到的，巫術的許多「神奇」，就是其中之一。就紀曉嵐這裡所說的，試問其神祕的心靈感應究竟在哪裡呢？有的所謂巫術的「作法」，實際上是魔術表演；有的巫術好像神乎其神，實際在巫術的背後，有一定科學因素的支撐，不過民人一時不識罷了。本書前文，曾經舉了一個例子，說是清代作家吳趼人《二十年目睹之怪現狀》第三十一回，寫到一個道士裝神弄鬼，所謂「探油鍋」的玩意，真可以把當時的人驚訝得說不出話來，都信這是「大師」、「神人」的潑天「異能」，如果在今天，大概也會有人相信吧。說那道士當眾燒著一鍋油，那油看上去沸沸的滾著，那道士把一把銅錢放在油鍋裡，再從容的伸手將那銅錢一個一個的撈上來，居然不怕他的手被滾油燙爛了。觀者看得嚇出一身冷汗，驚為天人，以為這輩子真的遇到真正的神仙了。其實是那道士，暗中做了手腳，已經偷偷的放了硼砂在鍋底。硼砂沸點低，只要稍微遇到一點熱氣就開始溶化。於是在油面上，冒出許多白色的泡沫來，讓人錯以為那一鍋油已經沸騰了。

　　是的，一些魔術的令人拍案驚奇，實際是不知就裡的觀眾被障眼法蒙蔽了，還往往有一定的科學道理在背後發揮實際作用的緣故，只是在場的觀眾不掌握相關科學知識罷了，所以看那些精彩絕倫的魔術節目的時候，常常讓人深感驚訝。當然，魔術的精彩，也同時依靠魔術師的種種令人眼花繚亂而技藝高超的手法。

　　用魔術一般的巫術來障眼，這種巫術對社會倒是沒有多大危害，不過騙人罷了。更有一些妖巫，卻利用民眾對於巫術的迷信，騙人錢財甚至害

---

[392]　紀昀《閱微草堂筆記》，第 77 ～ 78 頁，上海古籍出版社，1980 年版。

人性命。凌濛初《初刻拍案驚奇》曾經說到巫覡,「那無知男女,妄稱鬼神,假說陰陽,一些影響沒有的,也一般會哄動鄉民,做張做勢的,從古來就有了」。「無過是些鄉里村夫油嘴老嫗,男稱太保,女稱師娘,假說降神召鬼,哄騙愚人」。更有甚者,見信巫的求他治病,那妖巫先是拿腔弄板,說這病「救不得」,先是把人嚇得不輕。爾後漫天要價,「口裡說出許多牛羊豬狗的願心來,要這家脫衣典當,殺生害命」,有時把人「治」死了,就推說是病家「願心」不夠,「再不怨他、疑心他」,「不知弄人家費多少錢鈔,傷多少性命」[393]!妖術的可惡之處,於此可知一斑。

---

[393]　凌濛初《初刻拍案驚奇》,第 469 頁,人民文學出版社,1958 年版。

中國巫文化人類學──神靈之間：

神話圖騰 × 神鬼與靈 × 巫術禁忌 × 心靈感應，由傳說到考古，追尋原巫文化的現象

作　　者：王振復
發 行 人：黃振庭
出 版 者：崧燁文化事業有限公司
發 行 者：崧燁文化事業有限公司
E-mail：sonbookservice@gmail.com
粉 絲 頁：https://www.facebook.com/
　　　　　sonbookss/
網　　址：https://sonbook.net/
地　　址：台北市中正區重慶南路一段六十一號八
　　　　　樓 815 室
Rm. 815, 8F., No.61, Sec. 1, Chongqing S. Rd.,
Zhongzheng Dist., Taipei City 100, Taiwan

電　　話：(02)2370-3310
傳　　真：(02)2388-1990
印　　刷：京峯數位服務有限公司
律師顧問：廣華律師事務所 張珮琦律師

定　　價：350 元
發行日期：2024 年 01 月第一版
◎本書以 POD 印製
Design Assets from Freepik.com

國家圖書館出版品預行編目資料

中國巫文化人類學──神靈之間：
神話圖騰 × 神鬼與靈 × 巫術禁忌
× 心靈感應，由傳說到考古，追尋
原巫文化的現象 / 王振復 著 . -- 第
一版 . -- 臺北市：崧燁文化事業有
限公司 , 2024.01
面；　公分
POD 版
ISBN 978-626-357-895-1(平裝)
1.CST: 巫術 2.CST: 文化人類學
3.CST: 文化研究 4.CST: 中國
295　　　112021004

電子書購買

臉書

爽讀 APP